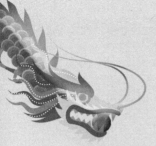

작명서의 완결판! 전문가용

좋은이름

작명사전 8142

김춘기 편저

* 작명오결
* 인명용 한자 8,142자
  • 음별 정리
  • 획수별 정리
  • 자변오행별 정리
* 개명 절차

백산출판사

머리말

난해하고 불편한 작명(作名)의 현실(現實)을 개선(改善)하기 위해서 ① 작명이론을 알기 쉽게 설명하고 ② 인명용 한자 8,142자를 음별, 획수별, 자변오행별로 세분하여 일목요연(一目瞭然)하게 정리하여 보았다. ③ 한자의 음(音)은 대법원에서 지정한 바에 따랐고 ④ 획수(劃數)는 원래의 획수인 원획(原劃)을 기준으로 하였다. ⑤ 그리고, 개명(改名)의 절차에 대해서도 간략하게 설명하였다.

인간은 누구나 이름을 갖게 되고, 한 번 갖게 된 이름은 시간이 지나면서 당사자(當事者)의 모든 것을 대표하게 되므로 인간이 살아가는데 있어서 이름은 매우 중요한 요소(要素)라고 말할 수 있다. 또한 이름에는 길흉화복(吉凶禍福)을 불러오는 특별한 힘이 있기 때문에, 좋은 이름은 당사자의 일생(一生)을 순조롭게 이끌어주며 행복을 누릴 수 있도록 도와주지만 나쁜 이름은 당사자를 중도(中途)에서 좌절(挫折)케 하여 불행(不幸)에 빠트리기도 한다. 그래서 대부분의 부모들은 소중한 자녀(子女)에게 좋은 이름을 지어주려고 한다.

대법원에서 선정한 인명용 한자가 대폭 증가되어 올해부터는 8,142자를 사용할 수 있게 되었다. 일반적으로 통용되는 한자는 대부분 이름에 사용할 수 있게 된 것이니 8,142자라면 작명하는데 전혀 부족함이 없을 것이다.

하지만 좋은 이름을 짓기가 쉽지 않다. 작명(作名)에 대한 이론이 난해(難解)하고, 대법원 선정 인명용 한자가 8,142자로 대폭 확대됨에 따라 한자에 조예(造詣)가 없는 일반인들은 이름자를 선택하는 과정에서 혼란(混亂)을 겪을 가능성이 더 많아졌기 때문이다.

이러한 혼란을 덜어주기 위해서 인명용 한자 8,142자를 세분하여 음별, 획수별, 자변오행별로 각각 정리해 보았다. 이후에도 대법원에서는 국민의 편익(便益)을 증진시키기 위해서 지속적으로 인명용 한자를 추가하겠지만, 본 사전(辭典)에 수록된 한자 8,142자를 잘 활용한다면 더 이상의 한자에 대해서 잘 알지 못하더라도 작명하는 데에는 전혀 불편함이 없을 것이다.

개인의 행복추구권이 중요시되고 있는 시대적 조류에 따라 예전보다는 쉽게 법원의 개명(改名) 허가를 받을 수 있다고는 하지만 오랫동안 사용하고 있던 이름을 바꾸게 되면 많은 불편이 초래되므로 신생아(新生兒)의 경우라면 처음부터 좋은 이름을 지어 줄 필요가 있다. 이 사전(辭典)을 활용하면 작명이론을 전혀 모르는 초보자라 할지라도 누구나 좋은 이름을 지을 수 있을 것으로 확신한다.

본 사전(辭典)을 '작명의 참고자료'로 활용해 주기를 권하면서, 이름 자가 결정되면 인터넷이나 옥편(玉篇) 등을 통하여 인명용 한자가 분명 한지, 발음과 획수는 맞는지 다시 한 번 확인해 주기를 당부드리는 바 이다.

　항상, 변함없이 큰 애정을 베풀어 주신 백산출판사 진욱상(秦旭相) 사장님과 지도 편달해 주신 대한현공풍수지리학회 최명우(崔明宇) 회 장님께 깊은 감사를 드린다. 그리고 장영권을 비롯한 허병호, 이제인, 조영자, 장덕순 등 언제나 다정한 '황전 45회' 친구들과 편집부 여러분 께도 고마운 인사를 드린다.

　독자 여러분의 행운과 건승을 기원한다.

　　　　　　을미년 가을

　　　　　　　　　　김 춘 기

차 례

제 **1** 장

작명오결

作名五訣

1. 좋은 이름의 조건

사람은 누구나 이름을 갖게 되고, 시간이 지나면 이름은 신체와 정신, 행위, 재산 등 당사자(當事者)의 모든 것을 대표하게 되는 것이니 이름과 당사자는 명실상부한 공동운명체(共同運命體)라고 할 수 있겠다.

이름에는 길흉화복(吉凶禍福)을 불러오는 특별한 힘이 있기 때문에, 좋은 이름은 일생(一生)을 순조롭게 이끌어주며 행복을 누릴 수 있도록 도와주지만 나쁜 이름은 중도(中途)에서 좌절(挫折)케 하거나 불행(不幸)에 빠트린다.

좋은 이름의 조건은 무엇인가?

흔히 말하듯이 부르기 쉽고 기억하기 쉬운 이름이면 정말로 좋은 이름일까? 아니면 인기 연예인이나 유명 드라마에 등장하는 주인공들의 이름처럼 유행(流行)을 선도하는 세련된 이름이 좋은 이름일까?

조선시대의 우화(寓話)를 하나 살펴보자.

조선시대, 한 사내가 자신의 사랑채 출입문을 일부러 낮게 만들어 두었다. 그래서 사랑채로 들어서는 사람이라면 지위고하(地位高下)를 막론하고 누구나 사랑방을 향해서 허리를 낮추고 머리를 숙일 수 밖에 없었으니 집 주인에게 공손하게 절을 하는 형국이 되었다. 그 사내는 은연중(隱然中)에 억지로 절을 받고 있었던 것이었다.

이름도 이 경우와 다르지 않다. 이름은 부르기 쉽고 의미도 좋아야 하지만 그 주인이 당당하게 자존심(自尊心)을 지킬 수 있도록 정중(正中)하고 품위(品位)가 있어야 한다는 것도 매우 중요한 요소(要素)이다.

예절(禮節)에는 반드시 불편한 절차가 수반되는데 정중한 예절일수록 절차(節次)의 불편함이 더 커진다. 내 몸 하나 편(便)하자고 절차를 무시하면 어느새 무례(無禮)한 사람이 되고 만다. 그런 관점에서 본다면 흔한 이름이 아니라서 불편할지라도 상대방이 애써 일부러 기억(記憶)을 해 두어야 하는 이름이거나 발음(發音)하기가 어려워서 한 자 한 자 또박또박 발음을 해야 하는 이름이라면 이런 불편한 요소들이 그 이름을 진정으로 정중한 대접을 받을 수 있게 만들어 주는 핵심적인 요소가 될 수도 있는 것이다.

유행(流行)을 따르다 보면 비슷한 이름을 사용하는 사람들이 대폭 증가하게 됨으로써 이름에서 개성(個性)을 찾기가 어렵게 될 수도 있고, 어렸을 때는 귀엽게 여겨졌던 예쁜 이름이 성인(成人)이 되었을 때에는 도리어 불편을 주는 이름이 될 수도 있다.

다음 페이지에서 어린이 야구 선수 한 명이 장비(裝備)의 적합도를 평가(評價)받기 위하여 검사장 무대 위로 올라 올 것이다. 어린이를 사주(四柱)에 비유한다면 이 어린이가 착용하고 있는 안전모, 운동복, 방망이, 신발 등은 이름에 비유할 수 있다. 장비(裝備)의 중요도에 따라 적합도(適合度) 평가의 우선순위가 정해져 있듯이 좋은 이름의 조건에도 우선순위가 있다.

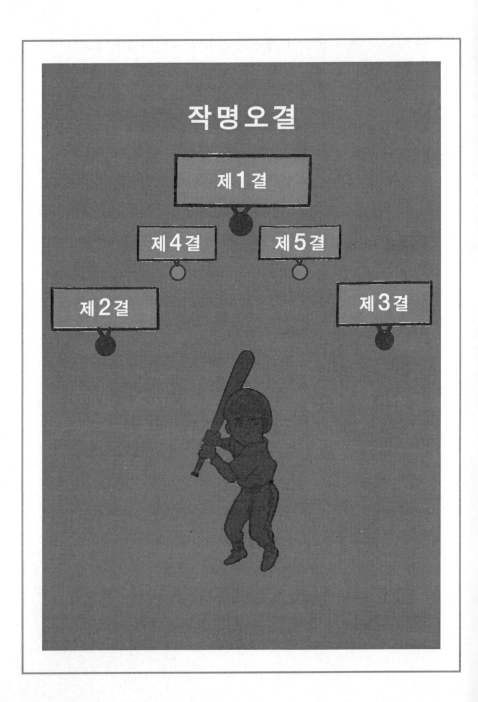

2. 작명오결(作名五訣)

　좋은 이름이 갖추어야 할 다섯 가지 요소(要素)를 중요도에 따라 배열하면 다음과 같다.

- 제1결 : 사주(四柱)와 조화(調和)가 되어야 한다.
- 제2결 : 음령오행(音靈五行)이 길(吉)해야 한다.
- 제3결 : 사격(四格)이 좋아야 한다.
- 제4결 : 삼원오행(三元五行)이 길(吉)해야 한다.
- 제5결 : 수리오행(數理五行)이 길(吉)해야 한다.

작명 실례 : 김현수(金泫秀)

　사주(四柱)에서 金 · 水가 길(吉)한 작용을 하는 경우에 "김현수(金泫秀)"라는 이름은 어떤 이름일까?

가. 제1 결 : 사주(四柱)와 조화(調和)가 되어야 한다

작명(作名)에 있어서 무엇보다도 중요한 것은 이름이 사주(四柱)와 조화(調和)가 되어야 한다는 점이다. 사주(四柱)의 부족한 요소를 이름이 보완(補完)해 줄 수 있어야 한다.

불(火)은 쇠(金)를 녹여서 유용한 물건을 만들어 낼 때 비로소 불(火)로서의 제 역할을 완수(完遂)하게 된다. 만약, 불(火)의 정기를 타고 태어난 사주(四柱)가 화(火)는 강한데 쇠(金)가 없어서 쓸모없는 불이 되었다면 이름에 쇠(金)를 넣어서 쓸모가 있는 불이 되도록 도와주어야 한다. 이처럼 사주(四柱)의 부족한 부분을 이름으로써 보완해 주어야 승승장구(乘勝長驅)하면서 크게 발전하게 되는 것이다.

일반적으로 자변오행(字邊五行)이나 음령오행(音靈五行)을 활용하여 사주(四柱)와의 조화(調和)를 도모하게 되는데, 역학(易學)을 공부하지 않은 일반인들에게는 난해(難解)한 과제일 수밖에 없다.

 작명 실례 : 김현수(金泫秀)와 사주의 조화

김현수(金泫秀)의 사주(四柱)는 金·水의 길(吉)한 작용을 필요로 하고 있는 상황이었으므로 물 수(氵)변의 현(泫)자를 쓰는 김현수(金泫秀)라는 이름은 사주와 조화가 되는 좋은 이름이다.

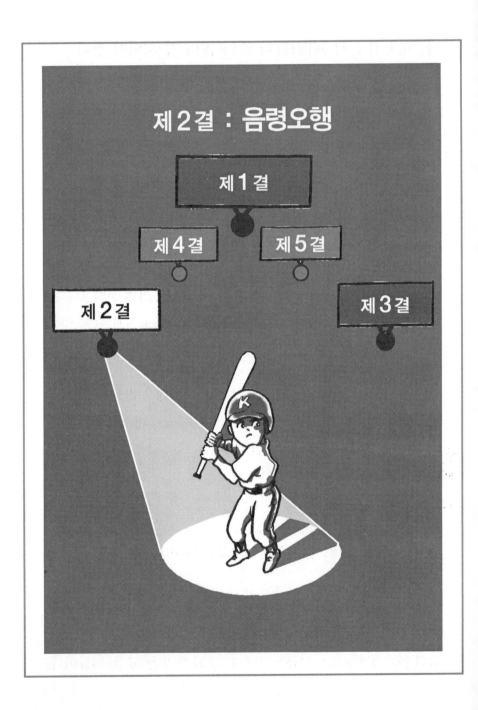

나. 제2결 : 음령오행(音靈五行)이 길(吉)해야 한다

음령오행(音靈五行)이란 발음(發音)에서 생성되는 오행(五行)의 기운을 말한다. 이름자가 만들어 내는 음령오행이 사주(四柱)에 길한 작용을 하도록 작명을 해야 한다.

(1) 훈민정음(訓民正音)의 음령오행을 따라야 한다

한글 자음(子音)의 음령오행(音靈五行)에 대해서는 훈민정음 창제 당시에 세종대왕께서 다음과 같이 명확하게 규정하셨다.

음령오행	훈민정음 해례본		오류 사용
	자 음	오음(五音)	
木	ㄱ, ㅋ	아음(牙音)	
火	ㄴ, ㄷ, ㄹ, ㅌ	설음(舌音)	
土	ㅁ, ㅂ, ㅍ	순음(脣音)	水
金	ㅅ, ㅈ, ㅊ	치음(齒音)	
水	ㅇ, ㅎ	후음(喉音)	土

하지만 아직까지도 ㅁ, ㅂ, ㅍ 등 순음(脣音)을 水로, ㅇ, ㅎ 등 후음(喉音)을 土로 잘못 사용하고 있는 사람들이 많다. 이는 土와 水의 음령오행이 뒤바뀐 오류(誤謬)로서, 1750년(영조 26년)에 신경준이 저술한 "훈민정음운해(訓民正音韻解)"의 잘못된 이론을 맹목적으로 따르고 있기 때문에 발생하는 현상이다.

ㄴ舌音。如那字初發聲
ㅌ舌音。如吞字初發聲
並書。如覃字初發聲
ㄷ舌音。如斗字初發聲
ㆁ牙音。如業字初發聲
ㅋ牙音。如快字初發聲
並書。如虯字初發聲
ㄱ牙音。如君字初發聲

訓民正音
國之語音異乎中國與文字
不相流通故愚民有所欲言
而終不得伸其情者多矣予
為此憫然新制二十八字欲
使人人易習便於日用耳

ㄹ半舌音。如閭字初發聲
ㅇ喉音。如欲字初發聲
並書。如洪字初發聲
ㅎ喉音。如虛字初發聲
ㆆ喉音。如挹字初發聲
並書。如邪字初發聲
ㅅ齒音。如戌字初發聲

ㅊ齒音。如侵字初發聲
並書。如慈字初發聲
ㅈ齒音。如即字初發聲
ㅁ脣音。如彌字初發聲
ㅍ脣音。如漂字初發聲
並書。如步字初發聲
ㅂ脣音。如彆字初發聲

훈민정음 해례본(국보 제70호, 간송미술관 소장)

한글은 1443년(세종 25년)에 창제되었고, 1446년(세종 28년) 신숙주 등이 훈민정음 해설서로서 "해례본(解例本)"을 편찬하였으나 연산군(燕山君)의 한글 탄압으로 인하여 해례본은 종적을 감추게 되었다.

해례본이 사라진 상황에서 1517년(중종 12년)에 최세진(崔世珍)이 土와 水의 음령오행이 뒤바뀐 "사성통해(四聲通解)"를 편찬하였고, 이를 근거로 1750년(영조 26년)에 신경준 역시 "훈민정음운해(訓民正音韻解)"에서 뒤바뀐 음령오행을 사용하였다. 그 후 1930년대 말에 "한글지"와 "조선어학회"에서도 신경준의 "훈민정음운해"를 연재한 바 있었다.

1940년대 초반에 경북 안동군 와룡면 주하리에서 "훈민정음 해례본"이 발견되었다. 발견된 훈민정음 해례본에는 한글의 음령오행이 명확하게 규정되어 있었지만 그 시절은 일제(日帝)의 한글 말살정책(抹殺政策)이 극심한 시기(時期)라서 "해례본"의 발견 사실조차도 밝히지 못했다.

광복 후 "훈민정음 해례본"에 대한 연구(研究)가 부족한 가운데 신경준의 이론에 입각한 서적들이 출판됨에 따라 잘못된 음령오행 이론이 일반에 널리 알려졌고 작명(作名)에도 활용되었다. 이로 말미암아 오늘날까지 음령오행의 오류(誤謬)가 이어지고 있는 것으로 추론된다.

훈민정음 해례본(국보 제70호)

하지만 오늘날 우리에게는 "훈민정음 해례본"이 있다. 훈민정음 해례본의 내용을 살펴보자.

■ 夫人之有聲本於五行。故合諸四時而不悖叶之五音而不戾。

무릇 사람이 내는 소리에는 오행에 근본이 있다. 그러므로 4계절에 어울려 보아도 어그러짐이 없고 오음(궁상각치우)에 맞춰보아도 틀리지 않는다.

■ 喉邃而潤水也。

목구멍은 깊은 곳에 있고 젖어 있으니 水이다.

■ 聲虛而通如水之虛明而流通也。

소리는 허하고 통하여, 물처럼 훤히 들여다 보이고, 두루 통하는 것과 같다.

■ 於時爲冬於音爲羽。

4계절로는 겨울이고, 5음으로는 우(羽)음이다.

※ ㅇ, ㆆ 등 후음(喉音)은 "水"라고 분명하게 밝히고 있음을 알 수 있다.

훈민정음 해례본(국보 제70호)

또한 훈민정음 해례본에서는 ㅁ, ㅂ, ㅍ 등 순음(脣音)은 "土"라고 규정하고 있다.

- 脣方而合土也。

  입술은 모나지만 합해지므로 土에 해당한다.

- 聲含而廣如土之含蓄萬物而廣大也。

  소리 머금기가 넓은 것은 흙이 만물을 감싸고 넓은 것과 같다.

이처럼 "훈민정음 해례본"에서 한글의 음령오행(音靈五行)을 확실하고도 분명하게 규정하고 있고 "국립국어원(國立國語院)"에서도 그 사실을 확인하고 있으므로, 작명할 때는 반드시 ㅁ, ㅂ, ㅍ 등 순음(脣音)을 土로, ㅇ, ㅎ 등 후음(喉音)을 水로 적용해야 마땅하다.

(2) 동자이음(同字異音)의 음령오행

같은 글자로서 발음이 여럿인 한자는 그 변한대로 음(音)의 음령오행을 취용한다.

한자	火가 되는 경우	水가 되는 경우
李	저는 '리'씨입니다	저는 '이'씨입니다
蓮	수련(水蓮)	연화(蓮花)

오행의 작용

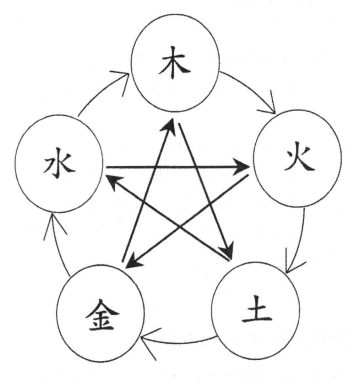

 상생

→ 상극

(3) 오행(五行)의 작용

음령오행(音靈五行), 삼원오행(三元五行), 수리오행(數理五行) 등 이름자가 만들어 내는 각종 오행(五行)에 대해서는 오행(五行)의 생극(生剋) 상황을 잘 살펴서 반드시 상생(相生)관계가 되도록 이름자를 선택하고 배치해야 한다.

(가) 상생(相生)

- **木生火** : 나무(木)는 불(火)을 생(生)한다.
- **火生土** : 불(火)은 흙(土)을 생(生)한다.
- **土生金** : 흙(土)은 쇠(金)를 생(生)한다.
- **金生水** : 쇠(金)는 물(水)을 생(生)한다.
- **水生木** : 물(水)은 나무(木)를 생(生)한다.

(나) 상극(相剋)

- **木剋土** : 나무(木)는 흙(土)을 파헤친다.
- **土剋水** : 흙(土)은 물(水)을 막는다.
- **水剋火** : 물(水)은 불(火)을 끈다.
- **火剋金** : 불(火)은 쇠(金)를 녹인다.
- **金剋木** : 쇠(金)는 나무(木)를 자른다.

작명 실례 : 김현수(金泫秀)의 음령오행

성 명	김(金)	현(泫)	수(秀)
음령오행	木	水	金
생극상황	水生木 (상생)	金生水 (상생)	

당초에 金·水가 필요한 사주였던 바 음령오행(音靈五行)이
모두 金·水로서 길(吉)할 뿐 아니라 성(姓)과 이름자가 모두 상
생 관계이므로 길(吉)한 이름이다.

(4) 종성(終聲, 받침)의 음령오행

작명에 쓰인 음령오행(音靈五行)에 관하여 일반적으로는 발음
의 초성(初聲)만을 기준으로 판단하는데, 일부에서는 종성(받침)
에도 음령오행이 존재하고 있다고 주장하면서 초성(初聲)은 물론
이고 종성(終聲)에 대해서도 음령오행을 적용하기도 한다. 초성
(初聲)과 종성(받침)을 모두 고려한다고 하니 매우 상세하고 완
벽하다는 느낌을 풍기고 있는데, 과연 합당한지 살펴 보자.

(가) 초성(初聲)으로만 판단한 경우

> **김현수** = ㄱ(木) + ㅎ(水) + ㅅ(金) → 水生木 · 金生水

※ 상생이 되는 좋은 이름

(나) 초성(初聲)과 종성(終聲)을 모두 판단한 경우

> **김현수** = ㄱ(木) + ㅁ(土) + ㅎ(水) + ㄴ(火) + ㅅ(金)
>
> → 木剋土 · 土剋水 · 水剋火 · 火剋金

※ 상극이 중첩되는 매우 흉한 이름

(다) 검토 비교한 결과

　초성만을 기준으로 판단할 경우에는 매우 길(吉)한 이름이었는데, 종성(받침)의 오행까지의 포함시키고 보니 상극이 중첩된 나쁜 이름으로 전락하고 말았다. 이런 경우가 허다하다.

(라) 종성(終聲)의 음령오행은 무시한다.

① 종성(받침)의 음령오행을 포함하여 작명해야 한다는 주장은 "이론을 위한 이론"이 되어 큰 불편과 제약을 주게 되므로 작명에서는 초성(初聲)만으로 음령오행을 판단하는 것이 타당하다.

宮。然水乃生物之源火乃成物之
用故五行之中水火為大喉乃出
聲之門舌乃辨聲之管故五音之
中喉舌為主也喉居後而牙次之
北東之位也舌齒又次之南西之
位也脣居末土無定位而寄旺四
李之義也是則初聲之中自有陰
陽五行方位之數也又以聲音清

훈민정음 해례본(국보 제70호)

② "훈민정음 해례본"에는 초성(初聲)에 대해서만 음양, 오행, 방위가 규정되어 있으므로 초성(初聲)만을 기준으로 음령오행을 판단해야 마땅하다.

- 是則初聲之中自有陰陽五行方位之數也。

  이런즉 초성 가운데는 스스로 음양과 오행과 방위의 수가 있다.

③ 다음의 비교에 알 수 있는 바와 같이 종성(終聲)의 음령오행은 일관성(一貫性)이 없으므로 초성(初聲)만을 작명(作名)에 적용하는 것이 타당하다.

◉ [갇다]로 발음되는 경우의 비교

가. 같다 : ㄱ(木) + ㅌ(火) + 다
   [갇다]: ㄱ(木) + ㄷ(火) + 다 → 음령오행 일치

나. 갔다 : ㄱ(木) + ㅆ(金) + 다
   [갇다]: ㄱ(木) + ㄷ(火) + 다 → 음령오행 불일치

다. 갛다 : ㄱ(木) + ㅎ(水) + 다
   [갇다]: ㄱ(木) + ㄷ(火) + 다 → 음령오행 불일치

(5) 오행(五行)의 길흉 해설

> 길흉 판단의 기본은 상생(相生)과 상극(相剋)이다. 생성된 오행이 서로 상극(相剋)하면 흉하다. 본 해설은 삼원오행, 수리오행, 자변오행 등 각종 오행의 길흉 판단에 공통적으로 적용된다.

木木木 (흉) : 고집만패격(固執萬敗格) - 파란자초

木木火 (길) : 비룡승천격(飛龍昇天格) - 대업성취

木木土 (흉) : 고난연발격(苦難連發格) - 파란중첩

木木金 (흉) : 만사불성격(萬事不成格) - 공허탄식

木木水 (길) : 발달번영격(發達繁榮格) - 만인추앙

木火木 (길) : 욱일승천격(旭日昇天格) - 명성사해

木火火 (길) : 광명취득격(光明取得格) - 복록무궁

木火土 (길) : 금상첨화격(錦上添花格) - 부귀쌍전

木火金 (흉) : 평지풍파격(平地風波格) - 병난연속

木火水 (흉) : 피아혼돈격(彼我混沌格) - 탐욕손재

木土木 (흉) : 사고무친격(四顧無親格) - 고독풍파

木土火 (흉) : 허망탄식격(虛妄歎息格) - 손재파산

木土土 (흉) : 선소후곡격(先笑後哭格) - 불행폐질

木土金 (흉) : 일락서산격(日落西山格) - 고립무원

木土水 (흉) : 속패몰락격(速敗沒落格) - 번뇌실패

木金木 (흉) : 방해분탈격(妨害分奪格) - 인간무덕
木金火 (흉) : 골육상쟁격(骨肉相爭格) - 허약질병
木金土 (흉) : 선길후흉격(先吉後凶格) - 부침반복
木金金 (흉) : 불화쟁론격(不和爭論格) - 시비구설
木金水 (흉) : 모사불성격(謀事不成格) - 가재탕진

木水木 (길) : 부귀쌍전격(富貴雙全格) - 학예겸비
木水火 (흉) : 급전직하격(急轉直下格) - 욕망과대
木水土 (흉) : 조기패망격(早期敗亡格) - 의지박약
木水金 (길) : 어변성룡격(魚變成龍格) - 만사형통
木水水 (길) : 부귀만당격(富貴滿堂格) - 입신양명

火木木 (길) : 입신양명격(立身揚名格) - 지략출중
火木火 (길) : 비룡봉운격(飛龍逢雲格) - 명리겸비
火木土 (흉) : 희비교차격(喜悲交叉格) - 노고중첩
火木金 (흉) : 선성후패격(先成後敗格) - 재액중첩
火木水 (길) : 만사형통격(萬事亨通格) - 부귀장수

火火木 (길) : 일취월장격(日就月將格) - 부귀영달
火火火 (흉) : 청천벽력격(靑天霹靂格) - 불측흉액
火火土 (길) : 비약발전격(飛躍發展格) - 지모탁월
火火金 (흉) : 용두사미격(龍頭蛇尾格) - 파란곡절
火火水 (흉) : 분주무익격(奔走無益格) - 모사불성

火土木 (흉) : 오리무중격(五里霧中格) - 좌충우돌

火土火 (길) : 유유자적격(悠悠自適格) - 귀인협조

火土土 (길) : 명진재가격(名進財加格) - 대업성취

火土金 (길) : 부귀자래격(富貴自來格) - 의지견고

火土水 (흉) : 일엽편주격(一葉片舟格) - 파란고초

火金木 (흉) : 분란부절격(紛亂不絶格) - 표리부동

火金火 (흉) : 진퇴유곡격(進退維谷格) - 변란무상

火金土 (흉) : 비상추락격(飛上墜落格) - 무모파란

火金金 (흉) : 백전백패격(百戰百敗格) - 부침극심

火金水 (흉) : 유시무종격(有始無終格) - 고난중첩

火水木 (흉) : 적반하장격(賊反荷杖格) - 고독완고

火水火 (흉) : 좌충우돌격(左衝右突格) - 육친무덕

火水土 (흉) : 사분오열격(四分五裂格) - 신세한탄

火水金 (흉) : 유성무형격(有聲無形格) - 횡액연속

火水水 (흉) : 화촉실광격(華燭失光格) - 방해실패

土木木 (흉) : 유명무실격(有名無實格) - 분리이별

土木火 (흉) : 금의야행격(錦衣夜行格) - 노고허비

土木土 (흉) : 사태전도격(沙汰顚倒格) - 고집불통

土木金 (흉) : 광풍노도격(狂風怒濤格) - 이합집산

土木水 (흉) : 호사다마격(好事多魔格) - 배신손재

土火木 (길) : 화룡점정격(畫龍點睛格) - 발달부귀

土火火 (길) : 운기생동격(運氣生動格) - 초지일관

土火土 (길) : 자연득리격(自然得利格) - 재물만당

土火金 (흉) : 사면초가격(四面楚歌格) - 인간무정

土火水 (흉) : 맹인실장격(盲人失仗格) - 파란만장

土土木 (흉) : 오월동주격(吳越同舟格) - 북풍한설

土土火 (길) : 첨구첨토격(添口添土格) - 부귀영달

土土土 (흉) : 태산붕괴격(泰山崩壞格) - 소탐대실

土土金 (길) : 명진사해격(名進四海格) - 복록풍성

土土水 (흉) : 시비쟁송격(是非爭訟格) - 표리부동

土金木 (흉) : 비분강개격(悲憤慷慨格) - 만시지탄

土金火 (흉) : 자중지란격(自中之亂格) - 쟁투파산

土金土 (길) : 만인숭상격(萬人崇尙格) - 백옥만당

土金金 (길) : 명주출토격(明珠出土格) - 지혜총명

土金水 (길) : 천하호령격(天下號令格) - 권위복록

土水木 (흉) : 노고허실격(勞苦虛失格) - 후회탄식

土水火 (흉) : 좌절실패격(挫折失敗格) - 관재시비

土水土 (흉) : 패가망신격(敗家亡身格) - 고난중첩

土水金 (흉) : 유야무야격(有耶無耶格) - 가정불화

土水水 (흉) : 일장춘몽격(一場春夢格) - 과욕실패

金木木 (흉) : 신부자족격(信斧刺足格) - 몽상과다

金木火 (흉) : 송사파산격(訟事破産格) - 파란중첩

金木土 (흉) : 붕괴함몰격(崩壞陷沒格) - 동반추락

金木金 (흉) : 추풍낙엽격(秋風落葉格) - 곤궁불안

金木水 (흉) : 풍파절목격(風波折木格) - 패재망신

金火木 (흉) : 욕구불만격(欲求不滿格) - 평지파란

金火火 (흉) : 허무맹랑격(虛無孟浪格) - 색정시비

金火土 (흉) : 소탐대실격(小貪大失格) - 매사실패

金火金 (흉) : 탄압혈광격(彈壓血光格) - 관재구설

金火水 (흉) : 불구대천격(不俱戴天格) - 허약폐질

金土木 (흉) : 신속실패격(迅速失敗格) - 경쟁시비

金土火 (길) : 백전백승격(百戰百勝格) - 위세관중

金土土 (길) : 청출어람격(靑出於藍格) - 재덕겸비

金土金 (길) : 만사통달격(萬事通達格) - 지모원대

金土水 (흉) : 상하쟁투격(上下爭鬪格) - 파란중첩

金金木 (흉) : 풍전등화격(風前燈火格) - 계획무모

金金火 (흉) : 자가당착격(自家撞着格) - 패재망신

金金土 (길) : 대업성취격(大業成就格) - 부귀영화

金金金 (흉) : 자승자박격(自繩自縛格) - 노고중첩

金金水 (길) : 순풍거범격(順風擧帆格) - 발달형통

金水木 (길) : 전승무패격(全勝無敗格) - 두뇌명석

金水火 (흉) : 화중지병격(畵中之餠格) - 무위도식

金水土 (흉) : 중구난방격(衆口難防格) - 만사불성

金水金 (길) : 부귀영화격(富貴榮華格) - 대업계승

金水水 (길) : 일약출세격(一躍出世格) - 번영무궁

水木木 (길) : 부귀공명격(富貴功名格) - 군계일학

水木火 (길) : 승승장구격(乘勝長驅格) - 덕망유복

水木土 (흉) : 중도좌절격(中途挫折格) - 반복부침

水木金 (흉) : 절처봉란격(絕處逢亂格) - 설상가상

水木水 (길) : 일성천하격(一聲天下格) - 순조발달

水火木 (흉) : 분리파괴격(分離破壞格) - 파재이산

水火火 (흉) : 파란중첩격(波瀾重疊格) - 진퇴양난

水火土 (흉) : 정중지와격(井中之蛙格) - 아집태과

水火金 (흉) : 파란만장격(波瀾萬丈格) - 고난중첩

水火水 (흉) : 천한지동격(天寒地凍格) - 골육상쟁

水土木 (흉) : 고독단명격(孤獨短命格) - 제사불성

水土火 (흉) : 고난중첩격(苦難重疊格) - 분열쟁송

水土土 (흉) : 번뇌무상격(煩惱無常格) - 패망탄식

水土金 (흉) : 낙마실족격(落馬失足格) - 부침중복

水土水 (흉) : 환란연속격(患亂連續格) - 파란곡절

水金木 (흉) : 경거망동격(輕擧妄動格) - 손해재액

水金火 (흉) : 진퇴유곡격(進退維谷格) - 고난방황

水金土 (길) : 대부대귀격(大富大貴格) - 호걸기개

水金金 (길) : 부귀순성격(富貴順成格) - 만인추앙

水金水 (길) : 군계일학격(群鷄一鶴格) - 대업완수

水水木 (길) : 어유대해격(魚遊大海格) - 명진사해

水水火 (흉) : 백척간두격(百尺竿頭格) - 파란노고

水水土 (흉) : 고립무원격(孤立無援格) - 위기연발

水水金 (길) : 복록무진격(福祿無盡格) - 대업계승

水水水 (흉) : 망망대해격(茫茫大海格) - 사고무친

 작명 실례 : 김현수(金泫秀)의 음령오행 길흉

성 명	김(金)	현(泫)	수(秀)
음령오행	木	水	金

木水金은 어변성룡격(魚變成龍格)으로서 만사형통(萬事亨通)하므로 길(吉)한 이름이다.

다. 제 3 결 : 사격(四格)이 좋아야 한다

사격(四格)이란 이름의 각 글자 획수(劃數)의 조합(組合)이 만들어 내는 원격(元格), 형격(亨格), 이격(利格), 정격(貞格) 등 네 개의 격(格)을 말한다.

① **원격(元格)** : 이름자의 획수(劃數)를 합한 수
② **형격(亨格)** : 성(姓)과 이름 첫 자의 획수를 합한 수
③ **이격(利格)** : 성(姓)과 이름 뒷 자의 획수를 합한 수
④ **정격(貞格)** : 성(姓)과 이름자 모두의 획수를 합한 수

이름자의 획수조합(劃數組合)이 만들어 낸 사격(四格)의 숫자에는 각각 길흉의 의미가 정해져 있으므로 길(吉)한 의미의 숫자가 산출(算出)될 수 있도록 성(姓)자에 맞는 적절한 획수의 이름자를 선택해야 한다.

성(姓) 1자에 이름자 2자의 경우가 일반적이지만, 성(姓)자가 2자 이상인 경우도 있고 이름자가 1자이거나 3자 이상인 경우 등이 있기 때문에 사격(四格)이 생성되는 상황은 다양하다.

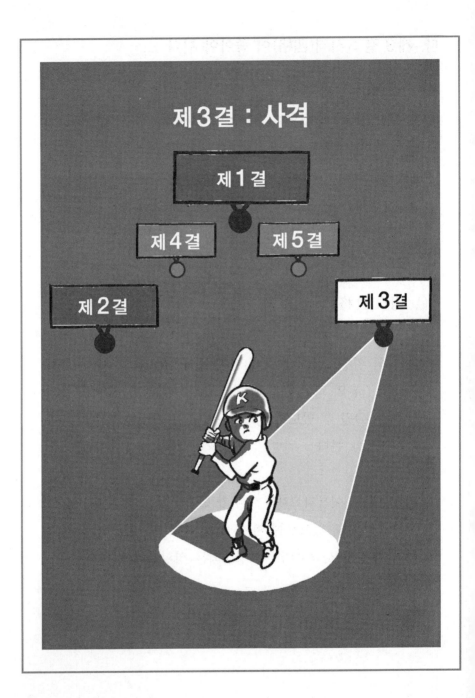

(1) 사격(四格) 산출 요령

(가) 성(姓) 1자 + 이름 1자

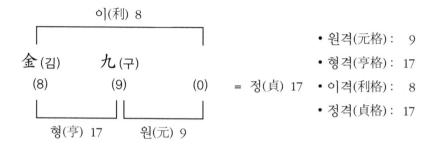

이(利) 8

金 (김)   九 (구)
(8)   (9)   (0)   = 정(貞) 17

형(亨) 17   원(元) 9

- 원격(元格) : 9
- 형격(亨格) : 17
- 이격(利格) : 8
- 정격(貞格) : 17

(나) 성(姓) 1자 + 이름 2자

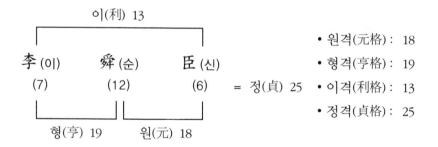

이(利) 13

李 (이)   舜 (순)   臣 (신)
(7)   (12)   (6)   = 정(貞) 25

형(亨) 19   원(元) 18

- 원격(元格) : 18
- 형격(亨格) : 19
- 이격(利格) : 13
- 정격(貞格) : 25

(다) 성(姓) 1자 + 이름 3자 이상

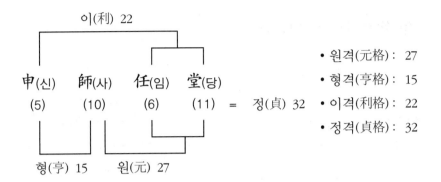

이(利) 22

申(신)　師(사)　任(임)　堂(당)

(5)　　(10)　　(6)　　(11)　=　정(貞) 32

형(亨) 15　　원(元) 27

- 원격(元格) : 27
- 형격(亨格) : 15
- 이격(利格) : 22
- 정격(貞格) : 32

(라) 성(姓) 2자 이상 + 이름 1자

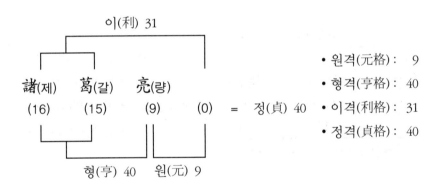

이(利) 31

諸(제)　葛(갈)　亮(량)

(16)　　(15)　　(9)　　(0)　=　정(貞) 40

형(亨) 40　　원(元) 9

- 원격(元格) : 9
- 형격(亨格) : 40
- 이격(利格) : 31
- 정격(貞格) : 40

(마) 성(姓) 2자 이상 + 이름 2자

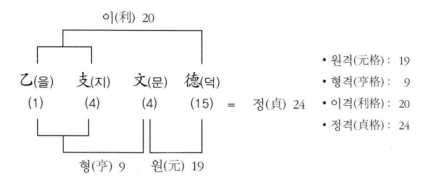

이(利) 20

乙(을) 支(지) 文(문) 德(덕)
(1)   (4)   (4)   (15)   = 정(貞) 24

형(亨) 9   원(元) 19

- 원격(元格) : 19
- 형격(亨格) : 9
- 이격(利格) : 20
- 정격(貞格) : 24

(바) 성(姓) 2자 이상 + 이름 3자 이상

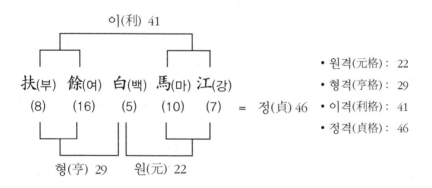

이(利) 41

扶(부) 餘(여) 白(백) 馬(마) 江(강)
(8)   (16)   (5)   (10)   (7)   = 정(貞) 46

형(亨) 29   원(元) 22

- 원격(元格) : 22
- 형격(亨格) : 29
- 이격(利格) : 41
- 정격(貞格) : 46

(2) 81수(數)의 길흉 해설

1 (길) 공명무궁	2 (흉) 분리파괴	3 (길) 발달부귀	4 (흉) 파란만장	5 (길) 덕망유복
6 (길) 복록풍성	7 (길) 재복만당	8 (길) 출세부귀	9 (흉) 만사불성	10 (흉) 불구대천
11 (길) 복록무궁	12 (흉) 자중지란	13 (길) 부귀건승	14 (흉) 번뇌무상	15 (길) 소원성취
16 (길) 재물만당	17 (길) 부귀영달	18 (길) 재록무궁	19 (흉) 백척간두	20 (흉) 고집만패
21 (길) 만인추앙	22 (흉) 분란부절	23 (길) 백옥만당	24 (길) 복록장수	25 (길) 광명무궁
26 (흉) 화중지병	27 (△) 고진감래	28 (흉) 좌절실패	29 (길) 건승발달	30 (길) 부귀현달
31 (길) 번영무궁	32 (길) 명성사해	33 (길) 발달형통	34 (흉) 자승자멸	35 (길) 부귀장수
36 (흉) 망망대해	37 (길) 대성유덕	38 (△) 자연섭리	39 (길) 권위복록	40 (흉) 고립무원
41 (길) 만사성취	42 (흉) 진퇴양난	43 (흉) 오리무중	44 (흉) 경거망동	45 (길) 복록출중

46 (흉)	47 (길)	48 (길)	49 (△)	50 (흉)
진퇴유곡	부귀무궁	천하제일	자수성공	고난연발
51 (흉)	52 (길)	53 (흉)	54 (흉)	55 (△)
낙마실족	명성천하	시비쟁송	환란연속	고진감래
56 (흉)	57 (길)	58 (△)	59 (흉)	60 (흉)
자승자박	대귀현출	탁석득옥	정중지와	탄압혈광
61 (길)	62 (흉)	63 (길)	64 (흉)	65 (길)
순조발달	일장춘몽	대귀대부	천한지동	부귀출중
66 (흉)	67 (길)	68 (길)	69 (흉)	70 (흉)
사고무친	공명출중	대업완수	허망탄식	파란만장
71 (△)	72 (흉)	73 (△)	74 (흉)	75 (△)
굴지견금	비분강개	구사일생	오월동주	전화위복
76 (흉)	77 (△)	78 (△)	79 (흉)	80 (흉)
화촉실광	만시생광	운산월출	골육상쟁	맹인실장
81 (길)				
부귀영원				

※ 81을 초과할 경우에는 81을 차감하고 남은 숫자로 판별

작명 실례 : 김현수(金沄秀)의 사격(四格) 길흉

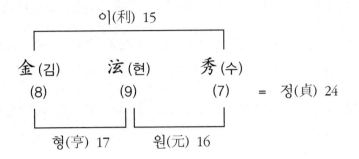

이(利) 15

金 (김)　　　沄 (현)　　　秀 (수)
(8)　　　　　(9)　　　　　(7)　　 = 　정(貞) 24

형(亨) 17　　　원(元) 16

- 원격(元格) : 16 = 재물만당수(길)
- 형격(亨格) : 17 = 부귀영달수(길)
- 이격(利格) : 15 = 소원성취수(길)
- 정격(貞格) : 24 = 복록장수수(길)

※ 사격(四格) 모두 길(吉)하므로 좋은 이름이다.

(3) 한자(漢字)의 획수(劃數)

작명(作名)에 있어서 한자(漢子)의 획수(劃數)는 매우 중요한 요소이다. 획수를 근거로 하여 사격(四格)을 도출하고, 그에 따라 삼원오행(三元五行)이 생성됨은 물론 수리오행(數理五行)도 생성해 내기 때문이다. 이처럼 획수(劃數)에 따라 각종 오행이 달라지기 때문에 획수(劃數)가 매우 중요한 비중을 차지하고 있음에도 불구하고 오류를 유발하는 여러 가지 요인으로 말미암아 정확한 획수(劃數)를 산출하는데 애로가 있다.

획수(劃數)에는 실제로 손으로 쓸 때 만들어지는 필획(筆劃)과 원래의 획수인 원획(原劃)이 있는데, 두 가지의 획수(劃數)가 차이가 나는 한자의 경우에는 원획(原劃)의 획수를 사용하여 작명을 한다.

● 필획(筆劃)과 원획(原劃)의 비교

① 肖(9획)보다 획수가 더 많은 俏도 9획이다.
  → 肖는 肉(육달월)변이고 俏는 亻(사람인)변이기 때문이다. 月(육달월변 肉)의 원획은 6획이지만, 俏의 경우처럼 다른 변의 한자에서 종속적으로 사용될 경우에는 4획으로 계산한다.

② 月(육달월)변인 胤과 그 보다 더 획수가 많은 彳(두인)변의 徹은 모두 11획으로 계산된다.

③ 邢(11획)보다 획수가 더 많은 娜는 10획에 불과하다.

→ 邢의 원획은 阝(우부방변 邑)이고 娜은 女변이기 때문이다. 阝 (우부방변 邑)의 원획은 7획이지만, 娜의 경우처럼 다른 변의 한자에서 종속적으로 阝이 사용될 경우에는 3획으로 계산한다.

④ 阝(우부방)변인 郎은 14획이지만 广(엄호)변인 廊은 13획이다.

⑤ 15획으로서 같은 필획이지만 鄰은 19획이고 隣은 20획이다.

→ 鄰은 阝(우부방 邑)변이고 隣은 阝(좌부방 阜)변이기 때문이다.

⑥ 逢(14획)보다 3획이나 더 많은 瀢은 15획에 불과하다.

→ 逢의 辶(책받침)은 원획인 辵(쉬엄쉬엄갈착)으로서 7획이지만 瀢의 辶(책받침)은 필획 그대로인 4획이기 때문이다. 다만, 瀢 의 氵(삼수변)은 원획이 水이므로 4획으로 계산한다.

⑦ 授와 擧는 모두 手변의 한자이다. 授의 扌(재방변)은 원획이 手이므로 획수를 계산할 때 필획에 1획을 가산해야 하지만 擧처럼 手가 온전히 들어간 한자 경우에는 획수를 가산하지 않는다.

⑧ 一(1획), 二(2획), 三(3획), 四(4획), 五(5획), 六(6획), 七(7획), 八(8획), 九(9획), 十(10획), 百(6획), 千(3획), 萬(15획), 億(15획), 兆(6획)

◎ 다음 자변(字邊)의 한자는 획수 계산에 유의해야 한다.

필 획			원 획		획수 증감	비고
변	이 름	획수	원글자	획수		
忄	심방 변	3	心	4	+1	
氵	삼수 변	3	水	4	+1	
扌	재방 변	3	手	4	+1	
犭	개사슴록 변	3	犬	4	+1	
阝	우부방 변	3	邑	7	+4	
阝	좌부방 변	3	阜	8	+5	
王	구슬옥 변	4	玉	5	+1	
礻	보일시 변	4	示	5	+1	
月	육달월 변	4	肉	6	+2	
++	초두 머리	4	艸	6	+2	
耂	늙을로 밑	4	老	6	+2	
辶	책받침	4	辵	7	+3	
衤	옷의 변	5	衣	6	+1	
罒	그물망	5	网	6	+1	

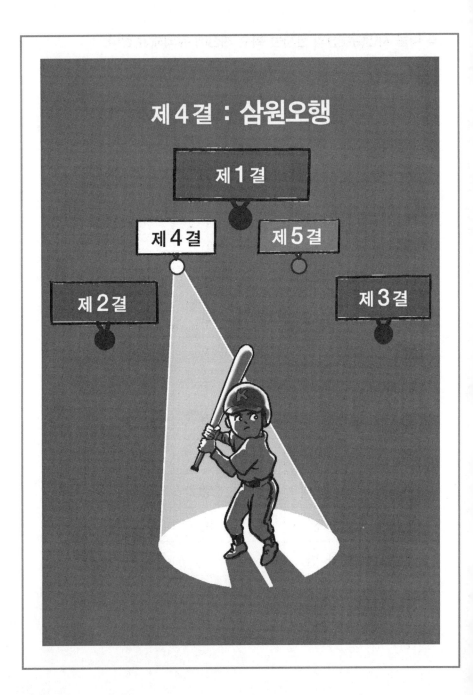

라. 제4결 : 삼원오행(三元五行)이 길(吉)해야 한다

삼원오행(三元五行)이란 사격(四格) 숫자의 끝 자릿수가 만들어 낸 오행(五行) 중에서 정격(貞格)의 오행을 제외한 3개의 오행을 말하는데, 이(利)·형(亨)·원격(元格)의 순서(역순 逆順)로써 오행을 구성한다. 삼원오행(三元五行)의 길흉에 대해서는 음령오행(音靈五行) 항목에서 설명한 바 있는 해설(解說)을 적용한다.

◎ 사격(四格) 끝수의 오행 (제5결 수리오행을 적용)

사격의 끝수	1, 2	3, 4	5, 6	7, 8	9, 10
수리오행	木	火	土	金	水

작명 실례 : 김현수(金泫秀)의 삼원오행 길흉

사격(四格)	숫자	끝수	수리오행	비고
원격(元格)	16	6	③ 土	
형격(亨格)	17	7	② 金	
이격(利格)	15	5	① 土	
정격(貞格)	24	4	火	제외

- 삼원오행 : ① 土 ② 金 ③ 土 → 土金土
- 오행해설 : 土金土는 만인숭상격(萬人崇尙格)으로서
  백옥만당(百玉滿堂)하므로 길(吉)하다.

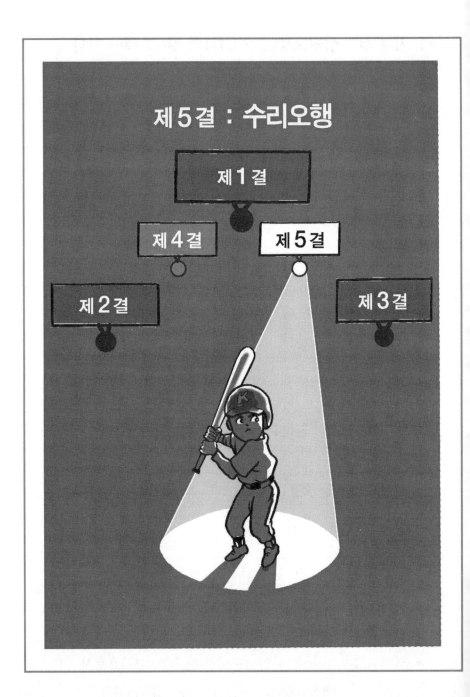

마. 제5결 : 수리오행(數理五行)이 길(吉)해야 한다

수리오행(數理五行)이란 각 이름자 획수(劃數)가 가진 오행(五行)을 말한다. 획수의 끝자리 숫자로 오행을 판별한다.

끝자리 숫자	1, 2	3, 4	5, 6	7, 8	9, 10
수리오행	木	火	土	金	水

○ 수리(數理)의 음양(陰陽)

- 음(陰) : 짝수 (0, 2, 4, 6, 8)
- 양(陽) : 홀수 (1, 3, 5, 7, 9)

    ※ 음양상교(陰陽相交) : 홀수와 짝수가 섞여야 길하다.

    ※ 음양불교(陰陽不交) : 한 가지만으로 이루어지면 흉하다.

 작명 실례 : 김현수(金泫秀)의 수리오행 길흉

성 명	金	泫	秀
획 수	8	9	7
수리오행	金	水	金
음 양	음	양	양

- 수리오행 : 金水金 → 부귀영화격(富貴榮華格) = 길(吉)
- 수리음양 : 음양양 → 음양상교 = 길(吉)

(1) 수리구성 실례(數理構成 實例)

※ ☐은 흉(凶)함

수리구성			사격				삼원오행	수리오행
성	이름		원격	형격	이격	정격		
2	1	4	5	3	6	7	土火土	木木火
	1	14	15	3	16	17	土火土	木木火
	4	1	5	6	3	7	火土土	木火木
	4	11	15	6	13	17	火土土	木火木
	9	22	31	11	24	33	火木木	木水木
	11	4	15	13	6	17	土火土	木木火
	13	22	35	15	24	37	火土土	木火木
	14	1	15	16	3	17	火土土	木火木
	14	23	37	16	25	39	土土金	木火火
	22	9	31	24	11	33	木火木	木木水
	23	14	37	25	16	39	土土金	木火火
3	10	22	32	13	25	35	土火木	火水木
	20	12	32	23	15	35	土火木	火水木
4	9	12	21	13	16	25	土火木	火水木
	12	21	33	16	25	37	土土火	火木木
	14	21	35	18	25	39	土金土	火火木
	19	12	31	23	16	35	土火木	火水木
	20	11	31	24	15	35	土火木	火水木
	20	21	41	24	25	45	土火木	火水木
	21	14	35	25	18	39	金土土	火木火

수리구성			사격				삼원오행	수리오행
성	이름		원격	형격	이격	정격		
5	3	13	16	8	18	21	金金土	土火火
	8	8	16	13	13	21	火火土	土金金
	10	3	13	15	8	18	金土火	土水火
	13	3	16	18	8	21	金金土	土火火
6	7	18	25	13	24	31	火火土	土金金
	9	9	18	15	15	24	土土金	土水水
	10	7	17	16	13	23	火土金	土水金
	17	18	35	23	24	41	火火土	土金金
	18	7	25	24	13	31	火火土	土金金
	18	17	35	24	23	41	火火土	土金金
7	8	9	17	15	16	24	土土金	金金水
	8	10	18	15	17	25	金土金	金金水
	8	16	24	15	23	31	火土火	金金土
	9	8	17	16	15	24	土土金	金水金
	9	9	18	16	16	25	土土金	金水水
	9	16	25	16	23	32	火土土	金水土
	10	8	18	17	15	25	土金金	金水金
	16	8	24	23	15	31	土火火	金土金
	16	9	25	23	16	32	土火土	金土水
	16	16	32	23	23	39	火火木	金土土
	17	24	41	24	31	48	木火木	金金火

수리구성			사격				삼원오행	수리오행
성	이름		원격	형격	이격	정격		
8	5	8	13	13	16	21	土火火	金土金
	7	9	16	15	17	24	金土土	金金水
	7	10	17	15	18	25	金土金	金金水
	7	16	23	15	24	31	火土火	金金土
	8	5	13	16	13	21	火土火	金金土
	8	9	17	16	17	25	金土金	金金水
	8	15	23	16	23	31	火土火	金金土
	8	25	33	16	33	41	火土火	金金土
	9	7	16	17	15	24	土金土	金水金
	9	8	17	17	16	25	土金金	金水金
	10	7	17	18	15	25	土金金	金水金
	10	27	37	18	35	45	土金金	金水金
	15	8	23	23	16	31	土火火	金土金
	15	16	31	23	24	39	火火木	金土土
	16	7	23	24	15	31	土火火	金土金
	16	15	31	24	23	39	火火木	金土土
	16	17	33	24	25	41	土火火	金土金
	17	16	33	25	24	41	火土火	金金土
	25	8	33	33	16	41	土火火	金土金
	27	10	37	35	18	45	金土金	金金水

수리구성			사격				삼원오행	수리오행
성	이름		원격	형격	이격	정격		
9	2	22	24	11	31	33	木木火	水木木
	4	12	16	13	21	25	木火土	水火木
	6	9	15	15	18	24	金土土	水土水
	7	8	15	16	17	24	金土土	水金金
	7	9	16	16	18	25	金土土	水金水
	7	16	23	16	25	32	土土火	水金土
	8	7	15	17	16	24	土金土	水金金
	8	8	16	17	17	25	金金土	水金金
	9	6	15	18	15	24	土金土	水水土
	12	12	24	21	21	33	木木火	水木木
	16	7	23	25	16	32	土土火	水土金
	16	8	24	25	17	33	金土火	水土金
	22	2	24	31	11	33	木木火	水木木
10	1	22	23	11	32	33	木木火	水木木
	3	3	6	13	13	16	火火土	水火火
	3	22	25	13	32	35	木火土	水火木
	5	3	8	15	13	18	火土金	水土火
	5	8	13	15	18	23	金土火	水土金
	6	7	13	16	17	23	金土火	水土金
	7	8	15	17	18	25	金金土	水金金

수리구성			사격				삼원오행	수리오행
성	이름		원격	형격	이격	정격		
10	8	7	15	18	17	25	金金土	水金金
	13	22	35	23	32	45	木火土	水火木
	14	1	15	24	11	25	木火土	水火木
	14	11	25	24	21	35	木火土	水火木
	14	21	35	24	31	45	木火土	水火木
	15	8	23	25	18	33	金土火	水土金
	22	1	23	32	11	33	木木火	水木木
11	2	4	6	13	15	17	土火土	木木火
	4	2	6	15	13	17	火土土	木火木
	5	2	7	16	13	18	火土金	木土木
	24	13	37	35	24	48	火土金	木火火
12	1	20	21	13	32	33	木火木	木木水
	4	21	25	16	33	37	火土土	木火木
	9	12	21	21	24	33	火木木	木水木
	12	9	21	24	21	33	木火木	木木水
	12	13	25	24	25	37	土火土	木木火
	13	12	25	25	24	37	火土土	木火木
	20	1	21	32	13	33	火木木	木水木
	21	4	25	33	16	37	土火土	木木火

수리구성			사격				삼원오행	수리오행
성	이름		원격	형격	이격	정격		
13	2	22	24	15	35	37	土土火	火木木
	10	22	32	23	35	45	土火木	火水木
	12	12	24	25	25	37	土土火	火木木
	19	20	39	32	33	52	火木水	火水水
	20	12	32	33	25	45	土火木	火水木
	22	2	24	35	15	37	土土火	火木木
14	1	2	3	15	16	17	土土火	火木木
	2	1	3	16	15	17	土土火	火木木
	2	21	23	16	35	37	土土火	火木木
	2	23	25	16	37	39	金土土	火木火
	3	15	18	17	29	32	水金金	火火土
	4	21	25	18	35	39	土金土	火火木
	9	2	11	23	16	25	土火木	火水木
	10	11	21	24	25	35	土火木	火水木
	10	21	31	24	35	45	土火木	火水木
	19	2	21	33	16	35	土火木	火水木
	21	2	23	35	16	37	土土火	火木木
	21	4	25	35	18	39	金土土	火木火
	23	2	25	37	16	39	土金土	火火木

수리구성			사격				삼원오행	수리오행
성	이름		원격	형격	이격	정격		
15	1	2	3	16	17	18	金土火	土木木
	3	3	6	18	18	21	金金土	土火火
	6	18	24	21	33	39	火木火	土土金
	8	8	16	23	23	31	火火土	土金金
	10	8	18	25	23	33	火土金	土水金
	14	3	17	29	18	32	金水金	土火火
	16	8	24	31	23	39	火木火	土土金
	16	17	33	31	32	48	木木火	土土金
	17	16	33	32	31	48	木木火	土金土
16	2	23	25	18	39	41	水金土	土木火
	7	8	15	23	24	31	火火土	土金金
	7	9	16	23	25	32	土火土	土金水
	7	25	32	23	41	48	木火木	土金土
	8	17	25	24	33	41	火火土	土金金
	9	7	16	25	23	32	火土土	土水金
	9	8	17	25	24	33	火土金	土水金
	15	8	23	31	24	39	火木火	土土金
	15	17	32	31	33	48	火木木	土土金
	16	7	23	32	23	39	火木火	土土金
	17	15	32	33	31	48	木火木	土金土
	25	7	32	41	23	48	火木木	土土金

수리구성			사격				삼원오행	수리오행
성	이름		원격	형격	이격	정격		
17	6	18	24	23	35	41	土火火	金土金
	7	8	15	24	25	32	土火土	金金金
	7	24	31	24	41	48	木火木	金金火
	8	7	15	25	24	32	火土土	金金金
	8	16	24	25	33	41	火土火	金金土
	15	16	31	32	33	48	火木木	金土土
	16	8	24	33	25	41	土火火	金土金
	16	15	31	33	32	48	木火木	金土土
	18	6	24	35	23	41	火土火	金金土
	24	7	31	41	24	48	火木木	金火金
18	6	7	13	24	25	31	土火火	金土金
	6	15	21	24	33	39	火火木	金土土
	6	17	23	24	35	41	土火火	金土金
	7	6	13	25	24	31	火土火	金金土
	15	6	21	33	24	39	火火木	金土土
	17	6	23	35	24	41	火土火	金金土
19	4	2	6	23	21	25	木火土	水火木
	4	12	16	23	31	35	木火土	水火木
	13	20	33	32	39	52	水木火	水火水
	14	2	16	33	21	35	木火土	水火木

수리구성			사격				삼원오행	수리오행
성	이름		원격	형격	이격	정격		
20	1	10	11	21	30	31	水木木	水木水
	1	12	13	21	32	33	木木火	水木木
	3	12	15	23	32	35	木火土	水火木
	4	1	5	24	21	25	木火土	水火木
	4	11	15	24	31	35	木火土	水火木
	4	21	25	24	41	45	木火土	水火木
	12	1	13	32	21	33	木木火	水木木
	13	12	25	33	32	45	木火土	水火木
21	2	14	16	23	35	37	土火土	木木火
	4	12	16	25	33	37	火土土	木火木
	4	14	18	25	35	39	土土金	木火火
	12	4	16	33	25	37	土火土	木木火
	14	2	16	35	23	37	火土土	木火木
	14	4	18	35	25	39	土土金	木火火
22	1	10	11	23	32	33	木火木	木木水
	2	9	11	24	31	33	木火木	木木水
	2	13	15	24	35	37	土火土	木木火
	2	23	25	24	45	47	土火土	木木火
	9	2	11	31	24	33	火木木	木水木
	10	1	11	32	23	33	火木木	木水木

수리구성			사격				삼원오행	수리오행
성	이름		원격	형격	이격	정격		
22	13	2	15	35	24	37	火土土	木火木
	23	2	25	45	24	47	火土土	木火木
23	2	22	24	25	45	47	土土火	火木木
	9	15	24	32	38	47	金木火	火水土
	12	12	24	35	35	47	土土火	火木木
	15	9	24	38	32	47	木金火	火土水
	16	2	18	39	25	41	土水金	火土木
	22	2	24	45	25	47	土土火	火木木
24	7	17	24	31	41	48	木木火	火金金
	11	13	24	35	37	48	金土火	火木火
	13	11	24	37	35	48	土金火	火火木
	13	24	37	37	48	61	金金金	火火火
	17	7	24	41	31	48	木木火	火金金
25	6	10	16	31	35	41	土木土	土土水
	10	6	16	35	31	41	木土土	土水土
	12	20	32	37	45	57	土金木	土木水
	16	16	32	41	41	57	木木木	土土土
	20	12	32	45	37	57	金土木	土水木

수리구성			사격				삼원오행	수리오행
성	이름		원격	형격	이격	정격		
26	3	13	16	29	39	42	水水土	土火火
	5	11	16	31	37	42	金木土	土土木
	11	5	16	37	31	42	木金土	土木土
	13	3	16	39	29	42	水水土	土火火
	15	15	30	41	41	56	木木水	土土土
27	6	12	18	33	39	45	水火金	金土木
	10	14	24	37	41	51	木金火	金水火
	12	6	18	39	33	45	火水金	金木土
	14	10	24	41	37	51	金木火	金火水
28	5	11	16	33	39	44	水火土	金土木
	5	20	25	33	48	53	金火土	金土水
	11	5	16	39	33	44	火水土	金木土
	20	5	25	48	33	53	火金土	金水土
29	8	8	16	37	37	45	金金土	水金金
	16	16	32	45	45	61	土土木	水土土
30	2	5	7	32	35	37	土木金	水木土
	5	2	7	35	32	37	木土金	水土木
	7	11	18	37	41	48	木金金	水金木
	11	7	18	41	37	48	金木金	水木金
	15	22	37	45	52	67	木土金	水土木

수리구성			사격				삼원오행	수리오행
성	이름		원격	형격	이격	정격		
31	2	4	6	33	35	37	土火土	木木火
	2	14	16	33	45	47	土火土	木木火
	4	2	6	35	33	37	火土土	木火木
	4	4	8	35	35	39	土土金	木火火
	6	10	16	37	41	47	木金土	木土水
	7	10	17	38	41	48	木金金	木金水
	8	8	16	39	39	47	水水土	木金金
	10	7	17	41	38	48	金木金	木水金
	14	7	21	45	38	52	金土木	木火金

(2) 불용한자(不用漢字)는 없다

예의염치(禮義廉恥), 인의예지충신효제(仁義禮智忠信孝悌), 산천초목(山川草木), 조수충어(鳥獸蟲魚), 일월성신(日月星辰), 신불(神佛), 금은보석(金銀寶石)과 재물(財物), 물건(物件)이나 기구(器具), 인체(人體), 부귀영화(富貴榮華) 등에 해당하거나 지나치게 고상(高尙)한 글자는 작명에서 피하기도 한다. 예로부터 우리의 선조들은 중용(中庸)과 겸양(謙讓)을 중요하게 여겼기 때문이다.

하지만 크게 성공한 유명 인사들의 이름자에는 작명(作名)에 사용해서는 안 된다는 불용한자(不用漢字)가 포함되어 있는 경우가 허다하기 때문에 정말로 불용한자(不用漢字)라고 낙인이 찍힌 한자(漢字)를 사용해서는 안 되는 것인지 헷갈리는 경우가 많다.

결론적으로 말하자면 불용한자(不用漢字)는 존재하지 않는다. 그 이유를 독약(毒藥)도 경우에 따라서는 최상의 특효약이 될 수 있음을 상기시켜주고 있는 우암 송시열(尤庵 宋時烈)과 미수 허목(眉叟 許穆)의 일화에 비유해서 설명해 보고자 한다.

尤庵 宋時烈

우암 송시열

1607년~1689년
성리학자, 정치가
노론(老論)의 영수

眉叟 許穆

미수 허목

1595년~1682년
우의정에까지 오른 유학자
남인(南人)의 핵심 논객

송시열은 아이의 오줌을 받아 마시는 "요로법"으로 건강을 유지해 왔는데, 중년에 병에 걸리고 말았다. 그는 "삼방촬요(三方撮要)"라는 한의서를 저술한 바 있었기에 어지간한 병에 대해서는 스스로 처방을 낼 수 있는 실력자였고, 또한 주변에 용하다는 의원들이 많았기 때문에 병을 치료하는데 큰 불편이 없는 듯 싶었다. 하지만, 도리어 병이 깊어져서 그야말로 백약(百藥)이 무효인 상태가 되고 말았다.

"허목 대감을 찾아 가서 약방문을 얻어 오너라."

송시열은 제자에게 병세를 상세히 적어 주면서 약방문을 가져오도록 일렀다. 그 당시는 노론과 남인간의 당쟁이 심할 때인지라 피차 원수같이 지내던 최대의 정적(政敵)이었는데, 송시열은 병을 고칠 수 없게 되자 의술(醫術)로 이름이 높은 허목에게 처방(處方)을 부탁하고자 했던 것이다. 송시열의 제자들은 크게 놀랐다.

"왜 하필이면 허목입니까? 그 능구렁이가 약방문에 독약이라도 써 넣으면 어쩌시려고 그러십니까?"

제자들의 반대는 극심했다. 그렇지만 송시열은 막무가내였다. 허목은 송시열의 부탁을 전해 받고 껄껄껄 웃으면서 큰 소리로 외쳤다.

"하하하, 천하의 송시열이 드디어 내 손에 죽게 되었도다!"

송시열의 제자는 너무도 황망하여 졸도할 지경이었다. 허목은 한참 동안 웃고 나서는 조금의 망설임도 없이 일필휘지(一筆揮之)로 "비상(砒霜) 다섯 근"이라고 적어서 내 주었다.

비상(砒霜)은 흔히 말하는 청산가리로서 극소량만 먹어도 즉사하는 독약인데, 그것을 5근이나 먹으라고 하였으니, '그냥 죽어라'고 하는 것이나 진배없는 노릇이었다. 허목의 약방문을 받아 든 송시열의 제자들은 매우 분개했다.

"역시, 스승님을 독살하려는 처방임이 분명합니다."

그러나 의술에 밝은 송시열은 크게 깨달은 바가 있었다.

"오호, 허목은 진정한 선비로구나!"

송시열은 제자들을 꾸짖고, 신속하게 비상 다섯 근을 준비하도록 하여 복용했다. 독약인 비상을 다섯 근이나 한꺼번에 먹는다면 즉사하였겠지만, 송시열은 해독작용을 하는 약재와 섞어서 조금씩 먹었기 때문에 마침내 병을 치료할 수 있게 되었다. "요로법"에 따른 요석(尿石)응어리로 인해 발병한 것이었기에 그 응어리를 제거하기 위해서는 부득이 비상을 써야만 했던 것이다. 정적(政敵)이었던 허목의 인격을 믿고 약방문을 부탁하여 그 약방문대로 비상을 복용한 송시열, 그리고 송시열을 믿고 약방문을 솔직하게 써 준 허목 등 현명함이 빛나는 우리 선조들의 멋진 일화이다. 일설에는 제자들이 허목을 믿지 못하고 송시열 몰래 비상을 세 근만 복용케 했기 때문에 그의 병이 완치되지 않았다고 전해지기도 한다.

불용한자(不用漢字)도 비상(砒霜)처럼 경우에 따라서는 특급 처방이 될 수 있으므로 사주(四柱) 짜임에 따라 유용(有用)하다고 판단되면 얼마든지 길(吉)한 이름자로 사용할 수 있다.

※ 불용한자(不用漢字)가 난무하고 있는 현실을 감안하여 불용한자 232자를 모아 부록으로 첨부하였으니 참고하기 바란다.

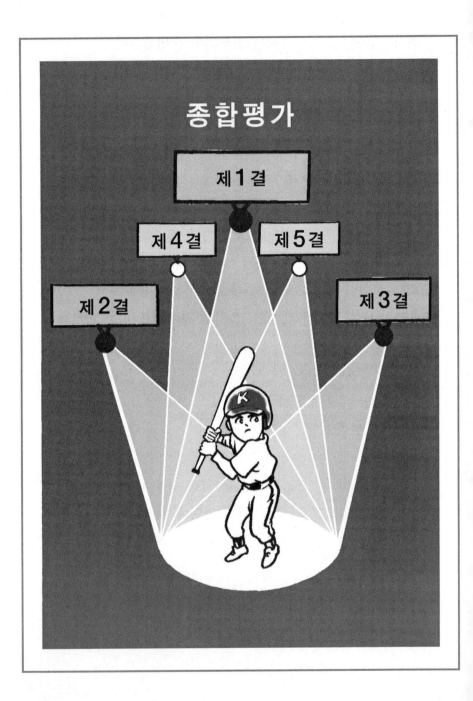

종합평가

제1결

제4결   제5결

제2결   제3결

바. 종합 평가

작명오결의 우선순위를 기준으로 하여 종합적으로 평가한다.

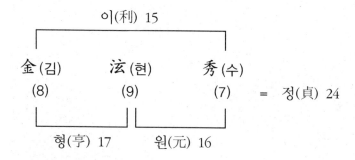

구 분		구 성 내 용		길흉	종합평가
제1결	사주와 조화	金·水	길(吉)한 작용	○	
제2결	음령오행	木水金	어변성룡격	○	
제3결	사 격	원격 16	재물만당수	○	길 명 (吉名)
		형격 17	부귀영달수	○	
		이격 15	소원성취수	○	
		정격 24	복록장수수	○	
제4결	삼원오행	土金土	만인숭상격	○	
제5결	수리오행	金水金	부귀영화격	○	

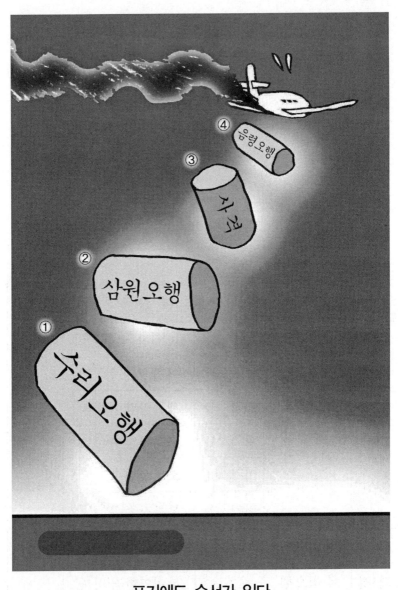

포기에도 순서가 있다

사. 작명오결 포기 순서

작명오결에는 우선순위가 있으므로 포기할 경우에도 순서가 있다.

작명오결 중 어느 것 한 가지라도 포기를 해야 할 경우라면

① 맨 먼저 수리오행을 포기하고
② 그 다음에 삼원오행을 포기하고
③ 그 다음에 사격(四格)을 포기하고
④ 마지막으로 음령오행을 포기한다.

다시 말하자면 수리오행보다는 삼원오행이 더 중요하고, 삼원오행보다는 사격(四格)이 중요하고, 사격(四格)보다는 음령오행이 중요하고, 음령오행보다는 사주(四柱)와의 조화가 더 중요하다.

제 **2**장

대법원 인명용 한자

8,142자 일람

다음 한자는 2015년 1월 1일 현재, 대법원 홈페이지에 게시되어 있는 인명용 한자(8,142자)이다.

☞ 한자는 이 표에 지정된 발음으로만 사용할 수 있다.
  그러나 첫소리가 ㄴ, ㄹ인 한자는 각각 소리 나는 바에 따라 ㅇ, ㄴ으로 사용할 수 있다

☞ 동자(同字)·속자(俗字)·약자(略字)는 (　　　)내에 기재된 것에 한하여 사용할 수 있다.

☞ 示변과 礻변, ㅛ변과 艹변은 서로 바꾸어 쓸 수 있다

  (예 : 福 = 福, 蘭 = 蘭)

대법원 선정 인명용 한자 8,142자 일람

가	家佳街可歌加價假架暇嘉嫁稼賈駕伽迦柯呵哥枷珂痂苛茄袈訶跏軻哿碬牁珈坷罝榎檟笳耞葭謌
각	各角脚閣却覺刻珏恪殼慤(愨)卻咯堁榷擱桷
간	干間看刊肝幹簡姦懇艮侃杆(桿)玕竿揀諫墾栞奸柬澗磵稈艱癎(癇)忓矸偘慳斡秆茛衎赶迂齦
갈	渴葛乫喝曷碣竭褐蝎鞨噶楬秸羯蠍
감	甘減感敢監鑑(鑒)勘堪瞰坎嵌憾戡柑橄疳紺邯龕玲坩埳嵁弇憨撼欿歛泔淦澉矙轗酣醶
갑	甲鉀匣岬胛閘
강	江降講強(强)康剛鋼(鎠)綱杠堈岡(崗)姜橿彊慷畺疆糠絳羌腔舡薑鱇孃踄襁(襁)玒顜茳鎠僵僵垿忼悾扛殭矼穅繈罡羫豇韁
개	改皆個(箇)開介慨概蓋(盖)价凱愷漑塏悈疥芥豈鎧玠剴匃揩榽磕闓

객	客 喀
갱	更 坑 粳 羹 硻 賡 鏗
약	醵
거	去 巨 居 車 擧 距 拒 據 渠 遽 鉅 炬 倨 据 祛 踞 鋸 駏 呿 昛 秬 筥 籧 胠 腒 苣 莒 蕖 蘧 袪 裾
건	建(建) 乾(漧) 件 健 巾 虔 楗 鍵 愆 腱 蹇 騝 搴 湕 踺 揵 犍 睷 褰 謇 鞬
걸	傑(杰) 乞 桀 乬 朅 榤
검	儉 劍(劒) 檢 瞼 鈐 黔 撿 芡
겁	劫 怯 法 刦 刧
게	揭 偈 憩
격	格 擊 激 隔 檄 膈 覡 挌 毄 鬲 骼 鬲 鴃
견	犬 見 堅 肩 絹 遣 牽 鵑 甄 繭 譴 狷 畎 筧 縳 繾 羂 蠲 鰹
결	決 結 潔(潔) 缺 訣 抉 契 觖 玦 玦 鍥 觖 闋
겸	兼 謙 鎌 慊 箝 鉗 嗛 槏 傔 岭 拑 歉 縑 蒹 黚 鼸

경	京(亰) 景(暻) 經 庚 耕 敬 輕 驚 慶 競 竟 境 鏡 頃 傾 硬 警 徑 卿(卿) 倞 鯨 坰 耿 炅 更 梗 憬 璟(璄) 瓊 擎 儆 俓 涇 莖 勁 逕 頸 冏(囧) 勍 炯 璥 痙 磬 絅 脛 頚 鶊 檠(橄) 冂 涇 憼 坙 曔 檾 劤 哽 悙 扃 兢 褮 畊 竸 綆 謦 褧 謦 穎 駉 鯁 黥
계	癸 季 界(堺) 計 溪 鷄 系 係 戒 械 繼 契 桂 啓 階 繫 誡 烓 屆 悸 棨 稽 谿(磎) 堦 瘈 禊 綮 縘 闋 薊 雞 髻
고	古 故 固 苦 高 考(攷) 告 枯 姑 庫 孤 鼓 稿 顧 叩 敲 皐(皋) 暠 呱 尻 拷 槁 沽 痼 睪 羔 股 膏 苽 菰 藁 蠱 袴 誥 賈 辜 錮 雇 杲 皷 估 涸 刳 栲 槀 囊 牯 鹽 瞽 鴣 槹 箍 篙 糕 罟 殺 翶 胯 觚 詁 郜 酤 鈷 靠 鴰
곡	谷 曲 穀 哭 斛 梏 鵠 嚳 槲 穀 觳 轂
곤	困 坤 昆 崑 琨 錕 梱 棍 滾 鯤 袞(衮) 堃 崐 悃 捆 緄 裍 褌 閫 髡 鵾 鶤 鯤
골	骨 汨 滑 搰 榾 鶻
공	工 功 空 共 公 孔 供 恭 攻 恐 貢 珙 控 拱 蚣 鞏 羾 倥 崆 栱 箜 蛩 蚈 贛 跫 釭 槓
곶	串

과	果 課 科 過 誇 寡 菓 跨 鍋 顆 戈 瓜 侉 堝 夥 夸 撾 猓 稞 窠 蝌 裹 踝 銙 騍
곽	郭 廓 槨 藿 椁 癨 霍 鞹
관	官 觀 關 館(舘) 管 貫 慣 冠 寬(寛) 款 琯 錧 灌 瓘 梡 串 棺 罐 菅 涫 輨 卝 爟 盥 祼 窾 筦 綰 鏆 萖 顴 髖 鸛
괄	括 刮 恝 适 佸 栝 筈 聒 髺 鴰
광	光(炛·昿) 廣(広) 鑛 狂 侊 洸 珖 桄 匡 曠 壙 筐 胱 恇 框 爌 獷 磺 絖 纊 茪 誆 誑
괘	掛 卦 罣 咼 挂 罫 詿
괴	塊 愧 怪 壞 乖 傀 拐 槐 魁 媿 廥 瑰 璝 蒯 襘
괵	馘
굉	宏 紘 肱 轟 浤 觥 訇 閎
교	交 校 橋 敎(教) 郊 較 巧 矯 僑 喬 嬌 膠 咬 嶠 攪 狡 皎 絞 翹 蕎 蛟 轎 餃 驕 鮫 姣 佼 嗷 憍 鄗 嘐 噭 齧 撟 晈 暞 榷 磽 窖 趫 蹻 鉸 骹 鵁 鷇

구	九 口 求 救 究 久 句 舊 具 俱 區 驅 苟 拘 狗 丘(坵) 懼 龜 構 球 玖 矩 邱 銶 溝 購 鳩 軀 枸 仇 勾 咎 嘔 垢 寇 嶇 樞 歐 毆 毬 灸 瞿 絿 臼 舅 衢 謳 述 鉤 駒 鷗 珣 考(耈) 廏(廐) 龜 颶 佝 俅 傴 篝 劬 匶 厹 句 均 姤 媾 嫗 屨 岣 彀 戵 扣 捄 搆 摳 昫 榘 漚 璆 甌 疚 痀 癯 窶 篶 糗 朐 蒟 蚯 裘 覯 詬 遘 釦 韝 韭 鬮 鷇 鸜
국	國(国) 菊 局 鞠 鞫 麴 簕 匊 掬 跼 麵
군	君 郡 軍 群 窘 裙 捃 桾 皸
굴	屈 窟 堀 掘 倔 崛 淈 詘
궁	弓 宮 窮 躬 穹 芎 躳
권	券 權(权) 勸 卷 拳 圈 眷 倦 捲 淃 劵 惓 棬 睠 綣 蜷
궐	厥 闕 獗 蕨 蹶
궤	軌 机 櫃 潰 詭 饋 佹 几 劂 匱 憒 撅 樻 氿 簋 繢 跪 闠 餽 麂
귀	貴 歸 鬼 句 晷 鈲 龜(龜)
규	叫 規 糾(紏) 圭 奎 珪 揆 逵 窺 葵 槻 硅

규	竅 赳 閨 邦 嫛 湀 茥 烓 刲 嬌 巋 暌 桂 樛 潙 睽 虬 跬 闚 頍 尯
균	均 菌 畇 鈞 筠 勻(匀) 龜(龜) 覠 困 麕
귤	橘
극	極 克 劇 剋 隙 戟 棘 亟 尅 屐 郤
근	近 勤 根 斤 僅 謹 墐 漌 槿 瑾 嫤 筋 劤 懃 芹 菫 覲 饉 巹 廑 劤 跟 釿 靳
글	契 刐
금	金 今 禁 錦 禽 琴 衾 襟 昑 妗 擒 檎 芩 衿 唫 噤 鈙 笒 黅
급	及 給 急 級 汲 伋 扱 圾 岋 皀 礏 笈 芨
긍	肯 亘(亙) 兢 矜 殑
기	己 記 起 其 期 基 氣 技 幾 旣 紀 忌 旗 欺 奇 騎 寄 豈 棄 祈 企 畿 飢 器 機 淇 琪 琩 棋(碁) 祺 錤 騏 麒 玘 杞 埼 崎 琦 綺 錡 箕 岐 汽 沂 圻 耆 璣(璂) 磯 譏 冀 驥 嗜 睎 伎 夔 妓 朞 畸 祁 祇 羈 璣 肌 饑 稘 檟 嶔 伿 傲 剞 墍 屺 庋 弆 忮 愭 掎 攲 旂 曁 朞 歧 炁 猉 禨 綦 緕 羇 朞 芰 芪 蘄 虁 蟣 蟣 覬 跂 隑 頎 鬐 鰭

긴	緊
길	吉 佶 桔 姞 拮 蛣
김	金
낏	喫
나	那 奈 奈 娜 挐 儺 喇 懦 拿 旅 胗 挈 挪 夠 梛 糯 誦
낙	諾
난	暖 難 煖 偄 愞 赧 餪
날	捏 捏
남	南 男 楠 湳 枏 喃
납	納 衲
낭	娘 囊 曩
내	內 乃 奈 耐 奈 奶 嬭 迺 鼐
녀	女
녁	怒
년	年(秊) 撚 碾

념	念 恬 拈 捻
녑	惗
녕	寧(寗) 獰 佞 儜 嚀 濘
노	怒 奴 努 弩 瑙 駑 譳 呶 孥 猫 猱 笯 臑
농	農 膿 濃 儂 噥 襛 醲
뇌	腦 惱 餒
뇨	尿 鬧 撓 嫋 嬲 淖 鐃
누	耨 吼
눈	嫩
눌	訥 呐 肭
뉴	紐 鈕 杻 袗 忸
뉵	衄
능	能
니	泥 尼 柅 濔 膩 馜 惞 呢 怩 祢 禰
닉	匿 溺
닐	昵 暱

다	多(夛) 茶 爹 窊 樏 夯 觰
단	丹 但 單 短 端 旦 段 壇 檀 斷 團 緞 鍛 亶 彖 湍 簞 蛋 袒 鄲 耑 疸 担 傳 椴 簿 癉 岠 胆 腶 蜑
달	達 撻 澾 獺 疸 妲 怛 闥 靼 韃
담	談 淡 擔 譚 膽 澹 覃 啖 坍 憺 曇 湛 痰 聃 薝 錟 潭 倓 啿 埮 炎 儋 啗 噉 墰 壜 毯 禫 罎 蕁 郯 黕 黵
답	答 畓 踏 沓 遝
당	堂 當 唐 糖 黨 塘 鐺 撞 幢 戃 棠 螳 倘 儻 搪 檔 溏 瑭 瑲 瞠 礑 蟷 襠 讜 鏜 餳 餹
대	大 代 待 對 帶 臺(坮) 貸 隊 垈 玳 袋 戴 擡(抬) 旲 岱 黛 曼 嚉 儓 懟 汏 碓 鐓
댁	宅
덕	德(悳·德)
도	刀 到 度 道 島(嶋) 徒 圖 倒 都 桃 挑 跳 逃 渡 陶 途 稻 導 盜 塗 堵 棹 濤 燾 禱 鍍 蹈 屠 悼 掉 搗 櫂 淘 滔 睹 萄 覩 賭 韜 馟 裪 鋾 夲 稌 叨 擣 弢 忉 慆 掏 搯 擣 檮 洮 涂 鼗 菟 酴 闍 綯 韜 饕

독	讀 獨 毒 督 篤 瀆 牘 犢 禿 纛 櫝 黷
돈	豚 敦 敦 惇 噉 燉 頓 旽 沌 焞 弴 潡 薹
돌	突 乭 咄 埃
동	同(仝) 洞 童 冬 東 動 銅 凍 棟 董 潼 垌 瞳 蝀 憧 疼 胴 桐 瞳 曈 彤 烔 橦 勭 侗 僮 哃 峒 涷 艟 苳 崬 蕫
두	斗 豆 頭 杜 枓 兜 痘 竇 荳 讀 逗 阧 抖 斁 肚 脰 蚪 蠹 陡
둔	鈍 屯 遁 臀 芚 遯 窀 迍
둘	乧
득	得
등	等 登 燈 騰 藤 謄 鄧 嶝 橙 凳 墱 滕 磴 籐 縢 螣 鐙
라	羅 螺 喇 懶 癩 蘿 裸 邏 剆 覶 摞 菈 鑼 儸 砢 蠃 倮 囉 曪 瘰 騾 臝
락	落 樂 絡 珞 酪 烙 駱 洛 狢 犖
란	卵 亂 蘭 欄 瀾 瓓 丹 欒 鸞 爛 钄 嬾 幱 攔 孌 襴 闌

랄	剌 辣 埒 辢
람	覽 濫 嵐 攬(擥·擘) 欖 籃 纜 襤 藍 婪 灆 婪 漤 燖 瓓 惏
랍	拉 臘 蠟 鑞
랑	浪 郎(郞) 廊 琅 瑯 狼 朗 烺 蜋(螂) 厬 駺 榔 閬 硍 稂 莨
래	來(来·逨) 崍 萊 徠 淶 騋
랭	冷
략	略 掠 畧
량	良 兩 量 涼(凉) 梁 糧(粮) 諒 亮 倆 樑 粱 輬 駺 俍 喨 悢 踉 魎
려	旅 麗 慮 勵 呂 侶 閭 黎 儷 盧 戾 櫚 濾 礪 藜 蠣 驢 驪 矑 儢 厲 唳 梠 癘 糲 膂 臚 蠡 邌 鑢
력	力 歷 曆 瀝 礫 轢 靂 攊 櫟 櫪 癧 轣 酈
련	連 練 鍊 憐 聯 戀 蓮 煉 璉 攣 漣 輦 變 孌 楝 湅 臠 鏈 鰊 鰱
렬	列 烈 裂 劣 洌 冽 挒 捩 颲

렴	廉 濂 簾 斂 殮 瀲 磏
렵	獵 躐 鬣
령	令 領 嶺 零 靈 伶 玲 姈 吟 鈴 齡 怜 囹 羚 翎 聆 逞 泠 澪 岭(岺) 呤 另 欞 鴒 秢 苓 蛉 輪 鴒
례	例 禮(礼) 隸 澧 醴 隷 鱧
로	路 露 老 勞 爐 魯 盧 鷺 撈 擄 櫓 潞 瀘 蘆 輅 鹵 嚧 虜(虜) 璐 櫨 蕗 潦 瓐 滂 壚 滷 旅 癆 牢 鱸 艪 顱 轤 鐪 鑪 顱 髗 鱸
록	綠 祿 錄 鹿 彔 碌 菉 麓 淥 漉 簏 轆 綠
론	論
롱	弄 瀧 瓏 籠 壟 朧 聾 儱 攏 曨 礱 蘢 隴
뢰	雷 賴(頼) 瀨 儡 牢 磊 賂 賚 耒 攂 礌 礧 籟 纇 罍 蕾 誄 酹
료	料 了 僚 遼 寮 廖 燎 療 瞭 聊 蓼 嘹 嫽 撩 暸 潦 獠 繚 膋 醪 鐐 飉 飂
룡	龍(竜) 襲
루	屢 樓 累 淚 漏 壘 婁 瘻 縷 蔞 褸 鏤 陋 慺 嶁 耬 熡 僂 嘍 螻 髏

류	柳 留 流 類 琉(瑠) 劉 硫 瘤 旒 榴 溜 瀏 謬 橮 纍 纍 遛 鶹
륙	六 陸 戮 勠
륜	倫 輪 侖 崙(崘) 綸 淪 錀 圇 掄
률	律 栗 率 慄 崒 稞 瑮 溧
륭	隆 癃 窿
륵	勒 肋 泐
름	廩 凜(凛) 菻 澟
릉	陵 綾 菱 稜 凌 楞(楞) 倰 菠
리	里 理 利 梨 李 吏 離(离) 裏(裡) 履 俚 莉 璃 俐(悧) 唎 浬 狸 痢 籬 罹 羸 螭(厘) 鯉 浰 甗 犁(犂) 摛 劙 哩 娳 苙 蜊 螺 貍 邐 魑 黐 漓
린	鄰(隣) 潾 璘 麟(驎) 吝 燐 藺 躙 鱗 撛 鏻 獜 橉 獜 粦 鱗 繗 嶙 恡 磷 驎 躪 轔
림	林 臨 琳 霖 淋 棽 碄 琳 玲 痳
립	立 笠 粒 砬 岦
마	馬 麻 磨 瑪 摩 痲 碼 魔 媽 劘 螞 蟇 麼

막	莫 幕 漠 寞 膜 邈 瞙 鏌
만	萬(万) 晚 滿 慢 漫 曼 蔓 鏋 卍 娩 巒 彎 挽 灣 瞞 輓 饅 鰻 蠻 墁 嫚 幔 縵 謾 蹣 鏝 鬘
말	末 茉 乽 抹 沫 襪 靺 帕 秣
망	亡 忙 忘 望(朢) 茫 妄 罔 網 芒 輞 邙 莽(莽) 惘 汒 漭 魍
매	每 買 賣 妹 梅 埋 媒 寐 昧 枚 煤 罵 邁 魅 苺 呆 楳 沬 玫 眛 莓 酶 霉
맥	麥 脈 貃 陌 驀 貊 貘
맹	孟 猛 盟 盲 萌 氓 甍 甿 虻
멱	冪 覓 幎
면	免 勉 面 眠 綿 冕 棉 沔 眄 緬 麪(麵) 俛 湎 緜
멸	滅 蔑 篾 鱴
명	名 命 明 鳴 銘 冥 溟 瞑 椧 皿 暝 茗 蓂 螟 酩 慏 洺 眀 鳴
메	袂

모	母毛暮某謀模貌募慕冒侮摸牟謨 姆帽摹牡瑁眸耗芼茅矛橅耗慔侔 姥媢嫫悼旄皃眊耄蟊孟氂
목	木目牧睦穆鶩沐苜
몰	沒歿
몽	夢蒙朦幪懞曚濛濠瞢矇艨雺鸏
묘	卯妙(玅)苗廟墓描錨畝昴杳渺猫淼 眇藐貓
무	戊茂武務無(无)舞貿霧拇珷畝撫懋 巫憮楙毋繆蕪誣鵡橅儛嘸廡膴鶩
묵	墨默嘿
문	門問聞文汶炆紋們刎吻紊蚊雯抆 悗懣捫璊
물	勿物沕
미	米未味美尾迷微眉渼薇彌(弥)嵄媄 媚嵋梶楣湄謎靡徽躾嫩瀰煝娓洣 侎瑂寀濔采蘪媺亹弭敉糜瀰獼糜 麛茮蘼

민	民 敏 憫 玟 旻 旼 閔 珉(瑉·砇·碈) 岷 忞(忟) 慜 敃 愍 潣 暋 頣 泯 悶 緡 頤 鈱 脗 閩 盿 罠 瑉 瑉 緍 苠 鰵 黽
밀	密 蜜 謐 樒 滵
박	泊 拍 迫 朴 博 薄 珀 撲 璞 鉑 舶 剝 樸 箔 粕 縛 髆 雹 駁 亳 欂 牔 鎛 駮 髆
반	反 飯 半 般 盤 班 返 叛 伴 畔 頒 潘 磐 拌 搬 攀 斑 槃 泮 瘢 盼 磻 攀 絆 蟠 豳 攽 媻 扳 擎 肦 胖 頖 蟹
발	發 拔 髮 潑 鉢 渤 勃 撥 跋 醱 魃 炦 哱 浡 脖 鈸 鵓
방	方 房 防 放 訪 芳 傍 妨 倣 邦 坊 彷 眆 龐 榜 尨 旁 枋 滂 磅 紡 肪 膀 舫 蒡 蚌 謗 幫(幇) 仿 庬 徬 搒 旊 梆 牓 舽 螃 鎊 髣 魴
배	拜 杯(盃) 倍 培 配 排 輩 背 陪 裴(裵) 湃 俳 徘 焙 胚 褙 賠 北 蓓 貝 坏 扒 琲 蓓
백	白 百 伯 佰 帛 魄 柏(栢) 苩 趰 珀
번	番 煩 繁 飜(翻) 蕃 幡 樊 燔 磻 藩 繙 膰 蘩 袢
벌	伐 罰 閥 筏 橃 罸

범	凡 犯 範 帆 机 氾 范 梵 泛 汎 釩 渢 滼 笵 訉 颿
법	法 琺
벽	壁 碧 璧 闢 僻 劈 擘 檗(蘗) 癖 霹 辟 擗 甓 疈 襞 鷿 鼊
변	變 辯 辨 邊 卞 弁 便 釆 忭 抃 籩 胼 賆 辮 駢 骿 鴘
별	別 瞥 鼈(鱉) 襒 [illegible] 莂 鷩 [illegible] [illegible] 炦 彆
병	丙 病 兵 竝(並) 屛 幷(并) 倂 甁 輧 炳 柄(棅) 昞(昺) 秉 餠 騈 鉼(鉼) 抦 絣 鮩 迸 鈵
보	保 步(歩) 報 普 補 譜 寶(宝·珤·[illegible]) 堡 甫 輔 菩 潽 洑 湺 褓 俌 [illegible] [illegible] 盙 簠 葆 靌 鴇 黼
복	福 伏 服 復 腹 複 卜 覆 馥 鍑 僕 匐 宓 茯 蔔 輹 輻 鰒 墣 幞 扑 濮 箙 菔 蝠 蝮 鵩
본	本
볼	乶

봉	奉 逢 峯(峰) 蜂 封 鳳 俸 捧 琫 烽 棒 蓬 鋒 熢 縫 澧(澧) 芃 丰 夆 篷 絳 莑 鴌
부	夫 扶 父 富 部 婦 否 浮 付 符 附 府 腐 負 副 簿 赴 賦 孚 芙 傅 溥 敷 復 不 俯 剖 咐 埠 孵 斧 缶 腑 孵 莩 計 賻 趺 釜 阜 駙 梟 膚 俘 娝 抔 柎 掊 枹 榑 涪 玞 祔 箁 罘 罦 跗 罘 荂 蔀 蚨 蜉 裒 衰 跗 鈇 頫 鮒 麩
북	北
분	分 紛 粉 奔 墳 憤 奮 汾 芬 盆 吩 噴 忿 扮 盼 焚 糞 賁 雰 体 坌 帉 枌 棼 棻 氛 湓 濆 犇 畚 砏 笨 肦 膹 蕡 轒 黺 齁
불	不 佛 拂 彿 弗 艴 祓 紱 魃 茀 韍 髴 黻
붕	朋 崩 鵬 棚 硼 繃 堋 鬅 漰
비	比 非 悲 飛 鼻 備 批 卑 婢 碑 妃 肥 祕(秘) 費 庇 枇 琵 扉 譬 丕 匕 匪 憊 斐 榧 毖 毗(毘) 沸 泌 痺 砒 秕 粃 緋 翡 脾 臂 菲 蜚 裨 誹 鄙 棐 庀 奜 霏 俾 餅 伾 仳 剕 圮 埤 妣 屁 庳 悱 椑 沘 淝 淠 濞 狒 狉 痞 痹 睥 篦 紕 羆 腓 芘 茈 萆 蓖 蚍 貔 贔 轡 邳 郫 閟 陴 輥 騑 騛 髀 鼙

빈	貧 賓 頻 彬(份) 斌 濱 嬪 穦 儐 璸 玭 嚬 檳 殯 浜 瀕 牝 邠 繽 豳 霦 贇 鑌 擯 蘋 矉 臏 蘋 顰 鬢
빙	氷 聘 憑 騁 凭 娉
사	四 巳 士 仕 寺 史 使 舍 射 謝 師 死 私 絲 思 事 司 詞 蛇 捨 邪 賜 斜 詐 社 沙 似 査 寫 辭 斯 祀 泗 砂 糸 紗 娑 徙 奢 嗣 赦 乍 些 伺 俟 僿 唆 柶 梭 渣 瀉 獅 祠 肆 莎 蓑 裟 飼 駟 麝 篩 傞 卸 咋 姒 楂 榭 汜 痧 皵 竢 笥 蜡 覗 駛 魦 鯊 鰤
삭	削 朔 數 索 爍 鑠 搠 槊 蒴
산	山 産 散 算 珊 傘 刪 汕 疝 蒜 霰 酸 產 祘 懂 剷 姍 孿 橵 潸 濟 狻 繖 訕 鏟
살	殺 薩 乷 撒 煞
삼	三 參 蔘 杉 衫 滲 芟 森 糝 釤 鬖
삽	插(揷) 澁 鈒 颯 卅 唼 歃 翣 鍤 霅 霎
상	上 尙 常 賞 商 相 霜 想 傷 喪 嘗 裳 詳 祥 象 像 床 桑 狀 償 庠 湘 箱 翔 爽 塽 孀 峠 廂 橡 觴 樣 牀 慡 潒 徜 晌 殤 甞 緗 鎟 顙 鱨

새	塞 璽 賽 鰓
색	色 索 嗇 穡 塞 槭 瀒 濇
생	生 牲 甥 省 笙 眚 鉎
서	西 序 書 署 敍(叙·敘) 徐 庶 恕(忞) 暑 緒 誓 逝 抒 舒 瑞 棲(栖·捿) 曙 婿(壻) 惰 諝(諝) 墅 嶼(嶼) 犀 筮 絮 胥(縃) 薯 鋤 黍 鼠 萸 揟 忞 湑 偦 稰 맹 遾 噬 撕 澨 紓 鋤 芧 鉏
석	石 夕 昔 惜 席 析 釋 碩 奭 汐 淅 晳(晰) 祏 鉐 錫 潟 蓆 舃 甋 褯 矽 腊 蜥
선	先 仙 線 鮮 善 船 選 宣 旋 禪 扇 渲 瑄 愃 墡 膳(饍) 繕 琁 璿 璇 羨 嬋 銑 珗 嫙 僎 敾 煽 癬 腺 蘚 蟬 詵 跣 鐥 洒 亘 譔 暶 璉 洗 跣 仚 歅 筅 綫 譱 鏇 蟺 騸 鱔
설	雪 說 設 舌 薛 楔 屑 泄 洩 渫 藝 齧 卨(卨) 鼓 契 偰 揳 媟 揲 暬 爇 碟 稧 紲
섬	纖 暹 蟾 剡 殲 贍 閃 陝 孅 憸 摻 睒 譫 銛 韱
섭	涉 攝 燮 葉 欆 紗 躞 躡 囁 懾 灄 聶 鑷 顳
성	姓 性 成 城 誠 盛 省 聖(聖) 聲 星(晟·晠) 珹 娍 瑆 惺 醒 宬 猩 筬 腥 貹 胜 成 城 誠 盛 晟 瞐 騂

세	世 洗 稅 細 勢 歲 貰 笹 說 帨 洒 涗 姻 銴 彗 帨 繐 蛻
소	小 少 所 消 素 笑(咲) 召 昭 蘇 騷 燒 訴 掃 疏(疎) 蔬 沼 炤 紹 邵 韶 巢 遡(溯) 㗳 珋 嘯 塑 宵 搔 梳 瀟 瘙 篠 簫 蕭 逍 銷 愫 穌(甦) 卲 霄(鬃) 劭 㺟 璅 傃 鮹 佋 嗉 埽 塐 愬 捎 槊 泝 筱 箾 繅 傃 膆 艘 蛸 酥 魈 魻
속	俗 速 續 束 粟 屬 涑 謖 贖 洬 邀
손	孫 損 遜 巽 蓀 飧(飱)
솔	率 帥 乺 㳾 衛 窣 蟀
송	松 送 頌 訟 誦 宋 淞 悚 竦 憽 鬆
쇄	刷 鎖(鏁) 殺 灑 碎 曬 瑣
쇠	衰 釧
수	水 手 受 授 首 守 收 誰 須 雖 愁 樹 壽(寿) 數 修(脩) 秀 囚 需 帥 殊 隨 輸 獸 睡 遂 垂 搜 洙 琇 銖 粹 穗(穂) 繡 隋 髓 袖 嗽 嫂 岫(峀) 戍 漱 燧 狩 璲 瘦 綏 綬 羞 茱 蒐 蓚 藪 邃 酬 銹 隧 鬚 鵐 睟 豎(竪) 雛(鶵) 睢(濉) 晬 轠 宿 汓 璹 曳 售 廋 晬 殳 泅 溲 瞍 祟 籔 膵 膄 膸 陲 颼 饈

숙	叔 淑 宿 孰 熟 肅 塾 琡 璹 橚 夙 潚 菽 倏 俶 儵 婌 驌 鷫
순	順 純 旬 殉 循 脣 瞬 巡 洵 珣 荀 筍 舜 淳 焞 諄 錞 醇 徇 恂 栒 楯 橓 蕈 蓴 詢 馴 盾 峋 姁 軥 侚 旽 盷 紃 肫 駒 鬊 鶉
술	戌 述 術 銶 坲 絉
숭	崇 嵩 崧 菘
쉬	倅 淬 焠
슬	瑟 膝 璱 蝨 璱 虄 虱
습	習 拾 濕 襲 褶 慴 槢 隰
승	乘 承 勝 昇 僧 丞 陞(阩) 繩 蠅 升 塍 氶 塍 丞 陹 蠅
시	市 示 是 時 詩 施 試 始 矢 侍 視 柴 恃 匙 嘶 媤 尸 屎 屍 弑 猜 翅 蒔 著 諡 豕 豺 偲 毸 諰 媞 枾(柿·柿) 愢 禔 絁 漦 諰 眂 榯 兕 厮 禠 塒 厮 枲 漸 緦 翤 豉 釃 鍉 顋
식	食 式 植 識 息 飾 栻 埴 殖 湜 軾 寔 拭 熄 篒 蝕 媳

신	身 申 神 臣 信 辛 新 伸 晨 愼 紳 莘 薪 迅 訊 伈 呻 娠 宸 燼 腎 藎 蜃 辰 璶 哂 囟 姺 汛 矧 脤 贐 頤 駪
실	失 室 實(実) 悉 蟋
심	心 甚 深 尋 審 沁 沈 瀋 芯 諶 潯 燖 葚 鐔 鱏
십	十 什 拾
쌍	雙(双)
씨	氏
아	兒(児) 我 牙 芽 雅 亞(亜) 餓 娥 峨(峩) 衙 痾 俄 啞 莪 蛾 訝 鴉 鵝 阿 婀(娿) 哦 硪 莪 砑 婭 椏 啊 妸 猗 枒 丫 疴 笌 迓 錏 鵞
악	惡 岳 樂 堊 嶽 幄 愕 握 渥 鄂 鍔 顎 鰐 齷 偓 鄂 咢 喔 噩 腭 萼 覐 諤 鸑 齶
안	安 案(桉) 顔 眼 岸 雁(鴈) 晏 按 鞍 鮟 鴈 姲 婩 矸 侒 鞌 犴
알	謁 斡 軋 閼 嘎 按 乞 訐 遏 頞 鴶
암	暗 巖(岩) 庵 菴 唵 癌 闇 唅 媕 崒 腌 腤 葊 蓭 諳 頷 罨 黯

압	壓 押 鴨 狎
앙	仰 央 殃 鴦 怏 秧 昂(昻) 卬 坱 盎 鞅 泱
애	愛 哀 涯 厓 崖 艾 埃 曖 隘 靄 睚 礙(碍) 烾 唉 僾 啀 噯 娭 崕 挨 捱 欸 溰 獃 皚 睚 曖 磑 薆 藹 靉 騃
액	厄 額 液 扼 掖 縊 腋 呝 戹 搤 阨
앵	鶯 櫻 罌 鸚 嚶 娖 罃
야	也 夜 野(埜) 耶 冶 倻 惹 椰 爺 若 揶(擨)
약	弱 若 約 藥 躍 葯 蒻 爚 禴 篛 籥 鑰 鶸 龠
양	羊 洋 養 揚(敭) 陽(昜) 讓 壤 樣 楊 襄 孃 漾 佯 恙 攘 暘 瀁 煬 痒 瘍 禳 穰 釀 椋 徉 瀼 烊 癢 眻 蘘 暢 鑲 颺 驤
어	魚 漁 於 語 御 圄 瘀 禦 馭 齬 唹 衛 圉 敔 淤 飫
억	億 憶 抑 檍 臆 繶
언	言 焉 諺 彦(彥) 偃 堰 嫣 傿 匽 讞 鄢 鼴 鼹
얼	孼 蘖 糱(蘗) 乻 臬

엄	嚴(厳) 奄 俺 掩 儼 淹 龑 崦 曮 罨 醃 閹 广
업	業 嶪 嶫 鄴
에	恚 曀
엔	円
여	余 餘 如 汝 與 予 輿 歟 璵 礖 艅 茹 舁 妤 悆 舁
역	亦 易 逆 譯 驛 役 疫 域 晹 繹 嶧 懌 淢 閾
연	然 煙(烟) 研 延 燃 燕 沿 鉛 宴 軟(輭) 演 緣 衍 淵(渊) 妍(姸) 娟(姢) 涓 沇 筵 瑌 姃 曣 堧 捐 挺 椽 涎 縯 鳶 硯(硎) 瞷 燃 醼 兗(兖) 嬿 莚 瓀 均 戭 困 埏 悁 掾 櫞 浣 臙 蜒 蝡 讌
열	熱 悅 閱 說 咽 涅 噎
염	炎 染 鹽 琰 艷(艶) 厭 焰 苒 閻 髥 冉 懕 厌 壓 灩 麠 魘 黶
엽	葉 燁 曄 熀 曅 爗 擪

영	永 英 迎 榮(栄·荣) 泳 詠 營 影 映(暎) 渶 煐 瑛 瑩 瀯(濚) 盈 楹 鍈 嬰 穎 瓔 咏 塋 嶸 潁 瀛 纓 霙 贏 𢢕 蠑 朠 浧 䁝 栐 瀠 癭 韺 碤 縈 嬴 郢
예	藝(埶·芸) 豫 譽 銳 叡(睿·容·壡) 預 芮 乂 倪 刈 曳 汭 濊 猊 穢 裔 詣 霓 堄 橤 玴 嫕 蓺 蕊(蘂) 蘙 艾 埶 羿 瘞 郳 嫛 帠 淣 兒 囈 嫛 拽 掜 枘 獩 睨 瞖 繄 翳 薉 蚋 蜺 鯢 鷖 麑
오	五 吾 悟 午 誤 烏 汚 嗚 娛 傲 伍 吳 旿 珸 晤 奧 俉 塢 墺 寤 惡 懊 敖 熬 澳 獒 筽 蜈 鼇(鰲) 梧 浯 燠 䫜 仵 俁 唔 嗷 噁 圬 嫯 忤 慠 捂 汙 窹 聱 茣 襖 謷 迃 迕 遨 鏊 鏖 隩 鷔 鼯
옥	玉 屋 獄 沃 鈺
온	溫 瑥 媼 穩(穏) 瘟 縕 蘊 䅬 𥁕(昷) 榲 馧 饂 媪 慍 氳 熅 轀 醞 韞 薀
올	兀 杌 嗢 膃
옹	翁 擁 雍 壅 瓮 甕 癰 邕 饔 喁 廱 滃 癕 禺 罋 蓊 雝 顒
와	瓦 臥 渦 窩 窪 蛙 蝸 訛 哇 囮 婐 枙 洼 猧 窊 萵 譌

완	完 緩 玩 垸 浣 莞 琓 琬 婠 婉 宛 梡 椀 碗 翫 脘 腕 豌 阮 頑 妧 岏 鋺 抏 杬 刓 忨 惋 涴 盌
왈	曰
왕	王 往 旺 汪 枉 瀇 迬
왜	倭 娃 歪 矮 媧
외	外 畏 嵬 巍 猥 偎 崴 嵔 渨 煨 碨 魂 聵 隗
요	要 腰 搖 遙 謠 夭 堯 饒 曜 耀 瑤 樂 姚 僥 凹 妖 嶢 拗 擾 橈 燿 窈 窰 繇 繞 蟯 邀 晻 傛 嗂 坳 墝 嬈 幺 徭 徼 殀 澆 祅 突 窅 蕘 遶 鷂
욕	欲 浴 慾 辱 縟 褥 溽 蓐
용	用 勇 容 庸 溶 鎔(熔) 瑢 榕 蓉 涌(湧) 埇 踊 鏞 茸 墉 甬 俑 傭 慂 聳 俗 槦 穴(宂) 戜 嶸 慵 憃 硧 舂 蛹 踴
우	于 宇 右 牛 友 雨(㝢) 憂 又 尤 遇 羽 郵 愚 偶 優 佑 祐 禹 瑀 寓 堣 隅 玗 釪 迂 霸 盱 盂 禑 紆 芋 藕 虞 雩 扜 圩 惆 燠 惈 俁 邘 盉 塂 偊 吁 嵎 庽 杅 疣 盰 竽 耦 穮 譃 踽 鍝 麀 麌 齲

욱 旭 昱 煜 郁 頊 彧 勖 栯 燠 稶(稢) 稢

운 云 雲 運 韻 沄 澐 耘 賱 会 暈 橒 殞 熉 芸
蕓 隕 篔(篢) 窴 員 鄖 顛 惲 紜 霣 韵

울 蔚 鬱 亐 菀

웅 雄 熊

원 元 原 願 遠 園 怨 圓 員(貟) 源 援 院 袁 垣
洹 沅 瑗 媛 嫄 愿 苑 轅 婉 湲 爰 猿 阮 鴛
褑 朊 杬 鋺 冤(寃) 笎 邍 倇 楥 芫 薗 蜿 謜
騵 鵷 黿 猨

월 月 越 鉞 刖 粤

위 位 危 爲 偉 威 胃 謂 圍 衛 違 委 慰 僞 緯
尉 韋 瑋 暐 渭 魏 萎 葦 蔿 蝟 褘 衞 韡 喟
幃 熨 痿 葳 諉 逶 闈 韙 餧 骫

유 由 油 酉 有 猶 唯 遊 柔 遺 幼 幽 惟 維 乳
儒 裕 誘 愈 悠 侑 洧 宥 庾 喩 兪(俞) 楡 瑜
猷 濡(渜) 愉 秞 攸 柚 琟 釉 孺 揄 楢 游 癒
臾 萸 諛 諭 踰 蹂 逾 鍮 嚅 婑 囿 牖 逌 姷
呦 蕤 甤 湵 瑈 需 揉 帷 冘 呦 壝 泑 鼬 龥
瘉 瘐 窬 窳 籲 糅 緌 腴 莠 蕕 蚴 蚰 蝤 褕
黝 讉 鞣 鮪

육	肉 育 堉 毓 儥
윤	閏(閠·閨) 潤 尹 允 玧 鈗 胤(胤) 阭 奫 贇 昀 荺 鋆 橍 沇
율	聿 燏 汩 建 潏 欥 矞 颭
융	融 戎 瀜 絨 狨
은	恩 銀 隱 垠 殷 誾(圁) 激 珢 慇 濦 儑 听 璁 圻 蒑 檼 犾 訢 蒑 泿 蒽 憖 圁 嶾 檼 濦 圌 垠 狺 癮 嶾 鄞 斷
을	乙 圪 鳦
음	音 吟 飮 陰 淫 蔭 愔 馨 喑 崟 廕 霪
읍	邑 泣 揖 悒 挹 浥
응	應 凝 膺 鷹 臁
의	衣 依 義 議 矣 醫 意 宜 儀 疑 倚 誼 毅 擬 懿 椅 艤 薏 蟻 妷 猗 儗 澢 劓 嶷 欹 漪 礒 饐 螘
이	二 以 已 耳 而 異 移 夷 珥 伊 易 弛 怡 爾 彝(彜) 頤 姨 痍 肄 苡 荑 貽 邇 飴 貳 栮 杝 胂 姻 珆 鴯 羡 貤 佴 廙 咿 尔 栮 洟 訑 迆 隶

익	益 翼 翊 瀷 謚 翌 熤 弋 鷁
인	人 引 仁(忈·忎) 因 忍 認 寅 印 姻 咽 湮 絪 茵 蚓 靷 刃 茫 沏 牣 璌 靭(靱) 牫(楝) 氤 胭 儿 諲 濥 秵 戭 仞 埑 黁 婣 洇 禋 裀
일	一 日 逸(逸) 溢 鎰 馹 佾 佚 壹 劮 泆 軼
임	壬 任 賃 妊(姙) 稔 恁 荏 誑 誸 絍 衽 銋 飪
입	入 廿(卄)
잉	剩 仍 孕 芿 媵
자	子 字 自 者 姉(姊) 慈 玆(兹) 紫 資 姿 恣 刺 仔 滋 磁 藉 瓷 吇 孜 炙 煮 疵 茨 蔗 諮 雌 秄 褯 呰 孳 孖 葇 柘 泚 牸 眦 眥 秗 葴 茈 莿 虸 觜 訾 貲 赭 鎡 頿 髭 鮓 鸕 鶿 粢
작	作 昨 酌 爵 灼 芍 雀 鵲 勺 嚼 斫 炸 綽 舃 岝 怍 斱 柞 汋 焯 犳 碏
잔	殘 孱 棧 潺 盞 剗 驏
잠	潛(潜) 暫 箴 岑 簪 蠶 涔
잡	雜 卡 囃 眨 磼 襍

장	長 章 場 將(将) 壯(壮) 丈 張 帳 莊(庄) 裝 獎(奬) 墻(牆) 葬 粧 掌 藏 臟 障 腸 匠 杖 奘 漳 樟 璋 暲 薔 蔣 仗 檣 欌 漿 狀 獐 臧 贓 醬 偉 妝 嫱 嶂 廧 戕 牂 瘴 糚 胖 萇 鄣 鏘 餦 麞
재	才 材 財 在 栽 再 哉 災 裁 載 宰 梓 縡 齋 溨 滓 齎 捚 賳 溨 条 崽 扗 榟 灾 纔
쟁	爭 錚 箏 諍 崢 狰 琤 鎗
저	著 貯 低 底 抵 苧 邸 楮 沮 佇 儲 咀 姐 杵 樗 渚 狙 猪 疽 箸 紵 菹 藷 詛 躇 這 雎 齟 宁 岨 杼 柢 氐 潴 瀦 牴 罝 羝 苴 蛆 袛 褚 觝 詆 陼
적	的 赤 適 敵 滴 摘 寂 籍 賊 跡 積 績 迪 勣 吊 嫡 狄 炙 翟 荻 謫 迹 鏑 笛 蹟 樀 磧 糴 菂 覿 逐 馰
전	田 全 典 前 展 戰 電 錢 傳 專 轉 殿 佺 栓 詮 銓 琠 甸 塡 奠 荃 雋 顚 佃 剪 塼 廛 悛 氈 澱 煎 畑 癲 筌 箋 箭 篆 纏 輾 鈿 鐫 顫 餞 吮 囀 娗 屇 巓 戩 揃 旃 栴 湔 澶 牋 瓴 畋 痊 癜 磚 籛 糀 翦 腆 膞 躔 輇 遄 鄽 鋑 鋋 靛 靦 顓 飦 餰 鬋 鱣 鸇

절	節 絶(絶) 切 折 竊 晣 截 浙 癤 㞤
점	店 占 點(点·奌) 漸 岾 粘 霑 鮎 佔 墊 玷 笘 簟 苫 蔪 蛅 覘 颭 黏
접	接 蝶 摺 椄 楪 蜨 跕 蹀 鰈
정	丁 頂 停 井 正 政 定 貞 精 情 靜(静) 淨 庭 亭 訂 廷 程 征 整 汀 玎 町 呈 桯 珵 婷 偵 湞 幀 楨 禎 珽 挺 綎 鼎 晶 晸 柾 鉦 淀 錠 鋌 鄭 靖 靚 鋥 炡 淳 釘 涏 頱 婷 旌 檉 瀞 晴 碇 穽 艇 諄 酊 霆 彭 埩 佂 姃 梃 胜 灯 旌 艵 杕 佂 掟 頲 婧 怔 棖 疔 筳 莛 証 醒 遉
제	弟 第 祭 帝 題 除 諸 製 提 堤 制 際 齊 濟(済) 悌 梯 瑅 劑 啼 臍 薺 蹄 醍 霽 媞 儕 禔 偦 姼 晢 娣 擠 㓟 睇 稊 緹 踶 蹏 躋 鍗 隄 虀 鮆 鯷
조	兆 早 造 鳥 調 朝 助 弔 燥 操 照 條 潮 租 組 祖 彫 措 晁 窕 祚 趙 肇 詔 釣 曹(曺) 遭 眺 俎 凋 嘲 棗(枣) 槽 漕 爪 璪 稠 粗 糟 繰 藻 蚤 躁 阻 雕 昭 嘈 佻 刁 厝 嘈 噪 曜 徂 懆 找 俎 澡 琱 皁 挑 竈 笊 糙 糶 挑 條 胙 臊 艚 蔦 蜩 誂 譟 鈟 銚 鋽 鯛 鵰 鼂

족	足 族 簇 鏃 瘯
존	存 尊 拵
졸	卒 拙 猝
종	宗 種 鐘 終 從 縱 倧 琮 淙 悰 綜 瑽 鍾 慫 腫 踵 椶(棕) 柊 蹤(踪) 伀 惾 樅 瘇 螽
좌	左 坐 佐 座 挫 剉 痤 莝 髽
죄	罪
주	主 注 住 朱 宙 走 酒 晝 舟 周 株 州 洲 柱 奏 珠 鑄 冑 湊 炷 註 疇 週 遒(酒) 駐 姝 澍 姝 侏 做 呪 嗾 廚 籌 紂 紬 綢 蛛 誅 躊 輳 酎 燽 鉒 拄 倜 邾 椆 絑 貹 椆 晭 珘 紸 調 晭 丢 俏 儔 尌 幬 硃 籒 鼄 跗 腠 蔟 蛀 裯 說 賙 趎 輈 霌 霔
죽	竹 粥
준	準(准) 俊 遵 峻 浚 晙 焌 竣 畯 駿 准 濬(睿) 雋 儁 埻 隼 寯 樽 蠢 逡 純 葰 蹲 僔 陖(埈) 晙 餕 迿 惷 僎 憁 鐏 狻 皴 埻 撙 綧 罇 鱒 踆 蹲 駿
줄	茁 乧

중	中 重 衆 仲 眾
즉	卽(即) 喞
즐	櫛 騭
즙	汁 楫 葺 檝 蕺
증	曾 增 證 憎 贈 症 蒸 烝 甑 拯 繒 嶒 矰 罾
지	只 支 枝 止 之 知(𥎿) 地 指 志 至 紙 持 池 誌 智(𣉻) 遲 旨 沚 址 祉 趾 祗 芝 摯 鋕 脂 咫 枳 漬 砥 肢 芷 蜘 識 贄 泜 底 泜 吱 䟡 劧 忯 坻 搘 禔 舐 坻 墀 榰 泜 痣 秪 篪 舐 踟 躓 軹 阯 鮨 鷙 扺
직	直 職 織 稙 稷 禝
진	辰 眞(真) 進 盡(尽) 振 鎭 陣 陳 珍(鉁) 震 晉(晋) 瑨(𪻐) 瑱 津 璡 秦 軫 塵 禛 診 縝 塡 賑 溱 抮 唇 嗔 搢 桭 榛 殄 畛 疹 瞋 縉 臻 蔯 袗 跡 蓁 昣 杍 槇 稹 儘 蹎 儨 眹 侲 抻 鹽 趁 鬒
질	質 秩 疾 姪 瓆 侄 叱 嫉 帙 桎 窒 膣 蛭 跌 迭 垤 絰 蒺 郅 鑕
짐	斟 朕 鴆

집	集 執 什 潗(潗) 輯 楫 鏶 緝 葺 戢
징	徵 懲 澄 澂 瀓 癥 瞪
차	且 次 此 借 差 車 叉 瑳 侘 嗟 嵯 磋 箚 茶 蹉 遮 硨 軙 姹 醝 佽 岔 偖 槎
착	着 錯 捉 搾 窄 鑿 齪 戳 擉 斲
찬	贊(賛) 讚(讃) 撰 纂 粲 澯 燦 璨 瓚 纘 鑽 竄 餐 饌 攢 囋 儧(儹) 篡(簒) 欑 贇 劗 爨 趲
찰	察 札 刹 擦 紮 扎
참	參 慘 慙(慚) 僭 塹 懺 斬 站 讒 讖 儳 嶄 巉 憯 攙 槧 毚 譖 鏨 鑱 饞 驂 黲
창	昌 唱 窓 倉 創 蒼 暢 菖 昶 彰 敞 廠 倡 娼 愴 槍 漲 猖 瘡 脹 艙 滄 淐 晿 淌 倀 傖 凔 刱 悵 惝 猖 搶 氅 瑲 窗 蹌 鋹 閶 閶 鶬
채	菜 採 彩 債 采 埰 寀 蔡 綵 寨 砦 釵 琗 責 棌 婇 睬 茝
책	責 冊(册) 策 柵 嘖 幘 磔 簀 簣 蚱
처	妻 處 凄 悽 淒 萋 覷 郪

척	尺 斥 拓 戚 陟 倜 刺 剔 擲 滌 瘠 脊 蹠 隻 墌(坧) 慼(慽) 堉 惕 捗 摭 蜴 跖 躑
천	天 千 川 泉 淺 賤 踐 遷 薦 仟 阡 喘 擅 玔 穿 舛 釧 闡 韆 茜 俴 倩 僢 僤 洊 濺 祆 玔 芊 荐 蒨 蕆 辿 韉
철	鐵(鉄) 哲(喆) 徹 澈 撤 轍 綴 凸 輟 悊 瞮 剟 啜 埑 惙 掇 歠 銕 錣 飻 餮
첨	尖 添 僉 瞻 沾 簽 籤 詹 諂 甜(甛) 幨 忝 惉 檐 櫼 灗 簷 襜
첩	妾 帖 捷 堞 牒 疊 睫 諜 貼 輒 倢 呫 喋 怗 褺
청	靑(青) 淸(清) 晴(晴) 請(請) 廳 聽 菁 鯖 凊 圊 蜻 鶄 婧
체	體 替 遞 滯 逮 締 諦 切 剃 涕 諟 玼 棣 彘 殢 砌 蒂 髢 蔕 靆
초	初 草(艸) 招 肖 超 抄 礎 秒 樵 焦 蕉 楚 剿 哨 憔 梢 椒 炒 硝 礁 稍 苕 貂 酢 醋 醮 岧 鈔 俏 髫 僬 僬 勦 嘐 嫶 峭 嶕 怊 悄 愀 杪 燋 綃 秒 誚 譙 趠 軺 迢 鈔 鍬 鏻 鞘 顦 髫 鷦 齠
촉	促 燭 觸 囑 矗 蜀 曯 爥 矚 薥 躅 髑

촌	寸 村(邨) 忖 吋
총	銃 總(総) 聰(聡) 寵 叢 悤 憁 摠 蔥 冢(塚) 葱 蓯 鏦 驄
촬	撮
최	最 催 崔 嘬 摧 榱 漼 璀 磪 縗 脧
추	秋 追 推 抽 醜 楸 樞 鄒 錐 錘 墜 椎 湫 皺 芻 萩 諏 趨 酋 鎚 雛 騶 鰍(鰌) 僦 啾 娵 帚 惆 捶 揫 搥 甃 瘳 箠 篘 縋 繩 菷 陬 隹 鞦 騅 魋 鶵 鶖 鷲 麤 龝
축	丑 祝 蓄 畜 築 逐 縮 軸 竺 筑 蹙 蹴 妯 舳 豕 踧 鼀
춘	春 椿 瑃 賰
출	出 朮 黜 秫
충	充 忠 蟲(虫) 衝 珫 沖(冲) 衷 忡
췌	萃 悴 膵 贅 惴 揣 瘁 顇
취	取 吹 就 臭 醉 趣 翠 聚 嘴 娶 炊 脆 驟 鷲 冣 橇 毳
측	側 測 仄 惻 廁(厠) 昃

층	層
치	治 致 齒 値 置 恥 熾 峙 雉 馳 侈 嗤 幟 梔 淄 痔 癡(痴) 緇 緻 蚩 輜 稚(穉) 卮 哆 寘 時 痓 絺 菑 薙 褫 豸 跱 錙 阤 鯔 鴟 鴙 鵄
칙	則 勅 飭 敕
친	親 櫬 襯
칠	七 漆 柒
침	針 侵 浸 寢 沈 枕 琛 砧 鍼 梣 寖 忱 椹 郴 鋟 駸
칩	蟄
칭	稱 秤
쾌	快 夬 噲
타	他 打 妥 墮 咤 唾 惰 拖 朶 舵 陀 馱 駝 橢(楕) 佗 坨 拕 柁 沱 詑 詫 跎 躱 驒 鮀 鴕 鼉
탁	濁 托 濯 卓 度 倬 琸 晫 託 擢 鐸 拓 啄 坼 柝 琢 踔 橐(槖) 拆 沰 涿 矺 籜 蘀 逴
탄	炭 歎 彈 誕 呑 坦 灘 嘆 憚 綻 暺 憻 攤 殫 癱 驒

탈	脫 奪 侻
탐	探 貪 耽 眈 噃 忐 酖
탑	塔 榻 傝 塌 搨
탕	湯 宕 帑 糖 蕩 燙 盪 碭 薚
태	太 泰 怠 殆 態 汰 兌 台 胎 邰 笞 苔 跆 颱 鈦 珆 鮐 脫 娧 迨 埭 孡 駘
택	宅 澤 擇 垞
탱	撑 撐 掌
터	擴
토	土 吐 討 兎(兔)
톤	噋
통	通 統 痛 桶 慟 洞 筒 恫 樋 筩
퇴	退 堆 槌 腿 褪 頹 隤
투	投 透 鬪 偸 套 妒 妬 渝 骰
퉁	佟
특	特 慝 忒

틈	闖
파	破 波 派 播 罷 頗 把 巴 芭 琶 坡 杷 婆 擺 爬 跛 叵 妑 岥 怕 灞 爸 玻 嶓 笆 簸 耙 菠 葩 鄱
판	判 板 販 版 阪 坂 瓣 辦 鈑
팔	八 叭 捌 朳 汃
패	貝 敗 浿 佩 牌 唄 悖 沛 狽 稗 霸(覇) 孛 旆 珮 霈
팽	彭 澎 烹 膨 砰 祊 蟚 蟛
팍	愎
편	片 便 篇 編 遍 偏 扁 翩 鞭 騙 匾 徧 煸 緶 艑 萹 蝙 褊 諞
폄	貶 砭 窆
평	平 評 坪 枰 泙 萍 怦 抨 苹 洴 鮃
폐	閉 肺 廢 弊 蔽 幣 陛 吠 嬖 斃 敝 狴 獘 癈
포	布 抱 包 胞 飽 浦 捕 葡 褒 砲 鋪 佈 匍 匏 咆 哺 圃 怖 暴 泡 疱 脯 苞 蒲 袍 逋 鮑 抛(拋) 儤 庖 晡 曓 炮 炰 誧 鉋 鞄 餔 鯆

폭	暴 爆 幅 曝 瀑 輻
표	表 票 標 漂 杓 豹 彪 驃 俵 剽 慓 瓢 飄 飆(飇) 瞟 僄 勲 嘌 嫖 摽 殍 熛 縹 裱 鏢 鑣 髟 鰾
픔	品 稟
풍	風 豐(豊) 諷 馮 楓 瘋
피	皮 彼 疲 被 避 披 陂 詖 鞁 髮
픽	腷
필	必 匹 筆 畢 弼 泌 珌 苾 袐 鉍 佖 乏 觱 咇 滭 篳 罼 蓽 駜 蹕 鞸 韠 鴓 駊
핍	乏 逼 偪
하	下 夏(昰) 賀 何 河 荷 廈(厦) 霞 瑕 蝦 遐 鰕 呀 嘏 碬 閜 嚇 椵 謯 煆 蕸 欱 抲 閜 岈 懗 痕 罅 鍜
학	學(学) 鶴 壑 虐 謔 嗃 狢 瘧 矐 确 郝 鸒
한	閑 寒 恨 限 韓 漢 旱 汗 澣 瀚 翰 閒 悍 罕 瀾 鼾 僩 嫺 橺 鬨 扦 忓 邗 嫻 捍 暵 閈 騜 鵰 頯

할	割 轄 瞎
함	咸 含 陷 函 涵 艦 喊 檻 緘 銜(啣) 鹹 菡 萏 諴 轞 闞
합	合 哈 盒 蛤 閤 閤 陜 佮 嗑 柙 榼 溘 盍 郃
항	恒(恆) 巷 港 項 抗 航 亢 沆 姮(嫦) 伉 杭 桁 缸 肛 行 降 夯 炕 缿 頏
해	害 海(海) 亥 解 奚 該 偕 楷 諧 咳 垓 孩 懈 瀣 蟹 邂 駭 骸 哈 瑎 澥 祄 晐 嶰 廨 欬 獬 痎 薤 醢 頦 鮭
핵	核 劾 翮 覈
행	行 幸 杏 倖 荇 涬 悻
향	向 香 鄕 響 享 珦 嚮 餉 饗 麘 晑 薌
허	虛 許 墟 噓 歔
헌	軒 憲 獻 櫶 幰 忥 巚 幰 攇
헐	歇
험	險 驗 嶮 獫 玁
혁	革 赫 爀 奕 焱 侐 焃 槶 嚇 弈 洫 鬩

현	現賢玄絃縣懸顯(顕) 見峴晛泫炫玹 鉉眩昡絢呟倪睍舷衒弦儇譞怰臽 絹嫙珝嬛睨袨灦樧騚痃繯翾蜆誢
혈	血穴孑頁絜趐
혐	嫌
협	協脅(脇) 俠挾峽浹夾狹莢鋏頰洽匧 叶埉恊悏愜篋
형	兄刑形亨螢衡型邢珩洄炯瑩瀅馨 熒榮瀅荊鎣迥(逈) 佪夐娙詗陘
혜	惠(恵) 慧兮蕙彗譓憲憓暳蹊醯鞋譓 鏸匸詥傒嘒傒槥盻謑
호	戶乎呼好虎號(号) 湖互胡浩(澔) 毫 豪護晧皓昊淏濠灝祜琥瑚護顥扈 鎬壕壺濩滸岵弧狐瓠糊縞葫蒿蝴 皞嫭芐(芦) 犒鄗熩嫭怙瓳薧傸冱嘷 鬍嫮沍滈滬猢皜餬聕醐
혹	或惑酷熇
혼	婚混昏魂渾琿侒顛圂溷溷焜闇
홀	忽惚笏囫

홍	紅洪弘鴻泓烘虹鉷哄汞訌眐頨濊鬨
화	火化花貨和話畫(畵) 華禾禍嫿樺譁 靴澕俰嘩驊龢
확	確(碻) 穫擴廓攫矍攫矆鑊
환	歡患丸換環還喚奐渙煥晥幻桓鐶 驩宦紈鰥圜皖洹寰懽擐瓛睆絙豢 轘鍰鬟
활	活闊(濶) 滑猾豁蛞
황	黃皇況荒凰堭媓晃(晄) 滉榥煌璜熿 幌徨恍惶怳慌湟潢篁簧蝗遑隍楻 喤怳瑝肓眖鎤
회	回會(会) 悔懷廻恢晦檜澮繪(絵) 誨匯 徊准獪膾茴蛔賄灰個泂盔詼逥頮鱠
획	獲劃画嚄
횡	橫鐄宖澋鈜鐄
효	孝效(効) 曉涍爻驍斅哮噣梟淆肴酵 晶歊寚謼傚洨庨虓熇烋嫇嚻崤殽餚
후	後厚(垕) 侯候后逅吼嗅帿朽煦珝喉 堠欹姁芋吽煦垕猴篌詡譃酗餱

훈	訓 勳(勛·勲) 君 熏(熏) 薰(勲) 壎(塤) 燻 鑂 暈 纁 煇 薫 曛 獯 葷
훌	欻
훙	薨
훤	喧 暄 萱 煊 愃 吅 烜 諠 諼
훼	毁 喙 毀 卉(卉) 燬 芔 虺
휘	揮 輝 彙 徽 暉 煇 諱 麾 煒 撝 翬
휴	休 携 烋 畦 虧 庥 咻 隳 髹 鵂
휼	恤 譎 鷸 卹
흉	凶 胸 兇 匈 洶 恟 胷
흑	黑
흔	欣 炘 昕 痕 忻 很 掀 惞 釁
흘	屹 吃 紇 訖 仡 汔 疙 迄 齕
흠	欽 欠 歆 鑫 廞
흡	吸 洽 恰 翕 噏 歙 潝 翖
흥	興

희	希 喜 稀 戱(戲) 姬(姬) 晞 僖 橲 禧 嬉 憙 熹(熺) 凞 羲 爔 曦 俙 囍 憘 犧 噫 熙(熙·熙) 烯 暿 譆 嬅 咥 唏 嘻 俙 欷 燨 狶 餼
힐	詰 犵 纈 襭 頡 黠

제 **3** 장

음별, 획수별
한자 정리

8,142자

☞ 획수(劃數) : 원획(原劃)을 기준으로 산출

가	加 더할 5	可 옳을 5	伽 절 7	佳 아름다울 8	坷 울퉁불퉁 8
柯 가지 9	呵 꾸짖을 8	架 시렁 9	枷 칼 9	痂 딱지 10	珂 마노 10
珈 머리꾸미개 10	哥 성씨 10	哿 옳을 10	家 집 10	袈 가사 11	苛 가혹할 11
笳 갈잎피리 11	假 거짓 11	耞 도리깨 11	茄 연줄기 11	舸 큰배 11	街 거리 12
訶 꾸짖을 12	迦 부처이름 12	軻 수레 12	斝 술잔 12	跏 책상다리 12	賈 값 13
暇 겨를 13	嫁 시집갈 13	榎 개오동나무 14	歌 노래 14	嘉 아름다울 14	嘏 클 14
葭 갈대 15	價 값 15	駕 멍에 15	稼 심을 15	檟 개오동나무 17	謌 노래 17
각	各 각각 6	却 물리칠 7	角 뿔 7	刻 새길 8	卻 물리칠 9
咯 토할 9	垎 메마를 10	恪 삼갈 10	珏 쌍옥 10	桷 써까래 11	殼 껍질 12
脚 다리 13	慤 성실할 14	閣 집 14	摧 칠 14	愨 성실할 15	擱 놓을 18

각	覺 깨달을 20				
간	干 방패 3	刊 새길 5	奸 간사할 6	艮 괘이름 6	杆 몽둥이 7
	忓 방해할 7	侃 굳셀 8	玕 옥돌 8	秆 짚 8	矸 산돌 8	柬 가릴 9
	肝 간 9	姦 간사할 9	竿 낚싯대 9	看 볼 9	衎 즐길 9	迀 구할 10
	赶 달릴 10	栞 표할 10	偘 굳셀 11	桿 난간 11	莨 독초이름 12	稈 볏짚 12
	間 사이 12	揀 가릴 13	幹 줄기 13	榦 산뽕나무 14	慳 아낄 15	諫 간할 16
	墾 개간할 16	澗 산골물 16	懇 간절할 17	癇 간질 17	癎 간질 17	磵 산골짜기물 17
	艱 어려울 17	簡 대쪽 18	齦 깨물 21			
갈	圪 땅이름 6	曷 어찌 9	秸 볏짚 11	喝 꾸짖을 12	渴 목마를 13
	楬 푯말 13	竭 다할 14	碣 비석 14	褐 갈색 15	羯 불깐흑양 15	蝎 전갈 15

갈	葛	噶	鞨	蠍	
	칡 15	벼슬이름 16	말갈 18	전갈 19	
감	甘	坎	坩	柑	泔
	달 5	구덩이 7	도가니 8	귤 9	뜨물 9
弇	玪	疳	紺	埳	勘
사람이름 9	옥돌 9	감질 10	감색 11	구덩이 11	헤아릴 11
敢	淦	堪	邯	嵌	欿
감히 12	강이름 12	견딜 12	땅이름 12	산골짜기 12	시름겨울 12
酣	嵁	感	減	戡	監
즐길 12	험준할 12	느낄 13	덜 13	이길 13	볼 14
橄	澉	憨	瞰	歛	憾
감람나무 16	씻을 16	어리석을 16	굽어볼 17	바랄 17	섭섭할 17
撼	轗	鹻	龕	鑑	鑒
흔들 17	가기힘들 20	소금기 21	감실 22	거울 22	거울 22
矙					
엿볼 25					
갑	甲	匣	岬	胛	鉀
	갑옷 5	갑 7	곶 8	어깨뼈 11	갑옷 13
閘					
수문 13					

강	江	扛	杠	忼	岡
	강 7	들 7	외나무다리 7	강개할 8	산등성이 8
羌	玒	矼	舡	姜	豇
오랑캐 8	옥이름 8	징검다리 8	배 9	생강 9	광저기 10
剛	強	罡	堈	崗	康
굳셀 10	강할 11	별이름 11	언덕 11	언덕 11	편안 11
强	茳	傋	絳	悾	踽
강할 12	궁궁이모종 12	아첨않을 12	진홍 12	믿을 12	세울 13
畺	降	綱	腔	羫	嫝
지경 13	내릴 14	벼리 14	속빌 14	양갈빗대 14	편안할 14
慷	僵	鋼	穅	彊	壃
슬플 15	쓰러질 15	강철 16	겨 16	굳셀 16	지경 16
橿	糠	殭	講	襁	繈
감탕나무 17	겨 17	굳어질 17	외울 17	포대기 17	포대기 17
鏗	襁	鏹	顜	薑	疆
굳셀 18	포대기 18	돈 19	밝을 19	생강 19	지경 19
韁	鱇				
고삐 22	아귀 22				
개	介	匃	价	改	皆
	낄 4	빌 5	클 6	고칠 7	다 9

개	疥	玠	豈	芥	個
	옴 9	홀 9	개가 10	겨자 10	낱 10
盖	凱	劐	開	塏	揩
덮을 11	개선할 12	알맞을 12	열 12	높은땅 13	문지를 13
箇	愾	愷	槪	磕	漑
낱 14	성낼 14	편안할 14	대개 15	돌소리 15	물댈 15
慨	礘	蓋	鎧	闓	
슬퍼할 15	평미레 15	덮을 16	갑옷 18	열 18	
객	客	喀			
	손 9	토할 12			
갱	坑	更	硜	粳	賡
	구덩이 7	다시 7	돌소리 12	메벼 13	이을 15
羹	鏗				
국 19	금옥소리 19				
갹	醵				
	추렴할 20				
거	去	巨	車	居	呿
	갈 5	클 5	수레 7	살 8	입벌릴 8
拒	昛	炬	倨	祛	秬
막을 9	밝을 9	횃불 9	거만할 10	떨 10	찰기장 10

거	胠	苣	袪	据	距
	겨드랑이 11	상추 11	소매 11	근거 12	상거할 12
莒	渠	筥	鉅	腒	裾
감자 13	개천 13	광주리 13	클 13	새포 14	옷자락 14
踞	駏	鋸	據	舉	蕖
걸어앉을 15	버새 15	톱 16	근거 17	들 18	연꽃 18
遽	籧	蘧			
급히 20	대자리 23	풀이름 23			
건	巾	件	建	虔	健
	수건 3	물건 6	세울 9	공경할 10	굳셀 11
乾	揵	楗	湕	犍	愆
마를 11	맬 13	문빗장 13	물이름 13	불깐소 13	허물 13
建	睷	搴	漧	腱	踺
세울 13	눈으로 셀 14	빼낼 14	하늘 15	힘줄 15	밟을 16
褰	謇	鍵	蹇	鞬	騫
추킬 16	떠듬거릴 17	열쇠 17	절뚝발이 17	동개 18	이지러질 20
걸	乞	乬	杰	桀	傑
	빌 3	걸 6	뛰어날 8	홰 10	뛰어날 12
朅	榤				
갈 14	홰 14				

검	芡 기시연 10	鈐 비녀장 12	儉 검소할 15	劍 칼 15	黔 검을 16
	劒 칼 16	檢 검사할 17	撿 단속할 17	瞼 눈꺼풀 18	
겁	刦 겁탈할 7	刧 겁탈할 7	劫 위협할 7	怯 겁낼 9	迲 자래 12
게		偈 쉴 11	揭 높이들 13	憩 쉴 16	
격		格 격식 10	鬲 막을 10	挌 칠 10	覡 박수무당 14	毃 부딪힐 14
	鵙 때까치 15	膈 가슴 16	骼 뼈 16	檄 격문 17	激 격할 17	闃 고용할 17
	擊 칠 17	隔 사이뜰 18			
견	犬 개 4	見 볼 7	畎 밭도랑 9	肩 어깨 10	堅 굳을 11
	狷 성급할 11	牽 이끌 11	筧 대홈통 13	絹 비단 13	甄 질그릇 14	縳 명주 17
	遣 보낼 17	鵑 두견이 18	繭 고치 19	羂 올무 19	繾 곡진할 20	譴 꾸짖을 21

견	鰹	蠲			
	가물치 22	밝을 23			
결	決	抉	挈	玦	缺
	결단할 8	도려낼 8	맑을 9	패옥 9	이지러질 10
	焆	觖	訣	結	迨	潔
	불빛 11	서운해할 11	이별할 11	맺을 12	뜀 13	깨끗할 14
	潔	闋	鍥			
	깨끗할 16	문닫을 17	새길 17			
겸	岭	拑	兼	傔	嗛
	산높을 7	입다물 9	겸할 10	시중들 12	겸손할 13
	鉗	箝	慊	槏	歉	蒹
	칼 13	재갈먹일 14	찐덥지않을 14	창틀 14	흉년들 14	갈대 16
	縑	黚	謙	鎌	鼴	
	합사비단 16	강이름 17	겸손할 17	낫 18	두더지 23	
경	冂	更	冏	囧	巠
	멀 2	고칠 7	빛날 7	빛날 7	지하수 7
	坰	庚	炅	京	浭	勁
	들 8	별 8	빛날 8	서울 8	거의 9	굳셀 9
	剄	畊	扃	京	俓	哽
	목맬 9	밭갈 9	빗장 9	서울 9	지름길 9	목멜 10

경	耕 밭갈 10	耿 빛 10	俓 셀 10	勍 셀 10	徑 지름길 10
絅 끌어찔 11	竟 마침내 11	焵 빛날 11	頃 이랑 11	梗 줄기 11	涇 통할 11
痙 경련 12	硬 굳을 12	焭 근심할 12	卿 벼슬 12	卿 벼슬 12	景 볕 12
敬 공경 13	悻 근심할 13	傾 기울 13	綆 두레박줄 13	煢 외로울 13	脛 정강이 13
莖 줄기 13	經 지날 13	輕 가벼울 14	逕 좁은길 14	境 지경 14	儆 경계할 15
慶 경사 15	駉 목장 15	熲 빛날 15	磬 경쇠 16	憬 깨달을 16	頸 목 16
曔 밝을 16	曔 볕 16	褧 홑옷 16	璄 옥빛 16	憼 공경할 17	檠 도지개 17
橄 도지개 17	擎 들 17	曔 밝을 17	罄 빌 17	璟 옥빛 17	穎 홑옷 17
璥 경옥 18	謦 기침 18	鯁 생선뼈 18	鏡 거울 19	鯨 고래 19	鶊 꾀꼬리 19
瓊 구슬 20	警 깨우칠 20	競 다툴 20	黥 묵형할 20	競 다툴 22	驚 놀랄 23

계	戒 경계할 7	系 맬 7	季 계절 8	居 이를 8	係 맬 9
	契 맺을 9	癸 북방 9	計 셀 9	界 지경 9	桂 계수나무 10	烓 화덕 10
	械 기계 11	啓 열 11	悸 두근거릴 12	堦 섬돌 12	堺 지경 12	棨 창 12
	誡 경계할 14	禊 계제 14	瘈 미칠 14	綮 고운비단 14	溪 시내 14	稽 상고할 15
	磎 시내 15	縘 맬 16	髻 상투 16	階 섬돌 17	谿 시내 17	雞 닭 18
	罽 고기그물 18	繫 맬 19	薊 삽주 19	繼 이을 20	鷄 닭 21	
고	尻 꽁무니 5	叩 두드릴 5	古 옛 5	攷 생각할 6	估 값 7
	告 고할 7	刳 가를 8	固 굳을 8	杲 밝을 8	考 생각할 8	姑 시어머니 8
	孤 외로울 8	呱 울 8	枯 마를 9	牯 암소 9	故 연고 9	沽 팔 9
	羖 검은암양 10	庫 곳집 10	股 넓적다리 10	高 높을 10	栲 북나무 10	羔 새끼양 10

고	皋	涸	拷	罟	苦
	언덕 10	얼어붙을 10	칠 10	그물 11	쓸 11
皐	苽	酤	袴	菒	胯
언덕 11	줄 11	계명주 12	바지 12	볏짚 12	사타구니 12
觚	詁	雇	辜	痼	鈷
술잔 12	주낼 12	품팔 12	허물 12	고질 13	다리미 13
鼓	鼓	賈	郜	誥	敲
북 13	북칠 13	장사 13	고을 14	고할 14	두드릴 14
槁	槹	睪	菰	箍	暠
마를 14	마를 14	불알 14	줄 14	테 14	흴 14
靠	稿	膏	糕	錮	篙
기댈 15	볏짚 15	기름 16	떡 16	막을 16	상앗대 16
鴣	翱	瞽	鹽	櫜	藁
자고 16	날 18	소경 18	염지 18	활집 19	짚 20
顧	鶻	蠱			
돌아볼 21	산비둘기 23	뱃속벌레 23			
곡	曲	谷	哭	梏	斛
	굽을 6	골 7	울 10	수갑 11	휘 11
穀	槲	縠	轂	觳	鵠
곡식 15	떡갈나무 15	주름비단 16	바퀴 17	뿔잔 17	고니 18

곡	嚳 고할 20				
곤	困 곤할 7	坤 땅 8	昆 맏 8	袞 곤룡포 10	裵 곤룡포 11
	崑 곤륜산 11	捆 두드릴 11	堃 땅 11	梱 문지방 11	崐 산이름 11	悃 정성 11
	棍 몽둥이 12	裍 걷어올릴 13	髡 머리깎을 13	琨 옥돌 13	緄 띠 14	闉 문지방 15
	褌 잠방이 15	滾 흐를 15	錕 붉은쇠 16	鯤 곤이 19	鵾 댓닭 19	鶤 댓닭 20
	齫 이빠질 22					
골	汨 골몰할 8	骨 뼈 10	榾 등걸 14	滑 익살스러울 14	搰 팔 14
	鶻 송골매 21					
공	工 장인 3	公 공평할 4	孔 구멍 4	功 공 5	共 한가지 6
	攻 칠 7	空 빌 8	供 이바지할 8	恭 공손할 10	栱 두공 10	恐 두려울 10

공	貢 바칠 10	倥 어리석을 10	蚣 지네 10	拱 팔짱낄 10	釭 등잔 11
	崆 산이름 11	珙 옥 11	蛬 귀뚜라미 12	控 당길 12	蚣 메뚜기 12	跫 발자국소리 13
	箜 공후 14	槓 지렛대 14	鞏 굳을 15	龔 공손할 22	贛 줄 24	
곶	串 땅이름 7				
과	戈 창 4	瓜 오이 5	夸 자랑할 6	果 실과 8	侉 자랑할 8
	科 과목 9	猓 긴꼬리원숭이 12	堝 도가니 12	跨 넘을 13	窠 보금자리 13	稞 보리 13
	誇 자랑할 13	菓 과자 14	銙 대구 14	夥 많을 14	裹 쌀 14	寡 적을 14
	課 공부할 15	踝 복사뼈 15	蝌 올챙이 15	過 지날 16	顆 낟알 17	鍋 노구솥 17
	撾 칠 17	騍 암말 18			
곽	椁 덧널 12	廓 둘레 14	郭 둘레 15	槨 외관 15	霍 빠를 16

곽	鞹 생가죽 20	癨 곽란 21	藿 콩잎 22		
관	丱 쌍상투 5	串 꿸 7	官 벼슬 8	冠 갓 9	貫 꿸 11
	梡 도마 11	涫 끓을 12	棺 널 12	款 항목 12	祼 강신제 13	琯 옥피리 13
	筦 피리 13	菅 골풀 14	寬 너그러울 14	管 대롱 14	綰 얽을 14	寬 너그러울 15
	慣 익숙할 15	輨 줏대 15	盥 대야 16	錧 줏대 16	舘 집 16	窾 빌 17
	館 집 17	雚 황새 18	關 관계할 19	灌 물댈 22	爟 봉화 22	瓘 옥 23
	鑵 두레박 24	觀 볼 25	髖 허리뼈 25	鑵 두레박 26	顴 광대뼈 27	鸛 황새 29
괄	刮 긁을 8	佸 힘쓸 8	栝 노송나무 10	括 묶을 10	恝 여유없을 10
	聒 떠들썩할 12	筈 하눌타리 12	适 빠를 13	髺 머리묶을 16	鴰 제두루미 17	
광	広 넓을 5	匡 바를 6	光 빛 6	狂 미칠 8	眳 빛 8

광	炚 빛 8	侊 성할 8	恇 겁낼 10	桄 광랑나무 10	框 문테 10
	洸 성낼 10	珖 옥피리 11	筐 광주리 12	絖 솜 12	胱 오줌통 12	茪 초결명 12
	誆 속일 13	誑 속일 14	廣 넓을 15	磺 쇳돌 17	壙 뫼구덩이 18	爌 밝을 19
	曠 빌 19	獷 사나울 19	纊 솜 21	鑛 쇳돌 23		
괘	卦 점괘 8	咼 입틀어질 9	挂 그림족자 10	罣 걸 12	掛 걸 12
	詿 그르칠 13	罫 줄 14			
괴	乖 어그러질 8	怪 괴이할 9	拐 후릴 9	傀 허수아비 12	塊 덩어리 13
	媿 창피줄 13	魁 괴수 14	愧 부끄러울 14	槐 회화나무 14	瑰 구슬이름 15	廥 곳간 16
	蒯 황모 16	璝 구슬이름 17	襘 띠매듭 19	壞 무너질 19		
괵	馘 귀벨 17				

굉	宏 클 7	訇 큰소리 9	紘 끈 10	肱 팔뚝 10	浤 용솟음할 11
閎 마을문 12	觥 뿔잔 13	轟 울릴 21			
교	巧 공교할 5	交 사귈 6	佼 예쁠 8	咬 물 9	姣 아리따울 9
狡 교활할 10	晈 달빛 10	校 학교 10	敎 가르칠 11	教 가르칠 11	皎 달밝을 11
蛟 교룡 12	喬 높을 12	絞 목맬 12	窖 움 12	較 견줄 13	郊 들 13
鉸 가위 14	嘐 닭울 14	僑 더부살이 14	暞 밝을 14	榷 외나무다리 14	噑 웃는소리 14
餃 경단 15	嶠 산쭈뼛할 15	嬌 아리따울 15	憍 교만할 16	橋 다리 16	撟 들 16
骹 발회목 16	噭 외칠 16	磽 메마른땅 17	矯 바로잡을 17	鮫 상어 17	膠 아교 17
鵁 해오라기 17	鄗 땅이름 17	嚙 깨물 18	翹 뛰어날 18	蕎 메밀 18	轎 가마 19
蹻 받돋움할 19	趫 재빠를 19	齩 깨물 21	驕 교만할 22	攪 흔들 24	

구	久 오랠3	口 입3	勾 굽을4	厹 세모창4	仇 원수4
句 글귀5	叴 소리높힐5	丘 언덕5	臼 절구6	求 구할7	佝 꼽추7
扣 두드릴7	灸 뜸7	劬 수고로울7	究 연구할7	具 갖출8	均 때8
岣 산꼭대기8	坵 언덕8	疚 오랜병8	玖 옥돌8	咎 허물8	狗 개9
俅 공손할9	枸 구기자9	柩 널9	昫 따뜻할9	垢 때9	姤 만날9
韭 부추9	九 아홉9	拘 잡을9	痀 곱사등이10	矩 모날10	冓 짤10
俱 함께10	珣 옥돌10	毬 공11	區 구분할11	救 구원할11	釦 금테두를11
捄 담을11	寇 도적11	蚯 지렁이11	苟 진실로11	胊 포11	耇 늙을11
耉 늙을11	球 공12	邱 언덕12	鉤 갈고리13	裘 갓옷13	傴 구부릴13
絿 급할13	詬 꾸짖을13	彀 당길13	鳩 비둘기13	舅 시아버지13	媾 화친할13

구	嘔 게울 14	椇 곱자 14	溝 도랑 14	廄 마구간 14	廐 마구간 14
構 얽을 14	搆 이해못할 14	逑 짝 14	嫗 할미 14	嶇 험할 14	歐 구라파 15
銶 끌 15	漚 담글 15	毆 때릴 15	駒 망아지 15	搢 줄 15	龜 땅이름 16
龜 땅이름 16	窶 가난할 16	蒟 구장 16	篝 베롱 16	糗 볶은쌀 16	甌 사발 16
璆 옥소리 16	颶 구풍 17	覯 만날 17	邁 만날 17	購 살 17	屨 신 17
謳 노래 18	瞿 놀랄 18	軀 몸 18	舊 옛 18	韝 깍지 19	匶 널 20
驅 몰 21	㲉 새새끼 21	鷗 갈매기 22	懼 두려워할 22	戵 창 22	癯 여윌 23
衢 네거리 24	鬮 제비뽑을 26	鸜 구관조 29			
국	局 판 7	国 나라 8	匊 움켜뜰 8	國 나라 11	掬 움켜쥘 12
箂 대뿌리 14	跼 구부릴 14	菊 국화 14	鞠 공 17	麴 누룩 17	鞫 국문할 18

구	麴 누룩 19				
군	君 임금 7	軍 군사 9	桾 고욤나무 11	捃 주울 11	窘 군색할 12
	群 무리 13	裙 치마 13	郡 고을 14	鞋 틀 14	
굴	屈 굽힐 8	倔 고집셀 10	堀 굴 11	崛 우뚝솟을 11	詘 굽힐 12
	掘 팔 12	淈 흐릴 12	窟 굴 13		
궁	弓 활 3	穹 하늘 8	芎 궁궁이 9	躬 몸 10	宮 집 10
	躳 몸 14	窮 다할 15			
권	券 문서 8	卷 책 8	倦 게으를 10	勌 게으를 10	拳 주먹 10
	眷 돌볼 11	圈 우리 11	捲 거둘 12	棬 나무그릇 12	淃 물돌 12	惓 삼갈 12
	睠 돌아볼 13	蜷 구부릴 14	綣 정다울 14	権 권세 15	勸 권할 20	權 권세 22

궐	厥	獗	蕨	闕	蹶
	그 12	날뛸 16	고사리 18	대궐 18	넘어질 19
궤	几	氿	机	佹	軌
	안석 2	샘 6	책상 6	의지할 8	바퀴자국 9
	跪	詭	麂	剴	匭	樻
	꿇을 13	속일 13	큰노루 13	새김칼 14	함 14	나무이름 16
	潰	憒	撅	簋	櫃	繢
	무너질 16	심란할 16	옷걷을 16	제기 17	궤 18	수놓을 18
	餽	闠	饋			
	보낼 19	성시바깥문 20	보낼 21			
귀	句	鬼	貴	晷	鈒
	글귀 5	귀신 10	귀할 12	그림자 12	삽 14
	龜	龜	歸			
	거북 16	거북 16	돌아갈 18			
규	叫	圭	糺	虯	糾
	부르짖을 5	서옥 6	꼴 7	규룡 8	얽힐 8
	刲	奎	赳	頯	硅	規
	찌를 8	별 9	헌걸찰 9	광대뼈 11	규소 11	법 11
	珪	茥	邽	頍	湀	跬
	서옥 11	딸기 12	고을이름 13	머리들 13	물솟을 13	반걸음 13

규	熮 불꽃 13	暌 어길 13	揆 헤아릴 13	楏 호밋자루 13	頍 가는허리 14
睽 사팔눈 14	閨 안방 14	嬀 고을이름 15	逵 길거리 15	槻 물푸레나무 15	葵 해바라기 15
樛 휠 15	潙 강이름 16	窺 엿볼 16	竅 구멍 18	闚 엿볼 19	巋 가파를 20
균	勻 고를 4	匀 고를 4	均 고를 7	困 곳집 8	昀 개간할 9
鈞 서른근 12	筠 대나무 13	菌 버섯 14	覠 크게볼 14	龜 터질 16	龜 터질 16
麕 노루 18					
귤	橘 귤 16				
극	克 이길 7	亟 빠를 9	剋 이길 9	屐 나막신 10	尅 이길 10
棘 가시 12	戟 창 12	極 극진할 13	郄 틈 13	劇 심할 15	隙 틈 18
근	斤 근 4	劤 힘 6	巹 술잔 9	觔 힘줄 9	芹 미나리 10

근	根 뿌리 10	近 가까울 11	釿 큰자귀 12	筋 힘줄 12	靳 가슴걸이 13
	僅 겨우 13	跟 발꿈치 13	勤 부지런할 13	廑 겨우 14	墐 매흙질할 14	嫤 여자이름 14
	菫 제비꽃 14	漌 맑을 15	槿 무궁화 15	瑾 옥 16	懃 은근할 17	覲 뵐 18
	謹 삼갈 18	饉 주릴 20				
글	劼 고달플 6	契 부족이름 9				
금	今 이제 4	妗 외숙모 7	昑 밝을 8	金 쇠 8	衿 옷깃 10
	衾 이불 10	笒 첨대 10	芩 풀이름 10	唫 입다물 11	琴 거문고 13	禁 금할 13
	禽 새 13	嶔 높고험할 15	黅 누른빛 16	錦 비단 16	噤 입다물 16	檎 능금나무 17
	擒 사로잡을 17	襟 옷깃 19				
급	及 미칠 4	伋 속일 6	皀 고소할 7	岌 높을 7	圾 위태할 7

급	汲	扱	急	級	芨
	길을 8	미칠 8	급할 9	등급 10	말오줌나무 10
笈	給	礏			
책상자 10	줄 12	산우뚝솟을 18			

궁	亘	亙	矜	肯	殑
	뻗칠 6	뻗칠 6	자랑할 9	즐길 10	까무러칠 11
兢					
떨릴 14					

기	己	企	屺	伎	岐
	몸 3	꾀할 6	민둥산 6	재간 6	갈림길 7
圻	杞	妓	忌	弃	庋
경기 7	구기자 7	기생 7	꺼릴 7	버릴 7	시렁 7
歧	其	炁	奇	汽	沂
갈림길 8	그 8	기운 8	기특할 8	끓는김 8	물이름 8
肌	祁	技	玘	忮	恀
살가죽 8	성할 8	재주 8	패옥 8	해칠 8	사랑할 8
祇	紀	祈	旂	記	氣
땅귀신 9	벼리 9	빌 9	기 10	기록할 10	기운 10
耆	芪	朊	剞	茋	豈
늙을 10	단너삼 10	도마 10	새김칼 10	세발마름 10	어찌 10

기	起 일어날 10	埼 갑 11	寄 부칠 11	跂 육발이 11	既 이미 11
飢 주릴 11	基 터 11	崎 험할 11	猉 강아지 12	期 기약할 12	敧 기울 12
掎 끌 12	碁 돌 12	幾 몇 12	淇 물이름 12	棋 바둑 12	碁 바둑 12
棄 버릴 12	欺 속일 12	祺 길할 13	畸 떼기밭 13	碁 바둑 13	琪 옥 13
琦 옥이름 13	稘 일주년 13	嗜 즐길 13	頎 헌걸찰 13	愭 공손할 14	旗 기 14
暣 날씨 14	墍 맥질할 14	蜝 방게 14	綺 비단 14	綦 비단 14	緅 연두빛 14
榿 오리나무 14	僛 취중춤 14	箕 키 14	嶔 산험할 15	畿 경기 15	錡 가마솥 16
器 그릇 16	璂 꾸미개 16	曁 및 16	冀 바랄 16	機 틀 16	錤 호미 16
璣 구슬 17	磯 물가 17	覬 바랄 17	禨 조짐 17	鐖 갈 18	騎 말탈 18
隑 사닥다리 18	蟣 서캐 18	騏 준마 18	麒 기린 19	譏 비웃을 19	鬐 갈기 20

기	璣	夔	饑	鰭	薪
	모난구슬 20	조심할 20	주릴 21	지느러미 21	풀이름 22
羇	羈	虁	驥		
나그네 23	굴레 25	조심할 26	천리마 27		
긴	緊				
	긴할 14				
길	吉	佶	姞	桔	拮
	길할 6	헌걸찰 8	삼갈 9	도라지 10	일할 10
蛣					
장구벌레 12					
김	金				
	성씨 8				
낌	喫				
	먹을 12				
나	奈	拏	柰	奻	挐
	어찌 8	붙잡을 9	어찌 9	많을 10	붙잡을 10
娜	拿	梛	那	挪	旇
아름다울 10	잡을 10	나무이름 11	어찌 11	옮길 11	깃발 12
喇	朥	誽	懦	糯	儺
나팔 12	성길 12	끌어당길 13	나약할 18	찰벼 20	푸닥거리 21

낙	諾 허락할 16				
난	偄 언약할 11	赧 얼굴붉힐 12	煖 더울 13	暖 따뜻할 13	愞 약할 13
餪 풀보기잔치 18	難 어려울 19				
날	捏 꾸밀 11	捺 누를 12			
남	男 사내 7	枏 녹나무 8	南 남녘 9	喃 재잘거릴 12	楠 녹나무 13
湳 물이름 13					
납	衲 기울 10	納 들일 10			
낭	娘 여자 10	曩 접때 21	囊 주머니 22		
내	乃 이에 2	內 안 4	奶 젖 5	奈 어찌 8	耐 견딜 9
柰 능금나무 9	迺 이에 13	鼐 가마솥 15	嬭 젖 17		

녀	女 여자 3			
녁	怒 허출할 12			
년	年 해 6	秊 해 8	碾 맷돌 15	撚 비틀 16
념	念 생각 8	拈 집을 9	恬 편안할 10	捻 비틀 12
녑	惗 사랑할 12			
녕	佞 아첨할 7	寍 차라리 13	寧 편안할 14	儜 괴로워할 16	嚀 간곡할 17
	濘 진창 18	獰 영악할 18			
노	奴 종 5	努 힘쓸 7	弩 쇠뇌 8	孥 자식 8	呶 지껄일 8
	怒 성낼 9	猱 산이름 10	笯 새장 11	猱 원숭이 13	譳 기쁠 14	瑙 마노 14
	駑 둔한말 15	臑 팔뚝 20			

농	農 농사 13	儂 나 15	噥 소곤거릴 16	濃 짙을 17	穠 꽃나무성할 18
	膿 고름 19	醲 진한술 20			
뇌	惱 번뇌할 13	腦 골 15	餒 주릴 16		
뇨	尿 오줌 7	淖 진흙 12	嫋 예쁠 13	鬧 시끄러울 15	撓 어지러울 16
	嬲 조롱할 17	鐃 징 20			
누	啂 젖먹을 11	耨 김맬 16			
눈	嫩 어릴 14				
눌	吶 말더듬을 7	肭 살찔 10	訥 말더듬거릴 11		
뉴	杻 감탕나무 8	忸 익을 8	紐 맺을 10	袦 옷부드러울 10	鈕 인꼭지 12
늇	衄 코피 10				

능	能 능할 12				
니	尼 여승 5	呢 소곤거릴 8	柅 무성할 9	怩 부끄러워할 9	泥 진흙 9
	祢 아비사당 10	馜 진한향기 14	愵 마음좋을 16	膩 기름질 18	瀰 많을 18	禰 아비사당 19
닉	匿 숨길 11	溺 빠질 14			
닐	昵 친할 9	暱 친할 15			
다	多 많을 6	夛 많을 6	爹 아버지 10	窞 깊을 12	茤 마름 12
	茶 차 12	槎 차나무 15	觰 뿔밑동 16		
단	丹 붉을 4	旦 아침 5	但 다만 7	担 떨칠 9	胆 밝을 9
	耑 시초 9	段 층계 9	象 판단할 9	蛋 새알 11	袒 어깨벗을 11	袒 웃통벗을 11
	短 짧을 12	單 홑 12	亶 믿음 13	煓 불꽃성할 13	湍 여울 13	蜑 오랑캐 13

단	椴 자작나무 13	端 끝 14	團 둥글 14	慱 근심할 15	緞 비단 15
	腶 약포 15	溥 이슬많을 15	壇 단 16	檀 박달나무 17	鍛 불릴 17	癉 앓을 17
	斷 끊을 18	簞 소쿠리 18	鄲 조나라 19			
달	妲 여자이름 8	怛 슬플 9	疸 황달 10	靼 다룸가죽 14	達 통달할 16
	撻 때릴 17	澾 미끄러울 17	獺 수달 20	闥 문 21	韃 매질할 22	
담	坍 무너질 7	炎 불탈 8	倓 고요할 10	埳 평평한땅 11	聃 귓바퀴없을 11
	啗 먹일 11	啖 씹을 11	覃 깊을 12	啿 넉넉할 12	毯 담요 12	淡 맑을 12
	痰 가래 13	湛 괼 13	郯 나라이름 15	談 말씀 15	儋 멜 15	墰 술단지 15
	噉 씹을 15	潭 못 16	錟 창 16	曇 흐릴 16	禫 담제 17	澹 맑을 17
	擔 멜 17	憺 참담할 17	蕁 지모 18	壜 술병 19	膽 쓸개 19	薝 치자나무 19

담	譚 클 19	黮 검을 21	罎 술병 22	黵 문신할 25	
답	沓 겹칠 8	畓 논 9	答 대답 12	踏 밟을 15	遝 뒤섞일 17
당	唐 당나라 10	倘 혹시 10	堂 집 11	棠 아가위 12	當 마땅 13
	塘 못 13	搪 뻗을 14	溏 진창 14	幢 기 15	瑭 옥이름 15	瞠 볼 16
	糖 엿 16	撞 칠 16	螳 버마재비 17	檔 의자 17	璫 귀고리옥 18	礑 밑바닥 18
	餳 엿 18	蟷 사마귀 19	餹 엿 19	襠 잠방이 19	鐺 종고소리 19	黨 무리 20
	鐺 쇠사슬 21	儻 빼어날 22	讜 곧은말 27	戇 어리석을 28	
대	大 큰 3	代 대신할 5	汏 일 7	旲 햇빛 7	坮 대 8
	岱 대산 8	垈 집터 8	待 기다릴 9	抬 들 9	玳 대모 10	帶 띠 11
	袋 자루 11	貸 빌릴 12	襶 비칠 13	碓 방아 13	臺 대 14	對 대할 14

대	儓	黛	隊	曤	擡
	하인 16	눈썹먹 17	무리 17	성할 18	들 18
	懟	戴	鐓		
	원망할 18	일 18	창고달 20		
댁	宅				
	집 6				
덕	悳	德	德		
	큰 12	큰 14	큰 15		
도	刀	夲	叨	忉	到
	칼 2	나아갈 5	탐낼 5	근심할 6	이를 8
	弢	度	倒	挑	徒	桃
	활집 8	법도 9	넘어질 10	돋울 10	무리 10	복숭아 10
	島	洮	涂	掏	棹	堵
	섬 10	씻을 10	도랑 11	가릴 12	노 12	담 12
	盜	悼	淘	屠	稌	掉
	도둑 12	슬퍼할 12	쌀일 12	죽일 12	찰벼 12	흔들 12
	渡	逃	跳	裪	塗	圖
	건널 13	도망할 13	뛸 13	복 13	칠할 13	그림 14
	慆	途	搯	鞀	滔	睹
	기뻐할 14	길 14	꺼낼 14	노도 14	물넘칠 14	볼 14

도	嶋	醄	搗	萄	菟
	섬 14	술밑 14	찧을 14	포도 14	호랑이 14
	稻	道	賭	都	覩	鍍
	벼 15	길 16	내기 16	도읍 16	볼 16	쇳덩이 16
	導	陶	馣	鍍	闍	蹈
	인도할 16	질그릇 16	향기로울 16	도금할 17	망루 17	밟을 17
	墥	櫂	檮	濤	燾	擣
	성채 17	노 18	등걸 18	물결 18	비칠 18	찧을 18
	鞱	韜	鼗	禱	饕	
	감출 19	감출 19	땡땡이 19	빌 19	탐할 22	
독	禿	毒	督	篤	獨
	대머리 7	독 8	감독할 13	도타울 16	홀로 17
	瀆	牘	犢	櫝	讀	纛
	도랑 19	서찰 19	송아지 19	함 19	읽을 22	기 25
	黷					
	더럽힐 27					
돈	旽	沌	豚	弴	惇
	밝을 8	엉길 8	돼지 11	활 11	도타울 12
	敦	焞	頓	墩	燉	暾
	도타울 12	성할 12	조아릴 13	돈대 15	불빛 16	아침해 16

돈	潡	艔			
	큰물 16	거룻배 20			
돌	乭	咄	突	埃	
	이름 6	꾸짖을 8	갑자기 9	굴뚝 12	
동	冬	仝	同	彤	東
	겨울 5	한가지 5	한가지 6	붉을 7	동녘 8
	侗	峒	哃	垌	洞	烔
	무지할 8	산이름 9	큰소리칠 9	항아리 9	골 10	뜨거울 10
	疼	凍	桐	苳	動	棟
	아플 10	얼 10	오동나무 10	겨우살이 11	움직일 11	마룻대 12
	湩	茼	童	胴	銅	蝀
	소나기 12	쑥갓 12	아이 12	큰창자 12	구리 14	무지개 14
	僮	勭	董	橦	朣	憧
	아이 14	자랄 14	감독할 15	나무이름 16	달뜰 16	동경할 16
	曈	潼	瞳	艟	蕫	
	동틀 16	물이름 16	눈동자 17	배 18	황모 18	
두	斗	杜	豆	枓	抖
	말 4	막을 7	콩 7	두공 8	떨 8
	肚	蚪	兜	痘	阧	脰
	배 9	올챙이 10	투구 11	역질 12	치솟을 12	목 13

두	荳 콩 13	逗 머무를 14	陡 험할 15	頭 머리 16	斁 섞을 17
竇 구멍 20	讀 구절 22	蠹 좀 24			
둔	屯 진칠 4	窀 광중 9	芚 싹나올 10	迍 머뭇거릴 11	鈍 둔할 12
遁 숨을 16	遯 달아날 18	臀 볼기 19			
둘	乧 음역자 5				
득	得 얻을 11				
등	等 무리 12	登 오를 12	凳 걸상 14	嶝 고개 15	滕 물솟을 15
墱 자드락길 15	橙 귤 16	燈 등불 16	螣 등사 16	縢 봉할 16	磴 돌비탈길 17
謄 베낄 17	鄧 나라이름 19	騰 날뛸 20	鐙 등자 20	籐 대기구 21	藤 등나무 21
라	剆 가지칠 9	砢 돌쌓일 10	倮 알몸 10	喇 나팔 12	裸 벗을 14

리	摞 정돈할 15	瘰 연주창 16	荔 열매 16	螺 소라 17	覶 자세할 19
	懶 게으를 20	羅 벌일 20	儸 기민할 21	騾 노새 21	癩 문둥이 21	囉 소리얽힐 22
	臝 노새 23	臝 벌거벗을 23	曬 햇빛없을 23	蘿 쑥 25	邏 순라 26	鑼 징 27
락	洛 물이름 10	烙 지질 10	珞 구슬목걸이 11	絡 이을 12	酪 쇠젖 13
	觡 진한유즙 13	犖 얼룩소 14	落 떨어질 15	樂 즐길 15	駱 낙타 16	
란	丹 정성 4	卵 알 7	亂 어지러울 13	闌 가로막을 17	嬾 게으를 19
	幱 내리닫이 20	欄 난간 21	攔 막을 21	瀾 물결 21	爛 빛날 21	瓓 옥광채 22
	襴 난삼 23	蘭 난초 23	欒 둥글 23	灤 새어흐를 23	鑾 방울 27	鸞 난새 30
랄	剌 발랄할 9	埒 낮은담 10	辢 매울 14	辣 매울 14	
람	婪 예쁠 11	婪 탐할 11	嵐 남기 12	惏 탐할 12	擥 가질 14

람	漤	擥	濫	爁	璼
	과실짱아찌 15	가질 18	넘칠 18	불번질 18	옥이름 19
籃	藍	襤	覽	灆	攬
대바구니 20	쪽 20	헌누더기 20	볼 21	물맑을 22	가질 25
欖	纜				
감람나무 25	닻줄 27				
랍	拉	蠟	臘	鑞	
	끌 9	밀 21	섣달 21	땜납 23	
랑	宨	浪	朗	烺	狼
	높을 10	물결 11	밝을 11	빛밝을 11	이리 11
稂	硠	琅	郎	廊	蜋
강아지풀 12	돌부딪힐 12	옥돌 12	사내 13	사랑채 13	사마귀 13
莨	榔	郞	閬	瑯	螂
수크렁 13	나무이름 14	사내 14	솟을대문 15	옥돌 15	사마귀 16
駺					
꼬리흰말 17					
래	来	來	崍	徕	淶
	올 7	올 8	산이름 11	올 11	강이름 12
萊	趚	騋			
명아주 14	올 15	큰말 18			

랭	冷 찰7				
략	略 간략할11	畧 다스릴11	掠 노략질할12		
량	良 어질7	兩 두8	亮 밝을9	俍 좋을9	凉 서늘할10
	倆 재주10	梁 들보11	悢 슬퍼할11	涼 서늘할12	喨 소리맑을12	量 헤아릴12
	粱 기장13	粮 양식13	踉 뛸14	樑 들보15	諒 살펴알15	輛 수레15
	駺 꼬리흰말17	魎 도깨비18	糧 양식18			
려	呂 성씨7	戾 어그러질8	侶 짝9	旅 나그네10	唳 울11
	梠 평고대11	厲 갈15	黎 검을15	閭 마을15	慮 생각할15	膂 등골뼈16
	儢 게으를17	勵 힘쓸17	癘 창질18	濾 거를19	麗 고울19	盧 농막집19
	櫚 종려19	曞 햇살펴질19	礪 숫돌20	蠣 굴조개21	藜 명아주21	蠡 좀먹을21

려	儷	糲	臚	邌	钁
	짝 21	현미 21	살갗 22	천천히갈 22	줄 23
驢	驪				
당나귀 26	검은말 29				
력	力	歷	曆	櫟	櫪
	힘 2	지날 16	책력 16	상수리나무 19	말구유 20
瀝	礫	攊	癧	轢	轣
스밀 20	조약돌 20	칠 20	연주창 21	칠 22	갈 23
靂	酈				
벼락 24	땅이름 26				
련	湅	煉	楝	連	輦
	누일 13	달굴 13	멀구슬나무 13	잇닿을 14	가마 15
練	漣	憐	璉	鍊	蓮
익힐 15	잔물결 15	불쌍할 16	호련 16	불릴 17	연꽃 17
聯	鏈	鰊	孌	鰱	攣
연이을 17	쇠사슬 19	물고기이름 20	아름다울 22	연어 22	걸릴 23
戀	臠	䜌			
그리워할 23	저민고기 25	맬 26			
렬	劣	列	冽	洌	烈
	못할 6	벌일 6	맑을 8	맑을 10	매울 10

렬	挒 비틀 10	捩 비틀 12	裂 찢을 12	颲 강풍 15	
렴	廉 청렴할 13	磏 거친숫돌 15	斂 거둘 17	濂 물이름 17	殮 염할 17
簾 발 19	瀲 넘칠 21				
렵	獵 사냥 19	躐 밟을 22	鬣 갈기 25		
령	令 하여금 5	另 헤어질 5	伶 영리할 7	岭 고개 8	岑 고개 8
呤 속삭일 8	姈 슬기로울 8	囹 옥 8	泠 깨우칠 9	怜 영리할 9	昤 햇빛 9
秢 나이 10	玲 옥소리 10	翎 깃 11	苓 도꼬마리 11	笭 도꼬마리 11	聆 들을 11
羚 영양 11	蛉 잠자리 11	軨 사냥수레 12	零 떨어질 13	鈴 방울 13	領 거느릴 14
逞 쾌할 14	齡 소금 16	鴒 할미새 16	嶺 고개 17	澪 깨우칠 17	齡 나이 20
靈 신령 24	欞 격자창 28				

례	礼 예도 6	例 법식 8	隸 종 16	澧 강이름 17	隷 붙을 17
禮 예도 18	醴 단술 20	鱧 가물치 24			
로	老 늙을 6	牢 우리 9	旅 검을 11	鹵 소금 11	虜 사로잡을 12
虜 사로잡을 12	勞 일할 12	路 길 13	輅 수레 13	魯 노나라 15	滷 소금밭 15
潦 장마 16	潞 강이름 16	撈 건질 16	盧 성씨 16	澇 큰물결 16	擄 노략질할 17
癆 중독 17	蕗 물감나무 18	璐 옥 18	櫓 방패 19	嚧 웃을 19	壚 흑토 19
櫨 두공 20	瀘 물이름 20	露 이슬 20	爐 화로 20	艣 노 21	鐪 부레그릇 21
瓐 비취옥 21	蘆 갈대 22	艫 뱃머리 22	轤 도르래 23	鷺 해오라기 23	鑪 화로 24
顱 머리뼈 25	髗 머리뼈 26	鸕 가마우지 27	鱸 농어 27		
록	彔 새길 8	鹿 사슴 11	淥 강이름 12	祿 녹 13	碌 푸른돌 13

록	菉	綠	漉	錄	簏
	조개풀 14	푸를 14	거를 15	기록할 16	대상자 17
	轆	麓	騄		
	도르래 18	산기슭 19	새 19		

론	論				
	논할 15				

룡	弄	儱	壠	攏	瀧
	희롱할 7	건목칠 18	밭두둑 19	누를 20	비올 20
	曨	朧	礱	瓏	蘢	聾
	어스레할 20	흐릿할 20	갈 21	옥소리 21	개여뀌 22	귀먹을 22
	籠	隴			
	대바구니 22	고개이름 24			

뢰	耒	牢	賂	誄	雷
	쟁기 6	우리 7	뇌물 13	애도할 13	우레 13
	酹	磊	賚	賴	頼	儡
	붓을 14	돌무더기 15	줄 15	의뢰할 16	의뢰할 16	꼭두각시 17
	磥	攂	蕾	礌	瀨	曇
	돌무더기 18	갈 19	꽃봉오리 19	바위너설 20	여울 20	술독 21
	纇	籟			
	실마디 21	울림 22			

료	了 마칠 2	料 헤아릴 10	聊 애오라지 11	僚 동료 14	廖 텅빌 14
	寮 동관 15	嫽 예쁠 15	嘹 울 15	撩 다스릴 16	暸 밝을 16	獠 밤사냥 16
	膋 밭기름 16	潦 큰비 16	燎 횃불 16	瞭 밝을 17	療 병고칠 17	蓼 여뀌 17
	繚 감길 18	醪 막걸리 18	遼 멀 19	飉 높은바람 20	鐐 은 20	飂 바람 21
룡	竜 용 10	龍 용 16	龘 용 21		
루	娄 끌 11	累 여러 11	淚 눈물 12	僂 구부릴 13	陋 더러울 14
	嶁 봉우리 14	嘍 시끄러울 14	屢 여러 14	樓 다락 15	熡 불꽃 15	漏 샐 15
	慺 정성 15	瘻 부스럼 16	褸 누더기 17	螻 땅강아지 17	耬 밭갈 17	蔞 산쑥 17
	縷 실 17	壘 보루 18	鏤 새길 19	髏 해골 21		
류	柳 버들 9	留 머무를 10	流 흐를 11	琉 유리 12	硫 유황 12

류	旒	榴	溜	瑠	劉
	깃발 13	석류나무 14	처마물 14	유리 15	죽일 15
瘤	橊	遛	縲	謬	瀏
혹 15	석류나무 16	머무를 17	포승 17	그르칠 18	맑을 19
類	纍	鶹			
무리 19	갇힐 21	올빼미 21			
륙	六	勠	戮	陸	
	여섯 6	합할 13	죽일 15	뭍 16	
륜	侖	倫	崙	崘	圇
	생각할 8	인륜 10	산이름 11	산이름 11	완전할 11
掄	淪	綸	輪	錀	
가릴 12	빠질 12	벼리 14	바퀴 15	금 16	
률	律	栗	率	崒	溧
	법칙 9	밤 10	비율 11	가파를 12	강이름 14
慄	稞	瑮			
떨릴 14	볏짚 15	옥무늬 15			
륭	隆	癃	窿		
	높을 17	늙을 17	활꼴 17		
륵	肋	泐	勒		
	갈빗대 8	돌갈라질 9	굴레 11		

름	菻 쑥 14	凜 찰 15	凜 찰 15	廩 곳집 16	澟 서늘할 17
릉	倰 속일 10	凌 업신여길 10	楞 네모질 13	楞 네모질 13	稜 모날 13
菱 마름 14	綾 비단 14	陵 언덕 16	蔆 마름 17		
리	吏 벼슬 6	里 마을 7	李 오얏 7	利 이로울 7	厘 다스릴 9
俐 똑똑할 9	俚 속될 9	唎 가는소리 10	哩 어조사 10	浬 다다를 11	离 떠날 11
犁 밭갈 11	梨 배 11	狸 삵 11	悧 영리할 11	浬 해리 11	理 다스릴 12
犂 밭갈 12	痢 설사 12	莅 다다를 13	莉 말리꽃 13	剺 벗길 13	裏 속 13
裡 속 13	蜊 참조개 13	嫠 과부 14	貍 삵 14	履 밟을 15	漓 스며들 15
摛 퍼질 15	釐 바를 16	璃 유리 16	罹 걸릴 17	螭 교룡 17	釐 다스릴 18
鯉 잉어 18	離 떠날 19	蠃 파리할 19	魑 도깨비 21	黐 끈끈이 23	籬 울타리 25

리	邐 이지러질 26				
린	吝 아낄 7	悋 아낄 11	燐 도깨비불 12	潾 물맑을 14	嶙 가파를 15
	橉 나무이름 16	燐 도깨비불 16	潾 맑을 16	撛 붙들 16	獜 튼튼할 16	麢 기린 17
	璘 옥빛 17	磷 험할 17	蜐 반딧불 18	繗 이을 18	轔 바퀴 19	鄰 이웃 19
	鏻 굳셀 20	隣 이웃 20	藺 골풀 22	驎 얼룩말 22	麟 기린 23	鱗 비늘 23
	躙 짓밟을 23	躪 짓밟을 27			
림	林 수풀 8	玲 옥 9	棽 무성할 12	琳 알고자할 12	淋 임질 12
	碄 깊을 13	琳 옥 13	痳 임질 13	霖 장마 16	臨 임할 17
립	立 설 5	岦 산우뚝할 8	砬 돌소리 10	粒 낟알 11	笠 삿갓 11
마	馬 말 10	麻 삼 11	媽 어머니 13	痲 저릴 13	麼 잘 14

마	碼 마노 15	摩 문지를 15	瑪 차돌 15	磨 갈 16	螞 말거머리 16
	蟇 두꺼비 17	劘 깎을 21	魔 마귀 21		
막	莫 없을 13	寞 고요할 14	幕 장막 14	漠 넓을 15	瞙 눈흐릴 16
	膜 꺼풀 17	鏌 칼이름 19	邈 멀 21		
만	万 일만 3	卍 만자 6	娩 낳을 10	曼 길게끌 11	晚 늦을 11
	挽 당길 11	輓 끌 14	幔 막 14	嫚 업신여길 14	墁 흙손 14	慢 거만할 15
	萬 일만 15	滿 찰 15	漫 흩어질 15	瞞 속일 16	蔓 덩굴 17	縵 명주 17
	蹣 넘을 18	謾 속일 18	鏋 금 19	鏝 흙손 19	饅 만두 20	鬘 머리장식 21
	彎 굽을 22	巒 뫼 22	鰻 뱀장어 22	蠻 오랑캐 25	灣 물굽이 26	
말	末 끝 5	帕 머리띠 8	沫 물거품 9	抹 지울 9	秣 꼴 10

말	秣	茉	靺	襪	
	끝 10	말리 11	말갈 14	버선 21	
망	亡	妄	忙	忘	汒
	망할 3	망령될 6	바쁠 7	잊을 7	황급할 7
	罔	芒	邙	望	惘	茫
	그물 9	까끄라기 9	북망산 10	바랄 11	멍할 12	아득할 12
	莽	莽	網	朢	輞	漭
	우거질 12	우거질 14	그물 14	보름 14	바퀴테 15	넓을 15
	魍					
	도깨비 18					
매	每	呆	枚	妹	沫
	매양 7	어리석을 7	낱 8	누이 8	땅이름 9
	玫	昧	埋	眛	苺	梅
	매괴 9	어두울 9	묻을 10	어두울 10	딸기 11	매화 11
	買	寐	媒	煤	苺	楳
	살 12	잘 12	중매 12	그을음 13	나무딸기 13	매화나무 13
	酶	霉	魅	賣	罵	邁
	술밑 14	매우 15	매혹할 15	팔 15	꾸짖을 16	갈 20
맥	麥	貊	脈	貘	陌
	보리 11	맥국 12	줄기 12	맥국 13	길 14

맥	貘	驀			
	표범 18	말탈 21			
맹	孟	甿	盲	氓	蝱
	맏 8	백성 8	소경 8	이주백성 8	등에 9
猛	盟	萌	甍		
사나울 12	맹세 13	움 14	용마루 16		
멱	覓	幎	冪		
	찾을 11	덮을 13	덮을 16		
면	免	沔	眄	面	勉
	면할 7	물이름 8	곁눈질할 9	낯 9	힘쓸 9
俛	眠	冕	棉	湎	綿
힘쓸 9	잘 10	면류관 11	목화 12	빠질 13	솜 14
麪	緬	緜	麵		
밀가루 15	실 15	햇솜 15	밀가루 20		
멸	滅	篾	蔑	衊	
	꺼질 14	대껍질 17	업신여길 17	모독할 21	
명	皿	名	命	明	朙
	그릇 5	이름 6	목숨 8	밝을 8	밝을 9
洺	冥	茗	椧	酩	慏
강이름 10	어두울 10	차싹 12	홈통 12	술취할 13	너그러울 14

명	溟	銘	鳴	暝	瞑
	바다 14	새길 14	울 14	저물 14	눈감을 15
蓂	螟	蓂	鵬		
	멸구 16	명협 16	초명새 19		

몌	袂				
	소매 10				

모	毛	母	矛	牟	牡
	터럭 4	어머니 5	창 5	소우는 6	수컷 7
	皃	侔	姆	眊	冒	某
	얼굴 7	가지런할 8	유모 8	눈흐릴 9	무릅쓸 9	아무 9
	侮	姥	旄	耄	耗	芼
	업신여길 9	할미 9	깃대장식 10	늙은이 10	소모할 10	우거질 10
	恈	眸	茅	軞	媚	帽
	탐할 10	눈동자 11	띠 11	병거 11	강샘할 12	모자 12
	募	髦	貌	嫫	瑁	慕
	모을 13	다팔머리 14	모양 14	예쁠 14	옥홀 14	그릴 15
	模	摹	摸	暮	蝥	慔
	법 15	베낄 15	본뜰 15	저물 15	해충 15	힘쓸 15
	謀	橅	蟊	謨		
	꾀 16	법 16	해충 17	꾀 18		

목	木 나무 4	目 눈 5	沐 머리감을 8	牧 칠 8	首 거여 11
	睦 화목할 13	穆 화목할 16	鶩 집오리 20		
몰	沒 빠질 8	歿 죽을 8			
몽	雺 안개 13	夢 꿈 14	濛 이슬비 14	瞢 어두울 16	蒙 어두울 16
	懞 덮을 17	濛 가랑비올 18	懵 어두울 18	曚 어두울 18	朦 흐릴 18	矇 청맹과니 19
	艨 싸움배 20	鸏 비둘기 25			
묘	卯 토끼 5	妙 묘할 7	杳 아득할 8	玅 묘할 9	昴 별이름 9
	眇 애꾸눈 9	畝 이랑 10	苗 모 11	淼 물아득할 12	猫 고양이 13	描 그릴 13
	渺 아득할 13	墓 무덤 14	廟 사당 15	貓 고양이 16	錨 닻 17	藐 멀 20
무	母 말 4	无 없을 4	戊 천간 5	巫 무당 7	武 호반 8

무	拇	畝	茂	務	貿
	엄지손가락 9	이랑 10	무성할 11	힘쓸 11	무역할 12
無	珷	楙	誣	舞	嚜
없을 12	옥돌 12	무성할 13	속일 14	춤출 14	모호할 15
廡	橅	撫	憮	儛	懋
집 15	법 16	어루만질 16	어루만질 16	춤출 16	무성할 17
繆	蕪	鵡	臕	騖	霧
얽을 17	거칠 18	앵무새 18	포 18	달릴 19	안개 19
묵	嘿	墨	默		
	고요할 15	먹 15	잠잠할 16		
문	文	刎	吻	扪	炆
	글월 4	목벨 6	입술 7	닦을 8	따뜻할 8
門	汶	們	蚊	紋	紊
문 8	물이름 8	들 10	모기 10	무늬 10	어지러울 10
問	悗	雯	捫	聞	璊
물을 11	잊을 11	구름무늬 12	어루만질 12	들을 14	붉은옥 16
懣					
번민할 18					
물	勿	物	汤		
	말 4	물건 8	아득할 8		

미	未	米	尾	弥	味
	아닐 5	쌀 6	꼬리 7	두루 8	맛 8
侎	采	眉	美	弭	洣
어루만질 8	점점 8	눈썹 9	아름다울 9	활고자 9	강이름 10
敉	娓	梶	茉	寀	嵄
어루만질 10	예쁠 10	나무끝 11	맛 11	깊을 11	산 12
嵋	媄	媚	楣	湄	渼
산이름 12	아름다울 12	아첨할 12	문미 13	물가 13	물이름 13
迷	煝	媺	嫩	微	瑂
미혹할 13	빛날 13	아름다울 13	아름다울 13	작을 13	옥돌 14
躾	縻	彌	澂	謎	糜
가르칠 16	고삐 17	두루 17	물가 17	수수께끼 17	죽 17
麋	瀰	靡	薇	瀰	獼
큰사슴 17	물가득할 18	쓰러질 19	장미 19	넓을 21	원숭이 21
亹	黴	蘪	蘼		
힘쓸 22	곰팡이 23	천궁 23	장미 25		
민	民	岷	旻	旼	忟
	백성 5	산이름 8	하늘 8	화할 8	힘쓸 8
忞	敃	泯	眠	砇	玟
힘쓸 8	강인할 9	망할 9	볼 9	옥돌 9	옥돌 9

민	珉	罠	敏	苠	悶
	옥돌 10	낚시줄 11	민첩할 11	속태 11	답답할 12
閔	脗	瞀	愍	鈱	瑉
민망할 12	꼭맞을 13	굳셀 13	근심할 13	돈꿰미 13	옥돌 13
琝	黽	頣	緡	碈	瑉
옥돌 13	힘쓸 13	강할 14	낚시줄 14	옥돌 14	옥돌 14
閩	緍	慜	潤	憫	頣
종족이름 14	낚싯줄 15	총명할 15	물흐를 16	민망할 16	옥돌 18
鰵					
대구 22					
밀	密	蜜	滵	樒	謐
	빽빽할 11	꿀 14	빨리흐를 15	침향 15	고요할 17
박	朴	泊	拍	亳	剝
	성 6	머무를 9	칠 9	땅이름 10	벗길 10
珀	舶	粕	博	迫	鉑
호박 10	배 11	지게미 11	넓을 12	핍박할 12	금박 13
雹	膊	箔	駁	撲	縛
우박 13	박공 14	발 14	얼룩말 14	두드릴 16	얽을 16
駮	樸	膞	璞	鎛	薄
짐승이름 16	통나무 16	포 16	옥돌 17	종 18	엷을 19

박	髆 어깨뼈 20	欂 두공 21			
반	反 돌이킬 4	半 반 5	伴 짝 7	扳 끌 8	攽 나눌 8
盼 눈예쁠 9	泮 물가 9	叛 배반할 9	拌 버릴 9	般 가지 10	畔 밭두둑 10
朌 나눌 10	班 나눌 11	返 돌이킬 11	絆 얽어맬 11	胖 희생반쪽 11	斑 아롱질 12
頒 반포할 13	飯 밥 13	媻 비틀거릴 13	擊 덜 14	搬 옮길 14	槃 쟁반 14
頖 학교이름 14	磐 너럭바위 15	盤 소반 15	瘢 흉터 15	潘 뜨물 16	蟠 진딧물 16
磻 강이름 17	齱 얼룩 17	蟠 서릴 18	攀 더위잡을 19	礬 명반 20	
발	勃 노할 9	炦 불기운 9	拔 뽑을 9	哱 어지러울 10	淳 일어날 11
跋 밟을 12	發 필 12	渤 물솟을 13	鉢 바리때 13	鈸 방울 13	脖 배꼽 13
魃 가뭄 15	髮 터럭 15	撥 다스릴 16	潑 물뿌릴 16	鵓 집비둘기 18	醱 술괼 19

방	方	仿	坊	妨	尨
	모 4	헤맬 6	동네 7	방해할 7	삽살개 7
彷	放	枋	昉	房	厖
헤맬 7	놓을 8	다목 8	밝을 8	방 8	클 9
旁	紡	芳	舫	蚌	倣
곁 10	길쌈 10	꽃다울 10	방주 10	방합 10	본뜰 10
肪	邦	梆	旊	訪	傍
살찔 10	나라 11	목어 11	옹기 11	찾을 11	곁 12
幇	防	舽	徬	榜	搒
도울 12	막을 12	배 12	시중들 13	방붙일 14	배저을 14
髣	滂	膀	磅	魴	螃
비슷할 14	비퍼부을 14	패 14	돌떨어질 15	방어 15	방게 16
膀	蒡	幫	謗	鎊	龐
오줌통 16	우엉 16	도울 17	헐뜯을 17	깎을 18	클 19
배	北	扒	坏	貝	杯
	달아날 5	뺄 6	언덕 7	조개 7	잔 8
盃	拜	倍	配	俳	背
잔 9	절 9	곱 10	나눌 10	배우 10	등 11
培	胚	徘	排	焙	琲
북돋울 11	애밸 11	어정거릴 11	밀칠 12	불쬘 12	구슬꿰미 13

배	湃 물소리 13	裴 성 14	裵 성 14	輩 무리 15	賠 물어줄 15
褙 속적삼 15	蓓 꽃망울 16	陪 모실 16	蓓 황배풀 17		
백	白 흰 5	百 일백 6	伯 맏 7	帛 비단 8	佰 일백 8
柏 측백 9	珀 호박 10	栢 측백 10	苩 꽃 11	趙 넘칠 12	魄 넋 15
번	袢 속옷 11	番 차례 12	煩 번거로울 13	幡 깃발 15	樊 울타리 15
燔 사를 16	磻 강이름 17	繁 번성할 17	翻 날 18	繙 되풀이 18	蕃 우거질 18
膰 제사고기 18	飜 번역할 21	藩 울타리 21	蘩 산흰쑥 23		
벌	伐 칠 6	筏 뗏목 12	閥 문벌 14	罰 벌할 15	橃 떼 16
罸 죄 16					
범	凡 무릇 3	氾 넘칠 6	帆 돛 6	犯 범할 6	汎 넓을 7

범	杋	泛	訊	釩	笵
	뗏목 7	뜰 9	말많을 10	떨칠 11	법 11
范	梵	渢	渹	範	颿
법 11	불경 11	풍류소리 13	뜰 15	법 15	말달릴 19
법	法	琺			
	법 9	법랑 13			
벽	辟	碧	僻	劈	壁
	임금 13	푸를 14	궁벽할 15	쪼갤 15	벽 16
擗	擘	檗	璧	癖	甓
가슴칠 17	엄지 17	황벽나무 17	구슬 18	버릇 18	벽돌 18
襞	鷿	霹	闢	蘗	鷿
주름 19	가를 20	벼락 21	열 21	황경나무 23	논병아리 24
鼊					
거북 26					
변	卞	弁	釆	忭	抃
	법 4	고깔 5	분별할 7	기뻐할 8	손뼉칠 8
便	胼	骿	駢	鴘	辨
똥오줌 9	굳은살 12	더할 13	나란히할 16	매 16	분별할 16
骿	辮	辯	邊	變	籩
통갈비 18	땋을 20	말씀 21	가 22	변할 23	제기이름 25

별	別	炦	勆	馦	莂
	나눌 7	불기운 9	클 12	향기날 13	모종낼 13
	彆	馞	瞥	襒	鷩	鼈
활뒤틀릴 15	향기날 17	깜짝할 17	털 18	붉은꿩 23	자라 23
鱉					
자라 25					

병	丙	并	兵	並	幷
	남녘 5	아우를 6	병사 7	나란히 8	아우를 8
	秉	昞	昺	炳	柄	抦
잡을 8	불꽃 9	불꽃 9	불꽃 9	자루 9	잡을 9
竝	病	倂	瓶	屛	棅
나란히 10	병 10	아우를 10	병 11	병풍 11	자루 12
鈵	迸	缾	絣	鉼	輧
굳을 13	달아날 13	두레박 14	잇을 14	판금 14	수레 15
鉼	餠	騈			
판금 16	떡 17	나란히할 18			

보	步	甫	玨	歩	宝
	걸음 7	클 7	옥그릇 8	걸음 8	보배 8
	備	保	洑	琝	珵	報
도울 9	지킬 9	보 10	보배 11	보배 11	갚을 12

보	普 넓을 12	晡 볼 12	堡 작은성 12	盙 제기이름 12	補 기울 13
	潽 보 13	輔 도울 14	菩 보살 14	鴇 능에 15	褓 포대기 15	葆 풀무더기 15
	潽 물이름 16	簠 제기이름 18	黼 수 19	譜 족보 19	寶 보배 20	靌 비올 26
복	卜 점 2	伏 엎드릴 6	扑 칠 6	宓 성씨 8	服 옷 8
	匐 길 11	茯 복령 12	復 회복할 12	箙 무 14	福 복 14	箙 전동 14
	僕 종 14	複 겹칠 15	幞 두건 15	蝠 박쥐 15	腹 배 15	蝮 살모사 15
	墣 흙덩이 15	輻 바퀴살 16	輹 복토 16	蔔 무 17	鍑 솥 17	濮 강이름 18
	覆 다시 18	馥 향기 18	鵬 새이름 19	鰒 전복 20		
본	本 근본 5				
볼	乶 음역자 8				

봉	丰 예쁠 4	夆 끌 7	奉 받들 8	封 봉할 9	芃 풀무성할 9
俸 녹 10	峯 봉우리 10	峰 봉우리 10	澤 물이름 11	烽 봉화 11	棒 막대 12
捧 받들 12	絳 꿰맬 13	蜂 벌 13	琫 칼집장식 13	逢 만날 14	鳳 봉새 14
蕃 풀무성할 14	漨 내이름 15	鴌 봉새 15	熢 봉화 15	鋒 칼날 15	縫 꿰맬 17
蠭 뜸 17	蓬 쑥 17				
부	不 아닐 4	父 아버지 4	夫 지아비 4	付 줄 5	缶 장군 6
孚 미쁠 7	否 아닐 7	斧 도끼 8	扶 도울 8	府 마을 8	呥 분부할 8
阜 언덕 8	抔 움킬 8	赴 다다를 9	訃 부고 9	俘 사로잡을 9	拊 어루만질 9
玞 옥돌 9	負 질 9	釜 가마 10	俯 구부릴 10	罘 그물 10	芙 연꽃 10
芣 질경이 10	剖 쪼갤 10	蚨 파랑강충이 10	祔 합사할 10	苻 귀목풀 11	袝 나들이옷 11

부	浮	桴	婦	副	埠
	뜰 11	마룻대 11	며느리 11	버금 11	부두 11
符	腑	趺	掊	復	鈇
부호 11	장부 11	책상다리 11	끌어모을 12	다시 12	도끼 12
媍	浯	跗	富	傅	莩
며느리 12	물거품 12	발등 12	부유할 12	스승 12	갈대청 13
罦	筟	裒	附	鳧	艀
그물 13	대청 13	모을 13	붙을 13	오리 13	작은배 13
蜉	榑	腐	孵	腑	溥
하루살이 13	부상 14	썩을 14	알깔 14	육부 14	펼 14
駙	部	頫	麩	賦	敷
곁마 15	떼 15	머리숙일 15	밀기울 15	부세 15	펼 15
鮒	蔀	賻	膚	簿	
붕어 16	번지문 17	부의 17	살갗 17	문서 19	
북	北				
	북녘 5				
분	分	帉	坌	吩	体
	나눌 4	걸레 7	먼지 7	분부할 7	용렬할 7
氛	扮	枌	奔	忿	汾
기운 8	꾸밀 8	나무이름 8	달릴 8	성낼 8	클 8

분	昐	盆	砏	粉	肦
	햇빛 8	동이 9	큰소리 9	가루 10	머리클 10
	畚	紛	芬	笨	犇	棼
	삼태기 10	어지러울 10	향기 10	거칠 11	달아날 12	마룻대 12
	焚	雰	賁	棻	湓	墳
	불사를 12	안개 12	클 12	향나무 12	용솟음할 13	무덤 15
	噴	奮	憤	潰	黺	糞
	뿜을 15	떨칠 16	분할 16	뿜을 16	오색수 16	대변 17
	鼢	蕡	膹	轒		
	두더지 17	들깨 18	곰국 18	병거 19		
불	不	弗	佛	彿	岪
	아닐 4	아닐 5	부처 7	비슷할 8	산길 8
	拂	祓	艴	紱	茀	韍
	떨칠 9	푸닥거리 10	발끈할 11	인끈 11	풀우거질 11	폐슬 14
	髴	黻				
	비슷할 15	수 17				
붕	朋	堋	崩	棚	硼
	벗 8	광중 11	무너질 11	사다리 12	붕사 13
	漰	繃	鬅	鵬		
	물결소리 15	묶을 17	산발머리 18	붕새 19		

비	匕	比	庀	丕	仳
	비수 2	견줄 4	다스릴 5	클 5	떠날 6
圮	妃	庇	屁	妣	伾
무너질 6	왕비 6	덮을 7	방귀 7	죽은어미 7	힘셀 7
沘	卑	枇	批	非	沸
강이름 8	낮을 8	비파나무 8	비평할 8	아닐 8	끓을 9
飛	毗	毘	泌	狒	砒
날 9	도울 9	도울 9	분비 9	짐승 9	비상 9
狓	毖	秕	紕	俾	剕
삵새끼 9	삼갈 9	쭉정이 9	가선 10	더할 10	발벨 10
匪	肥	秘	祕	蚍	芾
비적 10	살찔 10	숨길 10	숨길 10	왕개미 10	작은모양 10
粃	芘	埤	婢	庳	奜
쭉정이 10	풀이름 10	더할 11	여자종 11	집낮을 11	클 11
淝	渒	備	棐	斐	痞
강이름 12	강이름 12	갖출 12	도지개 12	문채날 12	뱃속결릴 12
扉	椑	悲	費	邳	悱
사립문 12	술통 12	슬플 12	쓸 12	클 12	표현못할 12
閟	碑	琵	痹	痻	睥
문닫을 13	비석 13	비파 13	저릴 13	저릴 13	흘겨볼 13

비	裨 도울 14	翡 물총새 14	蜚 바퀴 14	緋 비단 14	榧 비자나무 14
	菲 엷을 14	腓 장딴지 14	脾 지라 14	鼻 코 14	萆 비해 14	郫 고을이름 15
	誹 헐뜯을 15	憊 고단할 16	霏 눈내릴 16	篦 빗치개 16	陴 성가퀴 16	蓖 아주까리 16
	貔 비휴 17	馡 향기로울 17	騑 곁마 18	髀 넓적다리 18	鄙 더러울 18	濞 물소리 18
	驫 빠른말 19	臂 팔 19	鞴 풀무 19	譬 비유할 20	羆 큰곰 20	鼙 작은북 21
	贔 힘쓸 21	轡 고삐 22				
빈	份 빛날 6	牝 암컷 6	玭 구슬이름 9	貧 가난할 11	邠 나라이름 11
	浜 물가 11	彬 빛날 11	斌 빛날 12	賓 손 14	儐 인도할 16	頻 자주 16
	嬪 궁녀벼슬 17	豳 나라이름 17	濱 물가 18	擯 물리칠 18	檳 빈랑나무 18	殯 빈소 18
	璸 구슬이름 19	霦 옥광채 19	嚬 찡그릴 19	矉 찡그릴 19	馪 향기 19	贇 빛날 19

빈	瀕	繽	臏	鑌	蘋
	물가 20	어지러울 20	종지뼈 20	강철 22	풀 22
馪	鬢	顰			
향내날 23	귀밑털 24	찡그릴 24			
빙	氷	凭	娉	聘	憑
	얼음 5	기댈 8	장가들 10	부를 13	기댈 16
騁					
달릴 17					
사	巳	士	四	司	史
	뱀 3	선비 3	넉 4	맡을 5	사기 5
仕	乍	糸	寺	死	似
섬길 5	잠깐 5	실 6	절 6	죽을 6	닮을 7
私	伺	些	氾	咋	姒
사사 7	엿볼 7	적을 7	지류 7	깨물 8	동서 8
沙	社	事	祀	舍	卸
모래 8	모일 8	일 8	제사 8	집 8	풀 8
使	俟	砂	泗	思	柶
하여금 8	기다릴 9	모래 9	물이름 9	생각 9	수저 9
査	唆	紗	祠	師	射
조사할 9	부추길 10	비단 10	사당 10	스승 10	쏠 10

사	剚	娑	邪	蛇	梭
	찌를 10	춤출 10	간사할 11	뱀 11	북 11
斜	笥	徙	赦	竢	詞
비낄 11	상자 11	옮길 11	용서할 11	기다릴 12	말 12
捨	奢	詐	絲	覗	斯
버릴 12	사치할 12	속일 12	실 12	엿볼 12	이 12
痧	傞	裟	渣	楂	肆
쥐통 12	취중춤 12	가사 13	강이름 13	떼 13	방자할 13
莎	嗣	飼	蜡	獅	皻
사초 13	이을 13	기를 14	납향 14	사자 14	여드름 14
榭	駛	紗	寫	駟	傻
정자 14	달릴 15	문절망둑 15	베낄 15	사마 15	잘게부술 15
賜	蓑	篩	謝	鯊	辭
줄 15	도롱이 16	체 16	사례할 17	문절망둑 18	말씀 19
瀉	鰤	麝			
쏟을 19	노어 21	사향노루 21			
삭	削	索	朔	搦	槊
	깎을 9	노 10	초하루 10	바를 14	창 14
數	蒴	爍	鑠		
자주 15	말오줌대 16	빛날 19	녹일 23		

산	山 뫼 3	刪 깎을 7	汕 오구 7	疝 산증 8	姍 헐뜯을 8
珊 산호 10	祘 셈 10	訕 헐뜯을 10	産 낳을 11	産 낳을 11	狻 사자 11
傘 우산 12	散 흩을 12	剷 깎을 13	算 셈 14	酸 실 14	僝 착할 15
潸 눈물흐를 16	潛 눈물흐를 16	蒜 마늘 16	橵 산자 16	繖 일산 18	鏟 대패 19
霰 싸라기눈 20	孿 쌍동이 22				
살	乷 음역자 8	殺 죽일 11	煞 죽일 13	撒 뿌릴 16	薩 보살 20
삼	三 석 3	杉 삼나무 7	衫 적삼 9	芟 벨 10	釤 낫 11
參 석 11	森 수풀 12	滲 스며들 15	糝 나물죽 17	蔘 인삼 17	鬖 헝클어질 21
삽	卅 서른 4	唼 쪼아먹을 11	鈒 창 12	挿 꽂을 13	插 꽂을 13
歃 마실 13	颯 바람소리 14	翣 운삽 14	霅 비올 15	霎 가랑비 16	澁 떫을 16

삽	鍤 가래 17				
상	上 윗 3	床 평상 7	尙 오히려 8	牀 평상 8	狀 형상 8
	峠 고개 9	相 서로 9	庠 학교 9	桑 뽕나무 10	晌 정오 10	徜 노닐 11
	常 떳떳할 11	祥 상서 11	爽 시원할 11	商 장사 11	翔 날개 12	喪 잃을 12
	象 코끼리 12	廂 행랑 12	嘗 맛볼 13	湘 강이름 13	傷 다칠 13	想 생각 13
	詳 자세할 13	墒 높은땅 14	嘗 맛볼 14	像 모양 14	裳 치마 14	緗 담황색 15
	箱 상자 15	賞 상줄 15	慡 성품밝을 15	殤 일찍죽을 15	樣 상수리 15	橡 상수리 16
	漺 세찰 16	償 갚을 17	霜 서리 17	鑲 방울소리 18	觴 잔 18	顙 이마 19
	孀 홀어머니 20	鬺 삶을 21				
새	塞 변방 13	賽 굿할 17	璽 옥새 19	鰓 아가미 20	

색	色 빛 6	索 찾을 10	塞 막힐 13	嗇 아낄 13	槭 앙상할 15
濇 껄끄러울 17	穡 거둘 18	濏 깔깔할 19			
생	生 날 5	省 덜 9	牲 희생 9	眚 백태낄 10	笙 생황 11
甥 생질 12	鉎 녹 13				
서	西 서녘 6	忞 용서할 7	序 펼 7	抒 당길 8	叙 펼 9
書 글 10	栖 깃들일 10	紓 느슨할 10	芧 상수리 10	恕 용서할 10	徐 천천히 10
胥 서로 11	庶 여러 11	偦 재주있을 11	敍 펼 11	敘 펼 11	惓 느슨해질 11
黍 기장 12	捿 깃들일 12	棲 깃들일 12	犀 무소 12	暋 밝을 12	婿 사위 12
壻 사위 12	絮 솜 12	舒 펼 12	湑 거를 13	揟 고기잡을 13	耡 구실이름 13
暑 더울 13	筮 점 13	鼠 쥐 13	惰 지혜 13	鉏 호미 13	稰 가을걷이 14

서	逝 갈 14	墅 농막 14	誓 맹세할 14	瑞 상서 14	諝 슬기 15
	署 마을 15	絹 서로 15	緒 실마리 15	鋤 호미 15	諝 슬기 16	噬 씹을 16
	撕 훈계할 16	澨 물가 17	嶼 섬 17	嶼 섬 17	曙 새벽 18	薯 감자 20
	逝 미칠 20	薁 아름다울 20				
석	夕 저녁 3	石 돌 5	汐 조수 7	矽 석비레 8	昔 옛 8
	析 쪼갤 8	柘 섬 10	席 자리 10	舃 까치 12	晳 밝을 12	晰 밝을 12
	淅 쌀일 12	惜 아낄 12	鉐 놋쇠 13	蜥 도마뱀 14	碩 클 14	腊 포 14
	奭 클 15	潟 개펄 16	褯 자리 16	蓆 자리 16	錫 주석 16	鼫 석서 18
	釋 풀 20				
선	屳 날 5	仙 신선 5	亘 베풀 6	先 먼저 6	宣 베풀 9

선	扇	洗	洒	旋	船
	부채 10	씻을 10	엄숙할 10	돌 11	배 11
珗	筅	琁	善	詵	跣
옥돌 11	솔 12	옥 12	착할 12	많을 13	맨발 13
渲	羨	尟	僊	愃	瑄
바림 13	부러워할 13	적을 13	춤출 13	쾌할 13	도리옥 14
銑	煽	嫙	綫	嬋	墡
무쇠 14	부채질할 14	예쁠 14	줄 14	고울 15	백토 15
腺	線	歚	敾	暶	璇
샘 15	줄 15	고을 16	기울 16	눈예쁠 16	옥 16
鮮	禪	璿	繕	蟬	膳
고울 17	선 17	구슬 18	기울 18	매미 18	선물 18
譔	選	鏇	璠	騸	鐥
가르칠 19	가릴 19	갈이틀 19	구슬 19	거세할 20	복자 20
譱	饍	癬	鱓	蘚	鱻
착할 20	반찬 21	옴 22	드렁허리 23	이끼 23	생선 33
설	舌	契	泄	屑	洩
	혀 6	사람이름 9	샐 9	가루 10	샐 10
紲	雪	偰	設	卨	高
고삐 11	눈 11	맑을 11	베풀 11	사람이름 11	사람이름 11

설	媟	楔	揲	渫	碟
	깔볼 12	문설주 13	셀 13	파낼 13	가죽다룰 14
說	稧	撳	暬	褻	韰
말씀 14	볏짚 14	없앨 15	설만할 15	더러울 17	향풀 17
爇	薛	齧			
불사를 19	성씨 19	물 21			
섬	剡	閃	睒	銛	陝
	땅이름 10	번쩍일 10	언뜻볼 13	가래 14	땅이름 15
掺	暹	憸	鐵	蟾	孅
잡을 15	햇살치밀 16	간사할 17	산부추 17	두꺼비 19	가늘 20
贍	譫	殲	纖		
넉넉할 20	헛소리 20	다죽일 21	가늘 23		
섭	涉	紗	葉	燮	聶
	건널 11	명주 14	땅이름 15	불꽃 17	소곤거릴 18
囁	欇	灄	攝	懾	躞
소곤거릴 21	첩섭 21	강이름 22	다스릴 22	두려워할 22	걸을 24
躡	鑷	顳			
밟을 25	족집게 26	관자놀이 27			
성	成	成	姓	星	省
	이룰 7	이룰 7	성씨 8	별 9	살필 9

성	性 성품 9	城 재 10	城 재 10	宬 서고 10	娍 아름다울 10
晟 밝을 11	晟 밝을 11	晠 밝을 11	胜 비릴 11	盛 성할 12	盛 성할 12
貹 재물 12	珹 옥이름 12	惺 깨달을 13	筬 바디 13	猩 성성이 13	聖 성인 13
聖 성인 13	瑆 옥빛 14	誠 정성 14	誠 정성 14	[illegible] 들을 15	腥 비릴 15
醒 깰 16	騂 붉은말 17	聲 소리 17			
세	世 인간 5	忕 익숙해질 7	[illegible] 계집 9	帨 수건 10	洗 씻을 10
洒 물뿌릴 10	細 가늘 11	涗 잿물 11	笹 조릿대 11	彗 비 11	稅 세금 12
貰 세낼 12	歲 해 13	蛻 허물 13	勢 형세 13	說 달랠 14	銴 구리녹 15
繐 가는베 18					
소	小 작을 3	少 적을 4	召 부를 5	卲 높을 7	佋 소개할 7

소	劭 힘쓸 7	所 바 8	泝 거슬러흐를 9	沼 못 9	昭 밝을 9
炤 밝을 9	咲 웃음 9	招 흔들릴 9	宵 밤 10	玿 옥 10	笑 웃음 10
素 흴 10	消 사라질 11	巢 새집 11	埽 쓸 11	梳 얼레빗 11	捎 없앨 11
紹 이을 11	甦 깨어날 12	邵 땅이름 12	疎 성길 12	疏 소통할 12	掃 쓸 12
酥 연유 12	愫 향할 12	訴 호소할 12	筱 가는대 13	蛸 갈거미 13	翛 날개찢길 13
嗉 모이주머니 13	塐 흙빛을 13	塑 흙빛을 13	溯 거스를 14	搔 긁을 14	逍 노닐 14
愫 정성 14	韶 풍류이름 14	愬 하소연 14	銷 녹일 15	箾 음악 15	樔 풀막 15
瘙 피부병 15	霄 하늘 15	嘯 휘파람불 15	衛 멈출 16	穌 깨어날 16	艘 배 16
燒 사를 16	膆 살찔 16	璑 옥돌 16	篠 조릿대 16	遡 거스를 17	繰 고치켤 17
魈 이매 17	蔬 나물 18	齀 소금 18	蕭 대쑥 18	鮹 물고기 18	簫 통소 18

소	翛 하늘 19	瀟 강이름 20	騷 떠들 20	蘇 되살아날 22	
속	束 묶을 7	俗 풍속 9	洬 비올 10	涑 헹굴 11	粟 조 12
	速 빠를 14	謖 일어날 17	遬 빠를 18	屬 무리 21	續 이을 21	贖 속죄할 22
손	孫 손자 10	飧 저녁밥 11	巽 부드러울 12	飡 저녁밥 12	損 덜 14
	蓀 향풀이름 16	遜 겸손할 17			
솔	乺 솔 9	帥 거느릴 9	率 거느릴 11	窣 갑자기 13	衛 거느릴 17
	蟀 귀뚜라미 17	達 멀 18			
송	宋 송나라 7	松 소나무 8	悚 두려울 11	訟 송사할 11	淞 강이름 12
	竦 공경할 12	送 보낼 13	頌 칭송할 13	誦 외울 14	憁 똑똑할 17	鬆 더벅머리 18
쇄	刷 인쇄할 8	殺 빠를 11	碎 부술 13	瑣 자잘할 15	鎖 쇠사슬 18

쇄	鎖 쇠사슬 18	灑 뿌릴 23	曬 쬘 23		
쇠	釗 쇠 10	衰 쇠할 10			
수	水 물 4	手 손 4	殳 창 4	囚 가둘 5	收 거둘 6
戍 수자리 6	守 지킬 6	寿 목숨 7	秀 빼어날 7	汙 헤엄칠 7	垂 드리울 8
受 받을 8	岫 산굴 8	峀 산굴 8	首 머리 9	帥 장수 9	泅 헤엄칠 9
叟 늙은이 10	殊 다를 10	修 닦을 10	洙 물가 10	祟 빌미 10	狩 사냥할 10
羞 부끄러울 11	袖 소매 11	售 팔 11	宿 별 11	晬 돌 12	須 모름지기 12
茱 수유 12	琇 옥돌 12	授 줄 12	酬 갚을 13	愁 근심 13	睟 바로볼 13
睢 부릅떠볼 13	竪 세울 13	廋 숨길 13	睡 졸음 13	綏 편안할 13	脩 포 13
嫂 형수 13	嗽 기침할 14	綬 끈 14	壽 목숨 14	溲 반죽할 14	粹 순수할 14

수	需	脺	銖	搜	銹
	쓰일 14	얼굴윤기 14	저울눈 14	찾을 14	녹슬 15
誰	竪	數	瞍	漱	瘦
누구 15	더벅머리 15	셈 15	소경 15	양치질할 15	여윌 15
穂	睟	樹	遂	蒐	輸
이삭 15	재물 15	나무 16	따를 16	모을 16	보낼 16
蓚	陲	膄	潊	燧	雖
수산 16	위태할 16	파리할 16	물이름 17	부싯돌 17	비록 17
隋	穗	瑈	繡	璲	髄
수나라 17	이삭 17	옥 18	수놓을 18	패옥 18	골수 19
颼	鷫	獸	饈	璹	隧
바람소리 19	새매 19	짐승 19	드릴 20	구슬 21	길 21
邃	藪	隨	籔	鬚	髓
깊을 21	늪 21	따를 21	휘 21	수염 22	뼛골 23
讎	讐				
원수 23	원수 23				
숙	夙	叔	倏	俶	婌
	이를 6	아저씨 8	갑자기 10	비롯할 10	궁녀 11
孰	宿	淑	肅	琡	塾
누구 11	잘 11	맑을 12	엄숙할 13	옥이름 13	글방 14

숙	菽 콩 14	熟 익을 15	潚 빠를 17	橚 줄지어설 17	儵 빠를 19
	璹 옥그릇 19	驌 말 23	鷫 신조 24			
순	旬 열흘 6	巡 순행할 7	恂 사귈 8	侚 재빠를 8	岣 깊숙할 9
	紃 끈 9	姁 다달을 9	徇 돌 9	盾 방패 9	眈 졸 9	栒 가름대 10
	胳 광대뼈 10	殉 따라죽을 10	純 순수할 10	恂 정성 10	洵 참으로 10	眴 깜작할 11
	珣 옥이름 11	焞 밝을 12	循 돌 12	淳 순박할 12	舜 순임금 12	順 순할 12
	筍 죽순 12	荀 풀이름 12	馴 길들일 13	楯 난간 13	詢 물을 13	脣 입술 13
	醇 진한술 15	諄 타이를 15	駒 말달릴 16	橓 무궁화 16	錞 사발종 16	瞬 깜짝일 17
	蒪 순채 17	蕣 무궁화 18	鶉 메추라기 19	鬊 헝클어질 19		
술	戌 개 6	坬 높을 8	絾 끈 11	術 재주 11	述 펼 12

술	鉥 돗바늘 13				
숭	崇 높을 11	崶 우뚝솟을 11	嵩 높은산 13	菘 배추 14	
쉬	倅 버금 10	淬 담금질할 12	焠 담금질할 12		
슬	虱 이 8	瑟 거문고 14	蝨 이 15	璱 헌구슬 16	膝 무릎 17
瑟 푸른구슬 18	繸 적청색 21				
습	拾 주울 10	習 익힐 11	慴 두려워할 15	褶 쐐기 15	褶 주름 17
濕 젖을 18	襲 엄습할 22	隰 진펄 22			
승	升 되 4	承 이을 5	丞 정승 6	丞 도울 8	昇 오를 8
承 이을 8	乘 탈 10	阩 오를 12	勝 이길 12	塍 밭두둑 13	滕 잉아 14
僧 중 14	陞 오를 15	階 오를 16	繩 노끈 19	蠅 파리 19	鬠 헝클머리 22

시	尸	示	市	矢	豕
	주검 3	보일 5	저자 5	화살 5	돼지 7
侍	始	兕	柿	柿	柿
모실 8	비로소 8	외뿔들소 8	감나무 9	감나무 9	감나무 9
泺	屎	枲	施	眂	柴
강이름 9	똥 9	모시풀 9	베풀 9	볼 9	섶 9
是	屍	翅	時	恃	豺
이 9	주검 9	날개 10	때 10	믿을 10	승냥이 10
偲	絁	豉	匙	視	啻
굳셀 11	깁 11	메주 11	숟가락 11	볼 12	분 12
猜	媤	弑	媞	愢	翄
시기할 12	시집 12	죽일 12	복 12	책선할 13	날개칠 13
詩	試	塒	翖	厮	褆
시 13	시험 13	홰 13	날개 14	하인 14	복 14
緦	嘶	廝	漦	漸	諰
시마볼 15	울 15	하인 15	흐를 15	다할 16	두려워할 16
蒔	諡	諟	蓍	鍉	顋
모종낼 16	시호 16	이 16	톱풀 16	열쇠 17	뺨 18
釃					
거를 26					

식	式 법 6	食 밥 9	息 쉴 10	拭 씻을 10	栻 점칠도구 10
	埴 찰흙 11	殖 불릴 12	植 심을 12	寔 이 12	媳 며느리 13	湜 물맑을 13
	軾 수레앞턱 13	飾 꾸밀 14	熄 불꺼질 14	箕 대밥통 15	蝕 좀먹을 15	識 알 19
신	申 거듭 5	臣 신하 6	囟 정수리 6	辰 때 7	辛 매울 7
	身 몸 7	汛 물뿌릴 7	伸 펼 7	侁 걷는모양 8	呻 읊조릴 8	姺 걸을 9
	信 믿을 9	哂 비웃을 9	矧 하물며 9	神 귀신 10	宸 대궐 10	訊 물을 10
	迅 빠를 10	娠 애밸 10	紳 띠 11	晨 새벽 11	新 새 13	脤 제육 13
	莘 족두리풀 13	蜃 큰조개 13	愼 삼갈 14	腎 콩팥 14	頤 볼 15	駪 말많을 16
	燼 불탄끝 18	薪 섶 19	璶 옥돌 19	蓋 조개풀 20	矘 전별할 21	
실	失 잃을 5	実 열매 8	室 집 9	悉 다 11	實 열매 14

실	蟋 귀뚜라미 17				
심	心 마음 4	沈 성씨 8	沁 스며들 8	甚 심할 9	芯 골풀 10
	深 깊을 12	尋 찾을 12	審 살필 15	葚 오디 15	潯 물가 16	燖 삶을 16
	諶 참 16	瀋 즙낼 19	鐔 날밀 20	鱏 심어 23		
십	什 열사람 4	十 열 10	拾 열 10		
쌍	双 두 4	雙 두 18			
씨	氏 각시 4				
아	丫 가장귀 3	牙 어금니 4	我 나 7	亜 버금 7	児 아이 7
	亞 버금 8	妸 아름다울 8	兒 아이 8	妿 여자스승 8	枒 야자나무 8	砑 갈 9
	俄 아까 9	峨 높을 10	峩 높을 10	笌 대순 10	疴 병 10	芽 싹 10

아	娥 예쁠 10	哦 읊조릴 10	娾 동서 11	迓 마중할 11	啞 벙어리 11
啊 사랑할 11	娿 아리따울 11	婀 아리따울 11	訝 의심할 11	椏 가장귀 12	雅 맑을 12
硪 바위 12	皒 흰빛 12	猗 아름다울 12	蛾 나방 13	衙 마을 13	莪 쑥 13
阿 언덕 13	鴉 갈까마귀 15	餓 주릴 16	錏 투구목 16	鵞 거위 18	鵝 거위 18
악	岳 큰산 8	咢 놀랄 9	偓 거리낄 11	鄂 위턱 11	堊 흰흙 11
喔 닭소리 12	惡 악할 12	幄 휘장 12	愕 놀랄 13	渥 두터울 13	握 쥘 13
萼 꽃받침 15	樂 노래 15	腭 잇몸 15	諤 곧은말할 16	鄂 나라이름 16	噩 놀랄 16
覨 오래볼 16	鍔 칼날 17	嶽 큰산 17	顎 턱 18	鶚 물수리 20	鰐 악어 20
齷 악착할 24	齶 잇몸 24				
안	安 편안 6	犴 들개 7	矸 깨끗한 8	岸 언덕 8	侒 편안 8

안	姲 종용할 9	按 누를 10	晏 늦을 10	桉 안석 10	案 책상 10
	姢 고울 11	眼 눈 11	雁 기러기 12	鴈 기러기 15	鞍 안장 15	鴈 뜰 16
	鮟 아귀 17	顔 낯 18	饐 배부를 19		
알	穵 구멍 6	軋 삐걱거릴 8	訐 들춰낼 10	揠 뽑을 13	斡 돌 14
	嘎 새소리 14	頞 콧마루 15	關 가로막을 16	過 막을 16	謁 뵐 16	鴶 뻐꾹새 17
암	岩 바위 8	唵 머금을 11	庵 암자 11	婠 머뭇거릴 12	嵓 바위 12
	啽 잠꼬대 12	晻 침침할 12	暗 어두울 13	菴 암자 14	腤 삶을 15	葊 풀이름 15
	頷 끄덕일 16	諳 욀 16	闇 숨을 17	癌 암 17	蓭 초막 17	馣 향기로울 17
	黯 어두울 21	巖 바위 23			
압	押 누를 9	狎 익숙할 9	鴨 오리 16	壓 누를 17	

앙	卬	央	仰	块	昂
	나 4	가운데 5	우러를 6	먼지 8	밝을 8
泱	昻	快	殃	盎	秧
끝없을 9	밝을 9	원망할 9	재앙 9	동이 10	모 10
鞅	鴦				
가슴걸이 14	원앙 16				
애	艾	厓	哀	娭	唉
	쑥 8	언덕 8	슬플 9	계집종 10	물을 10
埃	唗	焕	崖	崖	挨
티끌 10	물어뜯을 11	빛날 11	언덕 11	언덕 11	칠 11
欸	捱	涯	硋	睚	愛
한숨쉴 11	막을 12	물가 12	거리낄 13	눈초리 13	사랑 13
獃	磑	濭	賹	僾	皚
못생길 14	맷돌 15	물가 15	사람이름 15	어렴풋할 15	흴 15
噯	騃	曖	隘	曖	礙
숨 16	어리석을 17	희미할 17	좁을 18	흐릿할 18	거리낄 19
薆	藹	靄	靉		
숨길 19	우거질 22	아지랑이 24	구름낄 25		
액	厄	戹	呝	扼	掖
	액 4	좁을 5	닭소리 8	잡을 8	낄 12

액	阨	液	掖	腋	縊
	좁을 12	진 12	잡을 14	겨드랑이 14	목맬 16
額					
이마 18					

앵	娙	罃	嚶	罌	鶯
	예쁠 13	물독 16	새소리 20	양병 20	꾀꼬리 21
櫻	鸚				
앵두 21	앵무새 28				

야	也	冶	夜	耶	倻
	잇기 3	풀무 7	밤 8	어조사 9	가야 11
野	埜	若	揶	爺	捓
들 11	들 11	반야 11	야유할 11	아버지 13	야유할 13
椰	惹				
야자나무 13	이끌 13				

약	約	弱	若	葯	蒻
	맺을 9	약할 10	같을 11	꽃밥 15	구약나물 16
篛	龠	鶸	躍	爚	藥
대껍질 16	피리 17	댓닭 21	뛸 21	사를 21	약 21
禴	籥	鑰			
종묘제사 22	피리 23	자물쇠 25			

양	羊 양 6	佯 거짓 8	徉 노닐 9	昜 볕 9	炢 구울 10
恙 병 10	洋 큰바다 10	痒 가려울 11	眻 눈썹사이 11	椋 푸조나무 12	揚 날릴 13
楊 버들 13	敭 오를 13	煬 쬘 13	暘 해돋이 13	瘍 헐 14	養 기를 15
樣 모양 15	漾 출렁거릴 15	輰 치장수레 16	襄 도울 17	陽 볕 17	颺 날릴 18
瀁 내이름 19	癢 가려울 20	孃 아가씨 20	壤 흙덩이 20	攘 물리칠 21	瀼 이슬많을 21
禳 제사 22	穰 짚 22	蘘 양하 23	讓 사양할 24	釀 술빚을 24	鑲 거푸집속 25
驤 머리들 27					
어	於 어조사 8	圄 옥 10	御 거느릴 11	圉 마부 11	敔 막을 11
魚 물고기 11	唹 웃을 11	馭 말부릴 12	淤 진흙 12	飫 물릴 13	瘀 어혈질 13
語 말씀 14	漁 고기잡을 15	衛 그칠 16	禦 막을 16	齬 어긋날 22	

억	抑 누를 8	億 억 15	檍 감탕나무 17	憶 생각할 17	臆 가슴 19
繶 끈 19					
언	言 말씀 7	彦 선비 9	彦 선비 9	匽 엎드릴 9	偃 쓰러질 11
焉 어찌 11	堰 둑 12	傿 고을이름 13	嫣 아름다울 14	諺 언문 16	鄢 고을이름 18
鼴 두더지 22	鼹 두더지 23	讞 편의할 27			
얼	乻 땅이름 9	臬 말뚝 10	孼 서자 19	糵 누룩 22	蘖 그루터기 23
糱 누룩 23					
엄	广 집 3	奄 문득 8	俺 클 10	崦 산이름 11	掩 가릴 12
淹 담글 12	罨 그물 14	醃 절인채소 15	閹 내시 16	厳 엄할 17	龑 고명할 20
嚴 엄할 20	儼 엄연할 22	曮 해가돋 24			

업	業 업 13	嶪 산높을 16	嶪 험준할 16	鄴 땅이름 20	
에	恚 성낼 10	曀 음산할 16			
엔	円 화폐단위 4				
여	予 나 4	如 같을 6	余 나 7	汝 너 7	好 여관 7
	舁 마주들 10	念 잊을 11	茹 먹을 12	艅 배이름 13	與 더불 14	餘 남을 16
	輿 수레 17	歟 어조사 18	礜 돌이름 19	璵 옥 19	轝 수레 21	
역	亦 또 6	役 부릴 7	易 바꿀 8	疫 전염병 9	域 지경 11
	淢 빨리흐를 12	晹 해밝을 12	逆 거스릴 13	閾 문지방 16	嶧 산이름 16	懌 기뻐할 17
	繹 풀 19	譯 번역할 20	驛 역 23			
연	均 고를 7	妍 고울 7	延 늘일 7	困 못 7	沇 강이름 8

연	兗 바를 8	姸 고울 9	衍 넓을 9	沿 물따라갈 9	兗 바를 9
娟 예쁠 9	埏 땅끝 10	娫 빛날 10	烟 연기 10	娟 예쁠 10	宴 잔치 10
研 갈 11	挺 늘일 11	捐 버릴 11	硯 벼루 11	悁 성낼 11	涓 시내 11
軟 연할 11	涎 침 11	然 그럴 12	淵 못 12	淵 못 12	硯 벼루 12
堧 빈터 12	鉛 납 13	筵 대자리 13	掾 도울 13	渷 물이름 13	莚 뻗을 13
椽 서까래 13	煙 연기 13	鳶 솔개 14	瑌 옥돌 14	蜎 웅숭깊을 14	燃 성씨 15
緣 인연 15	演 펼 15	戭 창 15	輭 연할 16	燕 제비 16	燃 탈 16
縯 길 17	櫞 레몬 19	嚥 삼킬 19	嬿 아름다울 19	瓀 옥돌 19	蠕 꿈틀거릴 20
曣 청명할 20	臙 목 22	醼 잔치 23	讌 잔치 23		
열	咽 목멜 9	悅 기쁠 11	說 기뻐할 14	熱 더울 15	噎 목맬 15

열	閱	澄			
	볼 15	물흐를 16			
염	冉	炎	染	冄	焰
	나아갈 5	불꽃 8	물들 9	풀우거질 11	불꽃 12
	焱	琰	髯	厭	閻	懕
	빗장 12	옥 13	구레나룻 14	싫어할 14	마을 16	편안할 18
	檿	艶	饜	魘	艷	鹽
	산뽕나무 18	고울 19	물릴 23	가위눌릴 24	고울 24	소금 24
	黶	灩				
	검정사마귀 26	물결 32				
엽	爍	葉	曅	曄	燁
	이글거릴 14	잎 15	빛날 16	빛날 16	빛날 16
	爗	靨				
	빛날 20	보조개 23				
영	永	咏	栐	映	栄
	길 5	읊을 8	나무이름 9	비칠 9	영화 9
	盈	泳	英	迎	浧	睲
	찰 9	헤엄칠 9	꽃부리 11	맞을 11	물흐를 11	바로볼 12
	荣	詠	楹	朕	塋	渶
	꽃 12	읊을 12	기둥 13	달빛 13	무덤 13	물맑을 13

영	暎 비칠 13	煐 빛날 13	郢 땅이름 14	碤 무늬돌 14	榮 영화 14
瑛 옥빛 14	潁 강이름 15	影 그림자 15	瑩 밝을 15	縈 얽힐 16	穎 이삭 16
嬴 찰 16	嶸 가파를 17	營 경영할 17	鍈 방울소리 17	嬰 어린아이 17	霙 진눈깨비 17
濚 물흐를 18	濴 물흐를 18	韺 풍류이름 18	瀛 바다 20	蠑 영원 20	贏 이익남을 20
㦽 지킬 21	瀯 물흐를 21	瓔 옥돌 22	癭 혹 22	纓 갓끈 23	
예	乂 벨 2	刈 벨 4	曳 끌 6	兒 아이 8	艾 쑥 8
汭 물굽이 8	枘 장부 8	帠 법 9	羿 사람이름 9	拽 끌 10	芮 성씨 10
倪 어린이 10	玴 옥돌 10	蚋 파리매 10	芸 재주 10	堄 성가퀴 11	埶 재주 11
淣 물가 12	㕟 밝을 12	掜 비길 12	猊 사자 12	預 맡길 13	詣 이를 13
裔 후손 13	睨 흘겨볼 13	蜺 무지개 14	睿 슬기 14	嫛 유순할 14	嫕 유순할 14

예	郳 나라이름 15	銳 날카로울 15	藝 재주 15	劈 쪼갤 15	瘱 고요할 16
橤 꽃술 16	瞖 눈백태낄 16	霓 무지개 16	豫 미리 16	叡 밝을 16	獩 민족이름 17
蓺 심을 17	翳 일산 17	濊 종족이름 17	緊 창전대 17	蕊 꽃술 18	穢 더러울 18
鼛 소리 19	薉 거친풀 19	鯢 도룡뇽 19	叡 밝을 19	麑 사자 19	譽 기릴 21
藝 재주 21	鷖 갈매기 22	蘂 꽃술 22	囈 잠꼬대 22		
오	午 낮 4	五 다섯 5	伍 다섯사람 6	仵 짝 6	圬 흙손 6
吾 나 7	汙 더러울 7	汚 더러울 7	吳 성씨 7	忤 거스를 8	旿 밝을 8
俣 갈래질 9	悟 맞이할 9	迂 굽을 10	唔 글읽을 10	烏 까마귀 10	娛 즐길 10
浯 강이름 11	敖 거만할 11	悟 깨달을 11	捂 닿을 11	迕 만날 11	梧 오동나무 11
晤 총명할 11	惡 미워할 12	珸 옥돌 12	傲 거만할 13	奧 깊을 13	塢 둑 13

오	篾	嗚	蜈	菓	獒
	버들고리 13	슬플 13	지네 13	풀이름 13	교만할 14
誤	嗷	寤	獒	傲	熬
그르칠 14	시끄러울 14	잠깰 14	개 15	교만할 15	볶을 15
噁	墺	竈	澳	聱	懊
성낼 15	물가 16	부엌 16	깊을 17	말듣지않을 17	한할 17
燠	遨	謷	麌	鰲	襖
불 17	놀 18	헐뜯을 18	무찌를 19	번철 19	웃옷 19
鼯	顤	隩	驁	鰲	鼇
날다람쥐 20	높을 20	굽이 21	준마 21	자라 22	자라 24
옥	玉	沃	屋	鈺	獄
	구슬 5	기름질 8	집 9	보배 13	옥 14
온	昷	昷	媪	媼	榲
	어질 9	어질 10	할미 12	할미 13	기둥 14
氳	溫	慍	熅	穩	穏
기운성할 14	따뜻할 14	성낼 14	숯불 14	편안할 14	벼 15
瑥	瘟	縕	醞	輼	餫
사람이름 15	염병 15	헌솜 16	빚을 17	와거 17	배부를 19
韞	薀	穩	醖	蘊	
감출 19	붕어마름 19	편안할 19	향기로울 19	쌓을 22	

올	兀	杌	嗢	膃	
	우뚝할 3	그루터기 7	목메일 13	살찔 16	
옹	瓮	禺	翁	邕	喁
	독 9	원숭이 9	늙은이 10	막힐 10	화답할 12
雍	滃	螉	壅	擁	顒
화할 13	구름일 14	동 16	막을 16	낄 17	공경할 18
甕	癰	鶲	罋	廱	饔
독 18	악창 18	할미새 18	두레박 19	화락할 21	아침밥 22
癰					
악창 23					
와	瓦	囲	臥	枙	哇
	기와 5	후림새 7	누울 8	옹이 8	토할 9
窊	洼	訛	媧	蛙	猧
우묵할 10	웅덩이 10	그릇될 11	정숙할 11	개구리 12	발바리 13
渦	窩	窪	蝸	萵	譌
소용돌이 13	움집 14	웅덩이 14	달팽이 15	상추 15	거짓말 19
완	刓	岏	完	妧	抏
	깎을 6	가파를 7	완전할 7	좋을 7	꺾을 8
宛	忨	杬	玩	垸	盌
완연할 8	탐할 8	어루만질 8	희롱할 9	바를 10	주발 10

완	梡 도마 11	浣 빨 11	婉 순할 11	婠 품성좋을 11	涴 물굽이칠 12
	阮 성씨 12	琓 옥이름 12	椀 주발 12	惋 한탄할 12	脘 밥통 13	碗 사발 13
	頑 완고할 13	莞 왕골 13	琬 홀 13	腕 팔뚝 14	緩 느릴 15	豌 완두 15
	翫 희롱할 15	鋔 주발 16				
왈	曰 가로 4				
왕	王 임금 5	往 갈 8	枉 굽을 8	汪 넓을 8	旺 왕성할 8
	迬 갈 12	瀇 물깊고넓을 19			
왜	歪 기울 9	娃 예쁠 9	倭 왜나라 10	媧 사람이름 12	矮 난쟁이 13
외	外 바깥 5	畏 두려워할 9	偎 어렴풋할 11	嵬 높을 12	崴 산이름 12
	嵔 높을 13	煨 불씨 13	猥 외람할 13	渨 잠길 13	碨 돌모양 14	磈 높고험할 15

외	瞶	隗	巍		
	배냇귀머리 18	험할 18	높고클 21		
요	幺	夭	凹	妖	殀
	작을 3	요절할 4	오목할 5	요사할 7	요절할 8
	坳	突	姚	要	拗	祅
	팬곳 8	깊을 9	예쁠 9	요긴할 9	우길 9	재앙 9
	窈	宎	偠	喓	堯	徭
	고요할 10	움펑눈 10	낭창거릴 11	벌레소리 12	요임금 12	구실 13
	僥	暚	搖	窯	嶢	墝
	요행 14	햇빛 14	흔들 14	기와가마 15	높을 15	메마른땅 15
	嬈	瑤	樂	腰	徼	橈
	아리따울 15	옥 15	좋아할 15	허리 15	구할 16	굽을 16
	澆	謠	遙	繇	繞	曜
	물댈 16	노래 17	멀 17	역사 17	두를 18	빛날 18
	燿	蟯	蕘	遠	擾	邀
	빛날 18	요충 18	풋나무 18	두를 19	시끄러울 19	맞을 20
	耀	饒	鷂			
	빛날 20	넉넉할 21	익더귀 21			
욕	辱	浴	欲	溽	慾
	욕될 10	목욕할 11	탐낼 11	무더울 14	욕심 15

욕	蓐	縟	褥		
	깔개 16	꾸밀 16	요 16		
용	冗	用	宂	甬	勇
	쓸데없을 4	쓸 5	쓸데없을 5	길 7	날랠 9
	俑	彧	埇	容	庸	涌
	목우 9	사나울 10	길돋울 10	얼굴 10	떳떳할 11	물솟을 11
	舂	硧	傛	茸	湧	蛹
	찧을 11	숫돌 12	익숙할 12	풀날 12	물솟을 13	번데기 13
	嵱	傭	慂	墉	踊	溶
	산이름 13	품팔 13	권할 14	담 14	뛸 14	물질펀할 14
	榕	熔	慵	槦	瑢	傛
	보리수 14	쇠녹일 14	게으를 15	나무이름 15	옥소리 15	천치창 15
	踴	蓉	聳	鎔	鏞	
	뛸 16	연꽃 16	솟을 17	쇠녹일 18	쇠북 19	
우	又	于	尤	友	牛
	또 2	어조사 3	더욱 4	벗 4	소 4
	右	羽	圩	宇	吁	扜
	오른쪽 5	깃 6	오목할 6	집 6	탄식할 6	당길 7
	佑	宋	杅	旴	雨	盂
	도울 7	비 7	잔 7	클 7	비 8	사발 8

우	玗	旴	紆	疣	禹
	옥돌 8	쳐다볼 8	굽을 9	사마귀 9	성씨 9
	芋	竽	俁	邘	祐	迂
	토란 9	피리 9	클 9	땅이름 10	복 10	에돌 10
	雩	盂	偶	釪	俣	霙
	기우제 11	소용돌이모양 11	짝 11	창고달 11	혼자걸을 11	날 12
	堣	庽	寓	嵎	愚	麀
	모퉁이 12	부칠 12	부칠 12	산모퉁이 12	기쁠 13	암사슴 13
	愚	虞	霌	褕	瑀	慪
	어리석을 13	염려할 13	물소리 14	복 14	패옥 14	공경할 15
	憂	郵	耦	遇	踽	鍝
	근심 15	우편 15	짝 15	만날 16	홀로갈 16	귀고리 17
	優	隅	燠	譃	麌	穮
	넉넉할 17	모퉁이 17	위로할 17	망령될말 18	큰사슴 18	씨덮을 21
	藕	齲				
	연뿌리 21	충치 24				
욱	旭	昱	彧	栯	勖
		아침해 6	햇빛밝을 9	문채 10	산앵두 10	힘쓸 11
	煜	項	稶	郁	稢	馼
	빛날 13	삼갈 13	서직무성할 13	성할 13	서직무성할 15	빠를 16

욱	燠 따뜻할 17				
운	云 이를 4	会 높을 7	沄 돌아흐를 8	耘 김맬 10	紜 어지러울 10
芸 평지 10	員 수효 10	雲 구름 12	惲 도타울 13	暈 어지러울 13	韵 운 13
煩 노란모양 14	殞 죽을 14	賓 떨어질 15	橒 나무무늬 16	賱 넉넉할 16	運 옮길 16
篔 왕대 16	澐 큰물결 16	鄖 땅이름 17	霣 떨어질 18	隕 떨어질 18	簺 왕대 18
蕓 평지 18	顅 울릴 19	韻 운 19			
울	圭 이름 4	菀 무성할 14	蔚 고을이름 17	鬱 답답할 29	
웅	雄 수컷 12	熊 곰 14			
원	元 으뜸 4	沅 강이름 8	杬 나무이름 8	垣 낮은담 9	負 수효 9
怨 원망할 9	爰 이에 9	笎 대무늬 10	洹 물이름 10	袁 성씨 10	原 언덕 10

원	冤 원통할 10	員 인원 10	惋 즐거울 10	芫 팥꽃나무 10	肒 희미할 10
	婉 순할 11	苑 나라동산 11	寃 원통할 11	阮 나라이름 12	媛 여자 12	榞 느티나무 13
	援 도울 13	園 동산 13	圓 둥글 13	嫄 사람이름 13	猨 원숭이 13	湲 흐를 13
	瑗 구슬 14	蜿 굼틀거릴 14	源 근원 14	猿 원숭이 14	愿 정성 14	院 집 15
	褑 패옥띠 15	鴛 원앙 16	鋺 저울판 16	轅 끌채 17	遠 멀 17	黿 자라 17
	謜 천천히말할 17	薗 동산 19	蒝 원추리 19	願 원할 19	騵 배흰말 20	邍 넓은들 23
월	月 달 4	刖 벨 6	越 넘을 12	粤 어조사 12	鉞 도끼 13
위	危 위태할 6	位 자리 7	委 맡길 8	韋 가죽다룰 9	威 위엄 9
	胃 밥통 11	尉 벼슬 11	偉 클 11	圍 에워쌀 12	爲 하 12	喟 한숨 12
	幃 휘장 12	骫 굽을 13	渭 물이름 13	痿 저릴 13	暐 햇빛 13	僞 거짓 14

위	萎 시들 14	瑋 옥 14	葦 갈대 15	蝟 고슴도치 15	逶 구불구불갈 15
葳 무성할 15	諉 번거로울 15	緯 씨 15	褘 아름다울 15	慰 위로할 15	衛 지킬 15
熨 찜질할 15	違 어긋날 16	謂 이를 16	衞 지킬 16	闈 대궐문 17	餧 먹일 17
魏 나라이름 18	韙 바를 18	蔿 애기풀 18	韡 활짝필 21		
유	尢 머뭇거릴 4	由 말미암을 5	幼 어릴 5	有 있을 6	酉 닭 7
攸 바 7	侑 도울 8	呦 울 8	乳 젖 8	兪 대답할 9	俞 대답할 9
幽 그윽할 9	油 기름 9	宥 너그러울 9	囿 동산 9	柔 부드러울 9	柚 유자 9
臾 잠깐 9	泑 잿물 9	姷 짝 9	洧 강이름 10	铀 무성할 10	聏 고유할 11
蚰 그리마 11	蚴 꿈틀거릴 11	悠 멀 11	婑 아리따울 11	唯 오직 11	帷 휘장 11
庾 곳집 12	釉 광택 12	喩 깨우칠 12	惟 생각할 12	貁 열매많을 12	蕕 강아지풀 13

유	渢 깊을 13	猷 꾀 13	愈 나을 13	裕 넉넉할 13	楡 느릅나무 13
渂 물이름 13	揄 야유할 13	猶 오히려 13	瑈 옥돌 13	楢 졸참나무 13	揉 주무를 13
愉 즐거울 13	游 헤엄칠 13	需 구할 14	綏 갓끈 14	瘐 근심앓이 14	誘 꾈 14
維 벼리 14	瘉 병나을 14	瑜 옥 14	瑈 옥이름 14	逌 웃을 14	窬 협문 14
褕 고울 15	蝤 나무굼벵이 15	牖 들창 15	窳 비뚤어질 15	糅 섞을 15	萸 수유 15
腴 배살찔 15	踰 넘을 16	逾 넘을 16	遊 놀 16	蹂 밟을 16	儒 선비 16
諛 아첨할 16	諭 타이를 16	黝 검푸를 17	鍮 놋쇠 17	鮪 다랑어 17	孺 젖먹이 17
曘 햇빛 18	蕕 누린내풀 18	鞣 다룬가죽 18	蕤 드리워질 18	癒 병나을 18	濡 적실 18
鼬 족제비 18	遺 남길 19	壝 제단 19	讟 성낼 23	籲 부를 26	籲 부를 32
육	肉 고기 6	育 기를 10	堉 기름진땅 11	毓 기를 14	儥 팔 17

윤	允 맏 4	尹 성씨 4	沇 흐를 8	昀 햇빛 8	玧 구슬 9
	胤 자손 11	徹 자손 11	阭 높을 12	鈗 병기 12	閏 윤달 12	芶 연뿌리 13
	閠 윤달 13	斎 물깊을 14	鋆 금 15	閨 윤달 15	橍 나무이름 16	潤 윤택할 16
	贇 예쁠 18				
율	聿 붓 6	汨 흐를 8	矞 송곳질할 12	颭 바람 13	建 걸어가는모양 13
	潏 강이름 16	燏 빛날 16	駜 빨리날 16		
융	戎 병장기 6	狨 원숭이 10	絨 가는베 12	融 녹을 16	瀜 물깊을 20
은	圻 지경 7	听 웃을 7	垠 지경 9	嚚 논쟁할 10	泿 물가 10
	圁 물이름 10	殷 성할 10	垽 앙금 10	恩 은혜 10	珢 옥돌 11	狺 으르렁댈 11
	訢 화평할 11	憖 괴로워할 14	漗 물소리 14	溵 물흐를 14	銀 은 14	㺚 사람이름 15

은	誾	億	憗	菣	蒽
	온화할 15	기댈 16	억지로 16	풀빛푸를 16	풀이름 16
	隱	嶾	溵	鄞	檼	誾
	도지개 17	산높을 17	강이름 18	땅이름 18	마룻대 18	어리석을 18
	誾	齗	癮	隱	蒽	齦
	화평할 19	잇몸 19	두드러기 22	숨을 22	나물이름 23	이빨 27
을	乙	圪	鳦		
	새 1	흙우뚝할 6	제비 12		
음	吟	音	崟	喑	淫
	읊을 7	소리 9	험준할 11	벙어리 12	음란할 12
	飮	愔	廕	陰	蔭	霪
	마실 13	조용할 13	덮을 14	그늘 16	그늘 17	장마 19
	馨				
	화할 20				
읍	邑	泣	悒	挹	浥
	고을 7	울 9	근심할 11	뜰 11	젖을 11
	揖				
	읍할 13				
응	凝	應	膺	矐	鷹
	엉길 16	응할 17	가슴 19	볼 22	매 24

의	衣 옷 6	矣 어조사 7	宜 마땅 8	依 의지할 8	妷 여자옷 9
倚 의지할 10	欹 감탄할 12	凒 눈서리 12	猗 아름다울 12	椅 의자 12	意 뜻 13
義 옳을 13	疑 의심할 14	儀 거동 15	毅 굳셀 15	漪 물놀이 15	誼 옳을 15
螘 개미 16	儗 의심할 16	劓 코벨 16	嶷 산이름 17	礒 돌모양 18	擬 비길 18
醫 의원 18	蟻 개미 19	艤 배댈 19	薏 율무 19	議 의논할 20	饐 쉴 21
懿 아름다울 22					

이	二 두 2	已 이미 3	尔 너 5	以 써 5	耳 귀 6
弛 늦출 6	而 말이을 6	夷 오랑캐 6	伊 저 6	杝 피나무 7	佴 버금 8
易 쉬울 8	隶 이를 8	怡 기쁠 9	咿 선웃음칠 9	㕹 아름다울 9	姞 여자이름 9
姨 이모 9	栭 목이 10	珆 옥돌 10	訑 으쓱할 10	洟 콧물 10	珥 귀고리 11

이	異	瘃	移	苡	貽
	다를 11	상처 11	옮길 11	질경이 11	끼칠 12
	羨	貳	羑	迤	胅	媐
	넓을 12	두 12	벨 12	비스듬할 12	힘줄질길 12	기쁠 13
	肄	廙	爾	飴	頤	彛
	익힐 13	공경할 14	너 14	엿 14	턱 15	떳떳할 16
	鳦	彝	邇			
	제비 17	떳떳할 18	가까울 21			
익	弋	益	翊	翋	熤
	주살 3	더할 10	다음날 11	도울 11	사람이름 15
	謚	翼	瀷	鷊		
	웃을 17	날개 17	강이름 21	새이름 21		
인	人	儿	刃	引	仁
	사람 2	사람 2	칼날 3	끌 4	어질 4
	仞	印	忈	因	忎	汈
	길 5	도장 6	어질 6	인할 6	어질 7	젖어붙을 7
	牣	忍	咽	姻	氤	茵
	찰 7	참을 7	목구멍 9	혼인 9	기운어릴 10	씨 10
	洇	蚓	寅	稇	婣	絪
	잠길 10	지렁이 10	범 11	벼꽃 11	혼인 11	기운 12

인	堙 막을 12	裀 요 12	茵 자리 12	靭 질길 12	靷 질길 12
靭 가슴걸이 13	湮 묻힐 13	㓞 작은북 14	鞇 작은북 14	認 알 14	禋 제사지낼 14
夤 조심할 14	戭 창 15	諲 공경할 16	璌 사람이름 16	臏 고기 17	濥 물줄기 18
일	一 한 1	日 날 4	劮 기쁠 7	佚 편안할 7	佾 줄춤 8
泆 끓을 9	逸 편안할 10	軼 번갈아 12	壹 한 12	溢 넘칠 14	馹 역말 14
逸 편안할 15	鎰 무게이름 18				
임	壬 북방 4	任 맡길 6	妊 애밸 7	姙 애밸 9	恁 생각할 10
衽 옷깃 10	註 생각할 11	荏 들깨 12	絍 짤 12	誑 말할 13	稔 여물 13
餁 익힐 13	賃 품삯 13	銋 젖을 14			
입	入 들 2	卄 스물 3	廿 스물 4		

잉	仍 인할 4	孕 애밸 5	芿 새풀싹 10	剩 남을 12	縢 보낼 13
자	子 아들 3	仔 자세할 5	字 글자 6	自 스스로 6	孖 쌍둥이 6
孜 힘쓸 7	炙 구울 8	呰 구차할 8	秄 북돋울 8	姉 손위누이 8	姊 손위누이 8
刺 찌를 8	泚 강이름 9	蚅 며루 9	姿 모양 9	咨 물을 9	耔 북돋을 9
柘 산뽕나무 9	者 놈 10	恣 마음대로 10	兹 사랑 10	牸 암컷 10	疵 허물 10
眥 흘길 10	眦 흘길 10	瓷 사기그릇 11	紫 자주빛 11	茈 자치 11	胾 고기점 12
粢 기장 12	玆 무성할 12	貲 재물 12	茨 지붕일 12	觜 털불 12	訾 헐뜯을 12
孳 부지런할 13	煮 삶을 13	雌 암컷 13	資 재물 13	滋 불을 14	慈 사랑 14
莿 풀가지 14	磁 자석 15	髭 코밑수염 15	褯 자리 16	諮 물을 16	赭 붉은흙 16
鮓 젓 16	嬺 너그러울 16	蔗 사탕수수 17	顡 코밑수염 17	鎡 호미 18	藉 깔 20

자	鷀 가마우지 21	鷓 자고 22			
작	勺 구기 3	灼 불사를 7	汋 삶을 7	犳 아롱짐승 7	作 지을 7
	岝 산높을 8	柞 나무이름 9	斫 벨 9	怍 부끄러울 9	昨 어제 9	炸 터질 9
	芍 함박꽃 9	酌 술부을 10	雀 참새 11	鳥 까치 12	焯 밝을 12	碏 삼갈 13
	斮 쪼갤 13	綽 너그러울 14	爵 벼슬 18	鵲 까치 19	嚼 씹을 21	
잔	剗 깎을 10	棧 사다리 12	孱 잔약할 12	殘 잔인할 12	盞 잔 13
	潺 졸졸흐를 16	驏 안장없는말 22			
잠	岑 봉우리 7	涔 괸물 11	箴 경계 15	暫 잠깐 15	潛 잠길 16
	潜 잠길 16	簪 비녀 18	蠶 누에 24		
잡	卡 낄 5	眨 애꾸눈 10	磼 산높을 17	襍 섞일 18	雜 섞일 18

잡	囃 장단잡을 21				
장	丈 어른 3	仗 의장 5	庄 씩씩할 6	匠 장인 6	壯 장할 6
妝 꾸밀 7	壯 장할 7	杖 지팡이 7	長 길 8	狀 문서 8	戕 죽일 8
胖 숫양 10	牂 암양 10	将 장수 10	奘 클 10	章 글 11	張 베풀 11
帳 장막 11	將 장수 11	粧 단장할 12	場 마당 12	掌 손바닥 12	裝 꾸밀 13
偉 놀랄 13	莊 씩씩할 13	嶂 가파른산 14	萇 나무이름 14	奬 장려할 14	臧 착할 14
獎 권면할 15	獐 노루 15	樟 녹나무 15	漳 물이름 15	暲 밝을 15	葬 장사지낼 15
漿 즙 15	腸 창자 15	嫱 궁녀 16	廧 담 16	墻 담 16	瘴 장기병 16
璋 홀 16	糚 꾸밀 17	牆 담 17	檣 돛대 17	餦 산자 17	蔣 줄 17
鄣 나라이름 18	醬 장 18	鏘 금옥소리 19	障 막을 19	薔 장미 19	藏 감출 20

장	贓	麞	欌	臟	
	장물 21	노루 22	장롱 22	오장 24	
재	才	再	在	扗	材
	재주 4	두 6	있을 6	있을 7	재목 7
	灾	災	哉	梥	栽	財
	재앙 7	재앙 7	어조사 9	재계할 9	심을 10	재물 10
	宰	梓	捚	裁	崽	溨
	재상 10	가래나무 11	받을 11	마를 12	자식 12	맑을 13
	載	榟	滓	渽	縡	賊
	실을 13	가래나무 14	찌꺼기 14	물이름 14	일 16	재물 16
	齋	齎	纔			
	재계할 17	가져올 21	겨우 23			
쟁	爭	崢	狰	琤	筝
	다툴 8	가파를 11	짐승이름 12	옥소리 13	쟁 14
	諍	錚	鎗			
	간할 15	쇳소리 16	종소리 18			
저	氐	宁	低	佇	杵
	근본 5	쌓을 5	낮을 7	우두커니 7	공이 8
	姐	岨	底	杼	咀	牴
	누이 8	돌산 8	밑 8	북 8	씹을 8	닿을 9

ㅈ

저	沮	抵	柢	狙	疽
	막을 9	막을 9	뿌리 9	원숭이 9	등창 10
蛆	罝	紵	苧	苴	袛
구더기 11	그물 11	모시 11	모시풀 11	삼 11	속적삼 11
羝	詆	觝	貯	詛	邸
숫양 11	꾸짖을 12	닥뜨릴 12	쌓을 12	저주할 12	집 12
楮	猪	渚	雎	菹	這
닥나무 13	돼지 13	물가 13	물수리 13	김치 14	이 14
樗	著	褚	箸	潴	陼
가죽나무 15	나타날 15	솜옷 15	젓가락 15	웅덩이 16	삼각주 17
儲	躇	齟	瀦	藷	
쌀 18	머뭇거릴 20	어긋날 20	웅덩이 20	감자 22	
적	吊	赤	的	炙	狄
	조상할 6	붉을 7	과녁 8	구울 8	오랑캐 8
寂	笛	迪	勣	賊	荻
고요할 11	피리 11	나아갈 12	공적 13	도둑 13	물억새 13
跡	馰	迹	翟	逖	蒩
발자취 13	별박이 13	자취 13	꿩 14	멀 14	연밥 14
嫡	敵	摘	滴	樀	磧
정실 14	대적할 15	딸 15	물방울 15	처마 15	서덜 16

적	積	績	謫	適	蹟
	쌓을 16	길쌈할 17	귀양갈 18	맞을 18	자취 18
鏑	籍	覿	糴		
화살촉 19	문서 20	볼 22	쌀살 22		
전	田	全	甸	佃	吮
	밭 5	온전 6	경기 7	밭갈 7	빨 7
届	典	佺	畋	前	畑
구멍 8	법 8	신선이름 8	밭갈 9	앞 9	화전 9
旃	栴	栓	展	悛	痊
기 10	단향목 10	마개 10	펼 10	고칠 11	병낫을 11
專	剪	牋	奠	飦	筌
오로지 11	자를 11	장계 12	정할 12	죽 12	통발 12
荃	琠	煎	塡	電	鈿
향초 12	귀막이 13	달일 13	메울 13	번개 13	비녀 13
輇	詮	湔	揃	殿	傳
상여 13	설명할 13	씻을 13	자를 13	전각 13	전할 13
雋	箋	腆	戩	塼	銓
살찐고기 13	기록할 14	두터울 14	멸할 14	벽돌 14	사람가릴 14
嫥	廛	鋑	翦	篆	箭
아름다울 14	가게 15	새길 15	자를 15	전자 15	화살 15

전	錢	甎	磚	靦	鈊
	돈 16	벽돌 16	벽돌 16	부끄러울 16	쇠 16
	戰	靛	輾	氈	澶	餞
	싸움 16	청대 16	돌아누울 17	모전 17	물흐를 17	보낼 17
	澱	膞	轉	癜	顓	餰
	앙금 17	저민고기 17	구를 18	어루러기 18	오로지 18	죽 18
	羶	鬋	顚	遄	鐫	纏
	누린내 19	살늘어질 19	엎드러질 19	머뭇거릴 20	새길 21	얽을 21
	囀	廛	躔	箋	顫	巓
	지저귈 21	가게 22	궤도 22	대이름 22	떨 22	산꼭대기 22
	癲	鸇	鱣			
	미칠 24	새매 24	철갑상어 24			
절	切	岊	折	浙	晢
	끊을 4	산모퉁이 7	꺾을 8	강이름 11	밝을 11
	絕	絶	截	節	癤	竊
	끊을 12	끊을 12	끊을 14	마디 15	부스럼 20	훔칠 22
점	占	佔	店	岾	点
	점칠 5	볼 7	가게 8	땅이름 8	점 8
	点	玷	粘	蛅	苫	笘
	점 9	이지러질 10	붙을 11	쐐기 11	이엉 11	회초리 11

점	覘	颱	墊	漸	鮎
	엿볼 12	물결일 14	빠질 14	적실 15	메기 16
霑	薪	點	黏	簟	
젖을 16	쌀 17	점 17	찰질 17	삿자리 18	
접	跕	接	椄	楪	蜨
	밟을 12	이을 12	접붙일 12	평상 13	나비 14
蝶	摺	蹀	鰈		
나비 15	접을 15	밟을 16	가자미 20		
정	丁	井	正	叮	灯
	장정 2	우물 4	바를 5	정성스러울 5	등잔 6
汀	打	呈	町	姘	玎
물가 6	칠 6	드릴 7	밭두둑 7	엄전할 7	옥소리 7
廷	疔	佂	姃	政	定
조정 7	헌데 7	황급할 7	단정할 8	정사 8	정할 8
征	貞	侹	怔	訂	炡
칠 8	곧을 9	긴모양 9	두려워할 9	바로잡을 9	빛날 9
柾	酊	亭	穽	庭	釘
사람이름 9	술취할 9	정자 9	함정 9	뜰 10	못 10
眐	彭	朜	涏	旌	程
바라볼 10	꾸밀 11	새이름 11	곧을 11	기 11	기둥 11

정	婧 날씬할 11	梃 막대기 11	停 머무를 11	埩 밭갈 11	挺 빼어날 11
偵 염탐할 11	頂 정수리 11	証 간할 12	幀 그림족자 12	程 길 12	淨 깨끗할 12
掟 둘러칠 12	情 뜻 12	晶 맑을 12	棖 문설주 12	淀 얕은물 12	婷 예쁠 12
珽 옥이름 12	珵 패옥 12	晸 해뜰 12	綎 가죽띠 13	楨 광나무 13	莛 꾸리대 13
睛 눈동자 13	碇 닻 13	淳 물괼 13	湞 물이름 13	艇 배 13	鼎 솥 13
莛 줄기 13	鉦 징소리 13	靖 편안할 13	靘 검푸른빛 14	静 고요할 14	禎 상서로울 14
酲 숙취 14	精 정할 14	靚 단장할 15	鋌 쇳덩이 15	霆 천둥소리 15	鋥 칼날세울 15
整 가지런할 16	靜 고요할 16	頲 곧을 16	錠 덩이 16	遉 엿볼 16	諪 조정할 16
頹 시기할 17	檉 위성류 17	鄭 나라 19	瀞 깨끗할 20		
제	弟 아우 7	制 절제할 8	妋 예쁠 9	帝 임금 9	娣 여동생 10

제	晢 반짝일 11	悌 공손할 11	梯 사다리 11	祭 제사 11	儕 준걸 11
	第 차례 11	濟 건널 12	稊 돌피 12	堤 둑 12	猘 미친개 12	媞 안존할 12
	啼 울 12	睇 흘끗볼 12	提 끌 13	齊 가지런할 14	瑅 옥이름 14	製 지을 14
	禔 편안할 14	除 덜 15	緹 붉은비단 15	蹄 굽 16	醍 맑은술 16	諸 모두 16
	儕 무리 16	劑 약제 16	踶 찰 16	蹏 굽 17	隄 둑 17	鮧 메기 17
	鍗 큰가마 17	濟 건널 18	擠 밀 18	題 제목 18	際 즈음 19	蠐 회 19
	薺 냉이 20	鯷 메기 20	臍 배꼽 20	躋 오를 21	霽 비갤 22	

조	刁 바랄 2	爪 손톱 4	弔 조상할 4	早 이를 6	兆 조 6
	助 도울 7	皁 하인 7	枣 대추 8	徂 갈 8	佻 미련할 8	找 채울 8
	昭 비출 9	俎 도마 9	殂 죽을 9	厝 둘 10	曺 무리 10	蚤 벼룩 10

조	祚	凋	晁	筲	祖
	복 10	시들 10	아침 10	조리 10	조상 10
租	條	粗	釣	曹	眺
조세 10	가지 11	거칠 11	낚을 11	무리 11	바라볼 11
鳥	彫	窕	胙	祧	組
새 11	새길 11	으늑할 11	제사고기 11	조묘 11	짤 11
鉊	棗	措	絩	朝	詔
낚을 12	대추 12	둘 12	색실 12	아침 12	조서 12
誂	絛	阻	傸	照	稠
꾈 13	끈 13	막힐 13	미칠 13	비칠 13	빽빽할 13
琱	嶆	趙	銚	蜩	肇
옥다듬을 13	깊을 14	나라 14	냄비 14	매미 14	비롯할 14
嘈	造	調	槽	漕	嘲
지껄일 14	지을 14	고를 15	구유 15	배로나를 15	비웃을 15
雕	噪	錝	潮	艚	懆
독수리 16	떠들썩할 16	쇠 16	조수 16	거룻배 17	근심할 17
嬥	蔦	燥	糙	澡	操
날씬할 17	담쟁이 17	마를 17	매조미쌀 17	씻을 17	잡을 17
糟	璪	遭	鼂	繰	臊
지게미 17	드림옥 18	만날 18	바다거북 18	견사 19	누릴 19

조	鯛	鵰	譟	躁	竈
	도미 19	수리 19	시끄러울 20	조급할 20	부엌 21
藻	糶				
마름 22	쌀팔 25				
족	足	族	瘯	簇	鏃
	발 7	겨레 11	피부병 16	가는대 17	화살촉 19
존	存	拵	尊		
	있을 6	꽂을 10	높을 12		
졸	卒	拙	猝		
	마칠 8	옹졸할 9	갑자기 12		
종	伀	宗	枞	倧	終
	두려워할 6	마루 8	나무이름 9	상고신인 10	마칠 11
從	淙	棕	悰	琮	椶
좇을 11	물소리 12	종려나무 12	즐길 12	옥홀 13	종려나무 13
瘇	綜	種	慫	憽	踪
다리붓을 14	모을 14	씨 14	권할 15	생각할 15	자취 15
樅	腫	踵	璁	螽	縱
전나무 15	종기 15	발꿈치 16	패옥소리 16	누리 17	세로 17
鍾	蹤	鐘			
쇠북 17	자취 18	쇠북 20			

좌	左 왼 5	佐 도울 7	坐 앉을 7	刬 꺾을 9	座 자리 10
	挫 꺾을 11	痤 뽀루지 12	莝 여물 13	髽 북상투 17	
죄	罪 허물 14				
주	主 주인 5	州 고을 6	舟 배 6	朱 붉을 6	丢 잃어버릴 6
	走 달릴 7	住 살 7	侏 난쟁이 8	周 두루 8	呪 빌 8	姝 사람이름 8
	侜 속일 8	宙 집 8	柱 기둥 9	紂 끈 9	注 물댈 9	拄 버틸 9
	炷 심지 9	奏 아뢸 9	姝 예쁠 9	冑 투구 9	株 그루 10	洲 물가 10
	酒 술 10	酎 전국술 10	胕 장부 11	珘 구슬 11	珠 구슬 11	蚛 나무굼벵이 11
	晝 낮 11	紸 댈 11	紬 명주 11	硃 주사 11	做 지을 11	晭 밝을 12
	蛛 거미 12	註 글뜻풀 12	椆 나무이름 12	絑 붉을 12	詋 빌 12	尌 세울 12

주	賍 재물 12	晭 햇빛 12	輈 끌채 13	邾 나라이름 13	湊 모일 13
晭 밝을 13	誅 벨 13	趎 사람이름 13	鉒 쇳돌 13	賙 귀 14	遒 닥칠 14
喉 부추길 14	綢 얽을 14	裯 홑이불 14	調 고를 15	週 돌 15	駐 머무를 15
廚 부엌 15	腠 살결 15	賙 진휼할 15	遒 닥칠 16	澍 단비 16	輳 몰려들 16
霌 운우모양 16	霔 장마 16	儔 짝 16	蔟 대주 17	幬 휘장 17	燽 밝을 18
鼄 거미 19	疇 이랑 19	籌 살 20	躊 머뭇거릴 21	籒 주문 21	鑄 불릴 22
죽	竹 대 6	粥 죽 12			
준	俊 준걸 9	後 따를 10	純 가선 10	埈 높을 10	峻 높을 10
隼 송골매 10	准 준할 10	埻 과녁 11	焌 구울 11	浚 깊게할 11	晙 밝을 11
容 준설할 12	畯 농부 12	竣 마칠 12	睃 볼 12	皴 주름 12	準 준할 12

준	逈	憃	雋	踆	逡
	앞설 13	어수선할 13	영특할 13	그칠 14	뒷걸음 14
	僔	準	綧	陖	筺	墫
	모일 14	준할 14	피륙넓이 14	가파를 15	생강 15	술통 15
	儁	撙	餕	寯	樽	噂
	준걸 15	누를 16	대궁 16	모일 16	술통 16	기쁠 17
	憔	駿	雋	鵔	濬	鐏
	똑똑할 17	준마 17	샛문 18	금계 18	깊을 18	술두루미 18
	蹲	遵	鐏	蠢	鱒	
	웅크릴 19	좇을 19	창고달 20	꾸물거릴 21	송어 23	
줄	茁	茁			
	줄 9	싹 11			
중	中	仲	重	眔	衆
	가운데 4	버금 6	무거울 9	무리 11	무리 12
즉	卽	卽	喞		
	곧 7	곧 9	두근거릴 12		
즐	櫛	騭			
	빗 19	수말 20			
즙	汁	楫	葺	檝	蕺
	즙 6	노 13	기울 15	노 17	삼백초 19

증	拯 건질 10	烝 김오를 10	症 증세 10	曾 일찍 12	增 더할 15
	嶒 산험할 15	憎 미울 16	蒸 찔 16	甑 시루 17	矰 주살 17	繒 비단 18
	罾 어망 18	贈 줄 19	證 증거 19			
지	之 갈 4	止 그칠 4	支 지탱할 4	只 다만 5	劧 굳건할 6
	地 땅 6	旨 뜻 6	至 이를 6	吱 가는소리 7	志 뜻 7	阯 머무를 7
	池 못 7	厎 숫돌 7	址 터 7	枝 가지 8	坻 모래섬 8	沚 물가 8
	忯 믿을 8	泜 붙을 8	抵 손바닥 8	知 알 8	泜 강이름 9	祉 복 9
	咫 여덟치 9	枳 탱자 9	矧 알 10	指 가리킬 10	持 가질 10	祇 공경할 10
	秪 벼익을 10	洔 섬 10	砥 숫돌 10	芷 어수리 10	紙 종이 10	芝 지초 10
	肢 팔다리 10	舓 핥을 10	舐 만날 11	趾 발 11	軹 굴대머리 12	脂 기름 12

지	痣 사마귀 12	智 슬기 12	阯 터 12	禔 복 14	蜘 거미 14
駤 굳셀 14	誌 기록할 14	搘 버틸 14	榰 주춧돌 14	墀 계단위땅 15	銴 기록할 15
漬 담글 15	踟 머뭇거릴 15	摯 잡을 15	矯 슬기 16	篪 대이름 16	鮨 젓갈 17
贄 폐백 18	遲 더딜 19	識 적을 19	躓 넘어질 22	鷙 맹금 22	
직	直 곧을 8	稙 올벼 13	禝 사람이름 15	稷 피 15	職 직분 18
織 짤 18					
진	尽 다할 6	辰 별 7	杓 바디 8	殄 다할 9	侲 동자 9
抮 되돌릴 9	昣 밝을 9	秦 나라이름 10	津 나루 10	唇 놀랄 10	畛 두둑 10
疹 마마 10	珍 보배 10	晉 진나라 10	晋 진나라 10	眞 참 10	真 참 10
俴 다스릴 11	眹 눈동자 11	振 떨칠 11	臥 밝을 11	珒 옥이름 11	桭 평고대 11

진	袗 홑옷 11	軫 수레난간 12	趁 좇을 12	診 진찰할 12	塡 진정할 13
	靖 바를 13	鉁 보배 13	嗔 성낼 13	槇 결고울 14	榛 개암나무 14	賑 구휼할 14
	搢 꽂을 14	盡 다할 14	溱 많을 14	塵 티끌 14	瑨 옥돌 15	塡 누를 15
	進 나아갈 15	禛 복받을 15	瞋 부릅뜰 15	稹 빽빽할 15	瑨 옥돌 15	震 우레 15
	陣 진칠 15	縝 고울 16	儘 다할 16	陳 베풀 16	縉 붉은비단 16	蓁 우거질 16
	臻 이를 16	蔯 더위지기 17	蜃 설렐 17	璡 옥돌 17	鎭 진압할 18	鬒 숱많을 20
질	叱 꾸짖을 5	佚 어리석을 8	帙 책권차례 8	垤 개미둑 9	姪 조카 9
	疾 병 10	桎 차꼬 10	秩 차례 10	窒 막힐 11	跌 거꾸러질 12	蛭 거머리 12
	迭 번갈아들 12	絰 질 12	郅 고을이름 13	嫉 미워할 13	質 바탕 15	蒺 납가새 16
	膣 음도 17	瓆 사람이름 20	鑕 모루 23			

짐	朕	斟	鴆		
	나 10	짐작할 13	짐새 15		
집	什	戢	執	集	楫
	세간 4	참소할 9	잡을 11	모을 12	노 13
戢	緝	輯	潗	潗	鏶
그칠 13	모을 15	모을 16	샘솟을 16	샘솟을 16	판금 20
징	徵	澂	澄	瞪	澂
	부를 15	맑을 16	맑을 16	바로볼 17	맑을 19
懲	癥				
징계할 19	적취 20				
차	叉	且	次	此	岔
	갈래 3	또 5	버금 6	이 6	갈림길 7
車	侘	佽	姹	差	借
수레 7	낙망할 8	도울 8	자랑할 9	다를 10	빌릴 10
借	硨	茶	嵯	嗟	槎
벌릴 11	옥돌 12	차 12	우뚝솟을 13	탄식할 13	나무벨 14
箚	磋	瑳	蹉	遮	醝
찌를 14	갈 15	고울 15	넘어질 17	가릴 18	소금 21
馮					
관대할 24					

착	窄 좁을 10	捉 잡을 11	着 붙을 12	斲 깎을 14	搾 짤 14
	錯 어긋날 16	擉 찌를 17	戳 창찌를 18	齪 악착할 22	鑿 뚫을 28	
찬	粲 정미 13	賛 도울 15	餐 밥 16	篡 빼앗을 16	撰 지을 16
	澯 맑을 17	儧 모을 17	燦 빛날 17	簒 빼앗을 17	竄 숨을 18	璨 옥빛 18
	贊 도울 19	纂 모을 20	剷 끊을 21	儹 모을 21	饌 지을 21	孅 예쁠 22
	讚 기릴 22	巑 산뾰족할 22	欑 모일 23	攢 모일 23	瓚 옥잔 24	纘 이을 25
	讃 기릴 26	趲 놀랄 26	鑽 뚫을 27	爨 불땔 29		
찰	扎 뺄 5	札 편지 5	刹 절 8	紮 감을 11	察 살필 14
	擦 문지를 18					
참	站 역마을 10	斬 벨 11	參 참여할 11	塹 구덩이 14	嶄 높을 14

참	僭	慙	慚	慘	槧
	주제넘을 14	부끄러울 15	부끄러울 15	참혹할 15	판 15
	憯	毚	鏨	儳	譖	巉
	슬퍼할 16	토끼 17	끌 19	어긋날 19	참소할 19	가파를 20
	驂	懺	槧	攙	黲	讖
	곁마 21	뉘우칠 21	살별 21	찌를 21	검푸를 23	예언 24
	讒	鑱	饞			
	참소할 24	보습 25	탐할 26			
창	刱	昌	昶	倉	倡
	비롯할 8	창성할 8	해길 9	곳집 10	광대 10
	倀	鬯	唱	窓	娼	悵
	미칠 10	울창주 10	부를 11	창 11	창녀 11	멍할 12
	淐	猖	創	晿	悵	敞
	물이름 12	미쳐뛸 12	비롯할 12	사람이름 12	슬퍼할 12	시원할 12
	淐	窗	傖	淌	戧	搶
	찰 12	창 12	천할 12	큰물결 12	다칠 14	닿을 14
	彰	脹	愴	槍	菖	滄
	밝을 14	부을 14	슬플 14	창 14	창포 14	큰바다 14
	暢	廠	漲	瘡	瑲	鋹
	화창할 14	공장 15	넘칠 15	부스럼 15	옥소리 15	날카로울 16

창	艙	氅	閶	蒼	蹌
	부두 16	새털 16	천문 16	푸를 16	추창할 17
鶬					
왜가리 21					
채	采	砦	寀	釵	埰
	캘 8	진터 10	녹봉 11	비녀 11	사패지 11
婇	彩	責	苔	棌	採
여자이름 11	채색 11	빚 11	구리대 12	참나무 12	캘 12
瑘	債	睬	菜	寨	綵
옥빛 13	빚 13	주목할 13	나물 14	목책 14	비단 14
蔡					
성씨 17					
책	冊	册	柵	責	蚱
	책 5	책 5	울타리 9	꾸짖을 11	벼메뚜기 11
簀	策	幘	嘖	磔	簀
책 11	꾀 12	건 14	외칠 14	찢을 15	살평상 17
처	妻	凄	處	悽	淒
	아내 8	쓸쓸할 10	곳 11	슬퍼할 12	쓸쓸할 12
萋	郪	覷			
풀무성할 14	고을이름 15	엿볼 19			

척	尺	斥	刺	坧	拓
	자 4	물리칠 5	찌를 8	터 8	넓힐 9
	倜	剔	隻	戚	捗	惕
	기개있을 10	뼈바를 10	외짝 10	친척 11	칠 11	두려워할 12
	脊	跖	堉	蜴	墌	慼
	등마루 12	발바닥 12	박토 13	도마뱀 14	터 14	근심할 15
	慽	滌	瘠	陟	摭	蹠
	근심할 15	씻을 15	여윌 15	오를 15	주을 15	밟을 18
	擲	躑				
	던질 19	머뭇거릴 22				
천	川	千	天	仟	舛
	내 3	일천 3	하늘 4	일천 5	어그러질 6
	玔	穿	泉	芊	祆	俴
	옥고리 8	뚫을 9	샘 9	풀무성할 9	하늘 9	엷을 10
	倩	洊	辿	阡	釧	臶
	예쁠 10	이를 10	천천히걸을 10	두렁 11	팔찌 11	거듭 12
	荐	茜	喘	淺	僣	僵
	거듭 12	꼭두서니 12	숨찰 12	얕을 12	등질 14	머뭇거릴 15
	踐	賤	蕏	擅	蕆	靝
	밟을 15	천할 15	풀더북할 16	멋대로할 17	경계할 18	하늘 18

천	遷	薦	濺	闡	韆
	옮길 19	천거할 19	흩뿌릴 19	밝힐 20	그네 24
철	凸	剟	埑	哲	啜
	볼록할 5	깎을 10	밝을 10	밝을 10	마실 11
悊	惙	喆	掇	銕	銕
밝을 11	근심할 12	밝을 12	주울 12	쇠 13	쇠 14
綴	飻	輆	徹	撤	澈
엮을 14	탐할 14	그칠 15	통할 15	거둘 16	맑을 16
錣	瞅	饕	歠	轍	鐵
물미 16	눈밝을 17	탐할 18	마실 19	바퀴자국 19	쇠 21
첨	尖	忝	沾	甜	甛
	뾰족할 6	더럽힐 8	더할 9	달 11	달 11
添	潳	僉	詹	諂	幨
더할 12	팰 12	여러 13	이를 13	아첨할 15	휘장 16
檐	瞻	簽	簷	襜	櫼
처마 17	볼 18	제비 19	처마 19	행주치마 19	쐐기 21
瀸	籤				
적실 21	제비 23				
첩	帖	呫	妾	怗	倢
	문서 8	소곤거릴 8	첩 8	고요할 9	빠를 10

첩	貼 붙일 12	捷 빠를 12	堞 성가퀴 12	喋 재잘거릴 12	睫 속눈썹 13
牒 편지 13	輒 문득 14	諜 염탐할 16	褺 겹옷 17	疊 거듭 22	
청	靑 푸를 8	青 푸를 8	淸 서늘할 10	婧 날씬할 11	圊 뒷간 11
晴 갤 12	晴 갤 12	淸 맑을 12	淸 맑을 12	蜻 귀뚜라미 14	菁 우거질 14
請 청할 15	請 청할 15	鯖 청어 19	鶄 해오라기 19	聽 들을 22	廳 관청 25
체	切 온통 4	剃 머리깎을 9	砌 섬돌 9	玼 깨끗할 10	涕 눈물 11
彘 돼지 12	替 바꿀 12	棣 산앵두 12	蒂 가시 15	殢 나른할 15	滯 막힐 15
締 맺을 15	髰 머리깎을 15	逮 잡을 15	諟 살필 16	諦 살필 16	蔕 가시 17
遞 갈릴 17	體 몸 23	靆 구름낄 24			
초	艸 풀 6	初 처음 7	杪 끝 8	岧 높을 8	炒 볶을 8

초	抄 뽑을 8	俏 닮을 9	肖 닮을 9	招 부를 9	秒 분초 9
	怊 슬플 9	峭 가파를 10	哨 망볼 10	耖 밭갈 10	愀 근심할 11	悄 근심할 11
	梢 나뭇끝 11	苕 완두 11	鈔 좋은쇠 11	稍 끝 12	鈔 노략질할 12	貂 담비 12
	超 뛰어넘을 12	迢 멀 12	椒 산초나무 12	輂 수레 12	酢 신조미료 12	焦 탈 12
	草 풀 12	硝 화약 12	剿 끊을 13	勦 노곤할 13	綃 생사 13	愀 정색할 13
	楚 초나라 13	誚 꾸짖을 14	僬 명찰할 14	嶕 높을 15	髫 다박머리 15	嚼 먹을 15
	趚 멀 15	嫶 수척할 15	醋 초 15	樵 나무할 16	鞘 칼집 16	憔 파리할 16
	燋 홰 16	鍪 가래 17	鍬 가래 17	礁 암초 17	礎 주춧돌 18	蕉 파초 18
	譙 꾸짖을 19	醮 제사지낼 19	齠 이갈 20	顦 파리할 21	驔 오색빛 23	鷦 뱁새 23
촉	促 재촉할 9	蜀 나라이름 13	燭 촛불 17	蜀 촉규화 19	觸 닿을 20

촉	躅	髑	囑	矗	曯
	머뭇거릴 20	해골 23	부탁할 24	우거질 24	비출 25
	爥	矚			
	촛불 25	볼 26			
촌	寸	吋	村	忖	邨
	마디 3	꾸짖을 6	마을 7	헤아릴 7	마을 11
총	冢	悤	塚	聡	総
	무덤 10	바쁠 11	무덤 13	귀밝을 14	다 14
	銃	憁	蔥	摠	聰	總
	총 14	분주할 15	파 15	합할 15	귀밝을 17	다 17
	嵸	蒽	叢	寵	鏦	驄
	우거질 17	파 17	모일 18	사랑할 19	창 19	총이말 21
촬	撮				
	사진찍을 16				
최	崔	最	朘	催	榱
	높을 11	가장 12	아이음부 13	재촉할 13	서까래 14
	漼	摧	嘬	確	縗	璀
	깊을 15	꺾을 15	물 15	산높을 16	상복이름 16	옥빛 16
추	帚	佳	秋	抽	酋
	비 8	새 8	가을 9	뽑을 9	우두머리 9

추	芻	娵	椎	推	啾
	꼴 10	별이름 11	등골 12	밀 12	소리 12
惆	捶	楸	湫	揫	追
슬퍼할 12	종아리칠 12	가래 13	다할 13	모을 13	쫓을 13
甃	僦	箠	搥	墜	諏
벽돌담 14	빌 14	채찍 14	칠 14	떨어질 15	물을 15
萩	皺	樞	蒭	瘳	縋
사철쑥 15	주름 15	지도리 15	꼴 16	낫을 16	매어달 16
陬	錐	錘	縐	趨	簉
모퉁이 16	송곳 16	저울추 16	주름질 16	달아날 17	버금자리 17
鄒	醜	鞦	魋	雛	鎚
추나라 17	추할 17	그네 18	몽치머리 18	병아리 18	쇠망치 18
騅	鶵	騶	鷲	鰌	鰍
오추마 18	산비둘기 19	마부 20	무수리 20	미꾸라지 20	미꾸라지 20
龝	鵻	麤			
가을 21	원추 21	거칠 33			
축	丑	竺	妯	豖	祝
	소 4	나라이름 8	동서 8	돼지걸음 8	빌 10
畜	舳	軸	筑	逐	蓄
짐승 10	고물 11	굴대 12	악기이름 12	쫓을 14	모을 16

축	築 쌓을 16	縮 줄일 17	蹙 닥칠 18	鼀 두꺼비 18	踀 종종걸음 18
蹴 찰 19					
춘	春 봄 9	椿 참죽나무 13	瑃 옥이름 14	賰 넉넉할 16	
출	出 날 5	朮 차조 5	秫 차조 10	黜 내칠 17	
충	充 채울 6	冲 찌를 6	虫 벌레 6	忡 근심할 8	沖 찌를 8
忠 충성 8	衷 속마음 10	琿 귀고리옥 11	衝 찌를 15	蟲 벌레 18	
췌	悴 파리할 12	惴 두려워할 13	瘁 병들 13	揣 잴 13	萃 모을 14
顇 파리할 17	膵 췌장 18	贅 혹 18			
취	吹 불 7	取 가질 8	炊 불땔 8	臭 냄새 10	冣 쌓을 10
娶 장가들 11	就 나아갈 12	毳 솜털 12	脆 연할 12	聚 모을 14	翠 푸를 14

취	趣 뜻 15	嘴 부리 15	醉 취할 15	橇 썰매 16	鷲 독수리 23
驟 달릴 24					
측	仄 기울 4	昃 기울 8	側 곁 11	厠 뒷간 11	廁 뒷간 12
惻 슬퍼할 13	測 헤아릴 13				
층	層 층 15				
치	厄 잔 5	豸 벌레 7	侈 사치할 8	治 다스릴 9	峙 언덕 9
哆 클 9	値 값 10	恥 부끄러울 10	蚩 어리석을 10	致 이를 10	阤 비탈 11
畤 재터 11	梔 치자나무 11	痔 치질 11	痓 풍병 11	淄 검은빛 12	雉 꿩 13
馳 달릴 13	寘 둘 13	跱 머뭇거릴 13	嗤 비웃을 13	痴 어리석을 13	稚 어릴 13
絺 칡베 13	緇 검을 14	置 둘 14	菑 묵정밭 14	幟 기 15	緻 빽빽할 15

치	齒	輜	鴙	褫	熾
	이 15	짐수레 15	꿩 16	빼앗을 16	성할 16
	鴟	錙	稚	鵄	薙	鯔
	솔개 16	저울눈 16	어릴 17	솔개 17	깎을 19	숭어 19
	癡					
	어리석을 19					

칙	則	勅	敕	飭
	법칙 9	칙서 9	조서 11	신칙할 13

친	親	櫬	襯
	친할 16	널 20	속옷 22

칠	七	柒	漆
	일곱 7	옻 9	옻 15

침	枕	沈	忱	侵	砧
	베개 8	잠길 8	정성 8	침노할 9	다듬잇돌 10
	針	浸	梫	椹	琛	寖
	바늘 10	잠길 11	우거질 12	모탕 13	보배 13	잠길 13
	寢	郴	鋟	駸	鍼	
	잘 14	고을이름 15	새길 15	막달릴 17	침 17	

칩	蟄			
	숨을 17			

칭	秤 저울 10	稱 일컬을 14			
쾌	夬 터놓을 4	快 쾌할 8	噲 목구멍 16		
타	他 다를 5	朶 늘어질 6	打 칠 6	佗 다를 7	妥 온당할 7
	坨 비탈질 8	咤 꾸짖을 9	拕 끌 9	拖 끌 9	沱 물이름 9	柁 키 9
	唾 침 11	舵 키 11	詑 속일 12	跎 헛디딜 12	惰 게으를 13	楕 길쭉할 13
	躱 비킬 13	陀 비탈질 13	馱 실을 13	詫 자랑할 13	馳 곱추 15	駝 낙타 15
	墮 떨어질 15	橢 길쭉할 16	鮀 모래무지 16	鴕 타조 16	鼉 악어 25	
탁	托 맡길 7	卓 높을 8	矺 돌로칠 8	坼 터질 8	柝 딱따기 9
	拓 박을 9	沰 붉을 9	拆 터질 9	度 헤아릴 9	託 부탁할 10	倬 클 10
	啄 쫄 11	涿 들을 12	晫 밝을 12	琢 다듬을 13	琸 사람이름 13	橐 전대 14

탁	踔 뛰어날 15	逴 멀 15	橐 전대 16	濁 흐릴 17	擢 뽑을 18
	濯 씻을 18	鐸 방울 21	蘀 낙엽 22	籜 대꺼풀 22	
탄	呑 삼킬 7	坦 평탄할 8	炭 숯 9	誕 낳을 14	嘆 탄식할 14
	綻 터질 14	歎 탄식할 15	彈 탄알 15	憚 꺼릴 16	殫 다할 16
	暺 밝을 16				
	憻 평탄할 17	驒 연전총 22	灘 여울 23	攤 펼 23	癱 사지틀릴 24
탈	侻 추할 9	脫 벗을 13	奪 빼앗을 14		
탐	忐 맘허할 7	眈 노려볼 9	耽 즐길 10	酖 술에빠질 11	貪 탐낼 11
	探 찾을 12	噴 많을 14			
탑	傝 답답할 12	塌 떨어질 13	塔 탑 13	榻 걸상 14	搨 베낄 14
탕	帑 금고 8	宕 호탕할 8	湯 끓일 13	碭 무늬돌 14	燙 데울 16

탕	糖 엿 16	盪 씻을 17	蕩 방탕할 18	蘯 쓸 23	
태	太 클 4	台 별 5	兌 기쁠 7	奯 애밸 8	汰 일 8
	怠 게으를 9	殆 위태할 9	珆 옥무늬 10	娧 더딜 10	泰 클 10	埭 보 11
	笞 볼기칠 11	胎 애밸 11	苔 이끼 11	邰 나라이름 12	迨 미칠 12	跆 밟을 12
	鈦 티타늄 12	脫 벗을 13	態 모습 14	颱 태풍 14	駘 둔마 15	鮐 복어 16
택	宅 집 6	垞 사람이름 9	擇 가릴 17	澤 못 17	
탱	掌 버팀목 12	撐 버틸 16	撑 버틸 16		
터	攄 펼 19				
토	土 흙 3	吐 토할 6	兎 토끼 7	兔 토끼 8	討 칠 10
톤	噋 느릿할 15				

통	洞 밝을 10	恫 상심할 10	桶 통 11	統 거느릴 12	筒 대통 12
	痛 아플 12	箇 대통 13	通 통할 14	樋 나무이름 15	慟 서러워할 15	
퇴	堆 쌓을 11	退 물러날 13	槌 망치 14	腿 넓적다리 16	頹 무너질 16
	褪 바랠 16	隤 무너뜨릴 20			
투	妒 투기할 7	投 던질 8	妬 샘낼 8	套 씌울 10	偸 훔칠 11
	渝 달라질 13	透 사무칠 14	骰 주사위 14	鬪 싸울 20	
퉁	佟 강이름 7				
특	忒 변할 7	特 특별할 10	慝 사특할 15		
틈	闖 엿볼 18				
파	巴 꼬리 4	叵 어려울 5	妑 새앙머리 7	爬 긁을 8	岥 비탈 8

파	杷 비파나무 8	爸 아비 8	坡 언덕 8	把 잡을 8	怕 두려워할 9
波 물결 9	笆 가시대 10	派 갈래 10	破 깨뜨릴 10	耙 써레 10	玻 유리 10
芭 파초 10	婆 할머니 11	跛 절름발이 12	琶 비파 13	菠 시금치 14	頗 자못 14
萢 꽃 15	罷 마칠 16	播 뿌릴 16	皤 머리흴 17	鄱 고을이름 19	簸 까부를 19
擺 열 19	灞 강이름 25				
판	坂 언덕 7	判 판단할 7	板 널빤지 8	版 판목 8	販 팔 11
鈑 금박 12	阪 언덕 12	辦 힘들일 16	瓣 외씨 19		
팔	叭 나팔 5	朳 고무래 6	汃 물결소리 6	八 여덟 8	捌 깨뜨릴 11
패	孛 살별 7	貝 조개 7	沛 비쏟아질 8	佩 찰 8	斾 기 10
唄 염불소리 10	浿 강이름 11	悖 거스를 11	狽 이리 11	珮 찰 11	敗 패할 11

ㅍ

패	牌	稗	霈	覇	霸
	패 12	피 13	큰비 15	으뜸 19	으뜸 21
팽	祊	硑	烹	彭	澎
	제사이름 9	물결소리 10	삶을 11	성 12	물소리 16
蟚	蟛	膨			
방게 18	방게 18	부를 18			
퍅	愎				
	강퍅할 13				
편	片	扁	便	匾	偏
	조각 4	작을 9	편할 9	납작할 11	치우칠 11
徧	惼	艑	緶	翩	萹
두루 12	좁을 13	거룻배 15	꿰맬 15	나부낄 15	마디풀 15
蝙	編	褊	篇	遍	諞
박쥐 15	엮을 15	좁을 15	책 15	두루 16	말교묘할 16
鞭	騙				
채찍 18	속일 19				
폄	砭	窆	貶		
	돌침 10	하관할 10	낮출 12		
평	平	坪	泙	枰	怦
	평평할 5	들 8	물소리 9	바둑판 9	조급할 9

평	抨 탄핵할 9	苹 개구리밥 11	評 평할 12	萍 부평초 14	鮃 넙치 16
萍 부평초 17					

폐	吠 짖을 7	肺 허파 10	閉 닫을 11	狴 짐승이름 11	敝 해질 12
陛 대궐섬돌 15	弊 폐단 15	廢 폐할 15	幣 화폐 15	獘 넘어질 16	嬖 사랑할 16
癈 폐질 17	蔽 덮을 18	斃 죽을 18			

포	布 베 5	包 쌀 5	佈 펼 7	咆 고함지를 8	庖 부엌 8
泡 거품 9	炰 구울 9	匍 길 9	抛 던질 9	拋 던질 9	怖 두려워할 9
抱 안을 9	炮 통구이 9	砲 대포 10	哺 먹일 10	疱 물집 10	圃 채마밭 10
浦 개 11	袍 도포 11	匏 박 11	胞 세포 11	晡 신시 11	苞 쌀 11
捕 잡을 11	鉋 대패 13	脯 포 13	逋 도망갈 14	誧 도울 14	飽 배부를 14

포	鞄 혁공 14	鋪 가게 15	褒 기릴 15	暴 사나울 15	葡 포도 15
蒲 부들 16	舖 새참 16	鮑 절인 16	儤 번 17	曓 사나울 17	鯆 돌고래 18
폭	幅 폭 12	暴 사나울 15	輻 바퀴살 16	爆 불터질 19	曝 사나울 19
瀑 폭포 19					
표	杓 북두자루 7	表 겉 8	髟 갈기 10	俵 나누어줄 10	豹 표범 10
殍 굶어죽을 11	彪 범 11	票 표 11	僄 가벼울 13	剽 겁박할 13	勲 으를 13
嫖 날랠 14	裱 목도리 14	嘌 빠를 14	慓 급할 15	漂 떠다닐 15	熛 불똥 15
摽 칠 15	標 표할 15	瓢 바가지 16	瞟 들을 17	縹 옥색 17	鏢 칼끝 19
飘 나부낄 20	飇 폭풍 21	飆 폭풍 21	驃 황부루 21	鰾 부레 22	鑣 재갈 23
픔	品 물건 9	稟 여쭐 13			

풍	風	馮	楓	豊	瘋
	바람 9	성씨 12	단풍 13	풍년 13	두풍 14
諷	豐				
풍자할 16	풍년 18				
피	皮	彼	披	疲	被
	가죽 5	저 8	헤칠 9	피곤할 10	입을 11
詖	陂	鞁	髲	避	
치우칠 12	방죽 13	가슴걸이 14	가발 15	피할 20	
픽	腷				
	답답할 15				
필	匹	必	疋	佖	呹
	짝 4	반드시 5	짝 5	점잖을 7	향기로울 8
泌	珌	畢	苾	泰	弼
스며흐를 9	칼집장식 10	마칠 11	향기로울 11	샘솟을 12	도울 12
筆	鉍	馝	斁	駜	潷
붓 12	창자루 13	향내날 14	다할 15	말살찔 15	샘용솟음칠 15
觱	篳	畢	韠	蹕	鵯
피리 16	울타리 17	족대 17	콩 17	길치울 18	직박구리 19
韠	韠				
슬갑 20	폐슬 20				

핍	乏	偪	逼		
	모자랄 5	다가올 11	핍박할 16		
하	下	岈	何	呀	歌
	아래 3	땅이름 7	어찌 7	입딱벌릴 7	웃을 9
	河	昰	抲	夏	厦	賀
	물 9	여름 9	지휘할 9	여름 10	문간방 12	하례할 12
	荷	廈	煆	閜	瘕	碬
	멜 13	문간방 13	불사를 13	크게열릴 13	뱃병 14	숫돌 14
	嘏	瑕	蝦	嗬	遐	赮
	클 14	허물 14	두꺼비 15	웃을 16	멀 16	붉을 16
	霞	嚇	鍜	罅	懗	諕
	노을 17	노할 17	목투구 17	틈 17	속일 18	대답할 19
	蕸	鰕				
	연잎 19	새우 20				
학	学	虐	狢	确	嗃
	배울 8	모질 9	오소리 10	자갈땅 12	엄할 13
	郝	瘧	學	壑	謔	鶴
	고을이름 14	학질 15	배울 16	골 17	희롱할 17	학 21
	皬	鷽				
	흴 21	메까치 24				

한	忏 방해할 7	旱 가물 7	汗 땀 7	扞 막을 7	罕 드물 8
	邗 땅이름 10	恨 한 10	捍 막을 11	悍 사나울 11	閈 이문 11	寒 찰 12
	閑 한가할 12	閒 한가할 12	僩 굳셀 14	限 한할 14	暵 말릴 15	嫻 우아할 15
	嫺 우아할 15	漢 한수 15	澖 넓을 16	嫺 익힐 16	檻 큰나무 16	翰 편지 16
	譽 높을 17	韓 나라 17	澣 빨래할 17	駻 사나운말 17	鼾 코골 17	瀚 넓고클 20
	鷳 솔개 23					

할	割 벨 12	瞎 애꾸눈 15	轄 다스릴 17		

함	含 머금을 7	函 함 8	咸 다 9	唅 재갈 11	喊 소리칠 12
	涵 젖을 12	莟 꽃봉오리 13	菡 연꽃 14	銜 재갈 14	緘 봉할 15	陷 빠질 16
	諴 화할 16	檻 우리 18	闞 범소리 20	鹹 짤 20	艦 큰배 20	轞 함거 21

합	合 합할 6	匎 돌 8	哈 고기많을 9	柙 우리 9	盍 덮을 10
	盒 합 11	蛤 대합조개 12	郃 고을이름 13	嗑 말많을 13	溘 이를 14	閤 쪽문 14
	榼 통 14	陜 좁을 15	闔 문짝 18			
항	亢 높을 4	夯 멜 5	伉 짝 6	行 항렬 6	杭 건널 8
	抗 겨룰 8	沆 넓을 8	炕 말릴 8	巷 거리 9	肛 항문 9	姮 항아 9
	缸 항아리 9	航 배 10	桁 차꼬 10	恒 항상 10	恆 항상 10	缿 저금통 12
	項 항목 12	頏 새앉을 13	港 항구 13	降 항복할 14	嫦 항아 14	
해	亥 돼지 6	咍 비웃을 8	祄 도울 9	咳 기침 9	孩 어린아이 9
	垓 지경 9	海 바다 10	晐 갖출 10	欬 기침 10	奚 어찌 10	害 해할 10
	海 바다 11	痎 학질 11	偕 함께 11	該 갖출 13	楷 본보기 13	解 풀 13

해	瑎 검은옥 14	頦 턱 15	嶰 골짜기 16	廨 관아 16	駭 놀랄 16
骸 뼈 16	諧 화할 16	懈 게으를 17	澥 바다이름 17	鮭 어채 17	醢 젓갈 17
獬 짐승이름 17	蟹 게 19	薤 염교 19	邂 만날 20	瀣 이슬기운 20	
핵	劾 꾸짖을 8	核 씨 10	翮 깃촉 16	覈 핵실할 19	
행	行 다닐 6	杏 살구 7	幸 다행 8	倖 요행 10	涬 기운 12
悻 성낼 12	荇 어리연꽃 12				
향	向 향할 6	享 누릴 8	香 향기 9	曏 밝을 10	珦 옥이름 11
餉 건량 15	鄕 시골 17	薌 곡식 19	嚮 향할 19	麘 사향사슴 20	響 울릴 22
饗 잔치할 22					
허	許 허락할 11	虛 빌 12	噓 불 14	墟 언덕 15	歔 흐느낄 16

헌	昍	軒	輴	憲	憶
	밝을 8	집 10	초헌 16	법 16	수레포장 19
憶	櫶	獻	攇	巚	
깨달을 20	나무이름 20	드릴 20	비길 20	봉우리 23	

헐	歇
	쉴 13

험	嶮	獫	險	驗	玁
	험할 16	개 17	험할 21	시험 23	오랑캐 24

혁	侐	革	弈	奕	洫
	고요할 8	가죽 9	바둑 9	클 9	봇도랑 10
烗	焱	赫	嚇	鬩	爀
빛날 11	불꽃 12	빛날 14	노할 17	다툴 18	불빛 18
㸌					
붉은빛 21					

현	玄	見	呟	弦	妶
	검을 5	뵈올 7	소리 8	시위 8	여자이름 8
炫	倪	泫	怰	晛	痃
밝을 9	염탐할 9	이슬빛날 9	팔 9	햇빛 9	가래톳 10
峴	眩	玹	娊	舷	衒
고개 10	어지러울 10	옥돌 10	허리가늘 10	뱃전 11	자랑할 11

현	絃	晛	弳	楥	現
	줄 11	햇살 11	활 11	나무이름 12	나타날 12
	絢	睍	琄	蜆	鉉	誢
	무늬 12	불거진눈 12	패옥늘어질 12	가막조개 13	솥귀 13	말다툼할 14
	銷	賢	儇	峴	嬛	縣
	노구솥 15	어질 15	영리할 15	한정할 15	날랠 16	매달 16
	駽	顕	翾	繯	懸	譞
	철총이 17	나타날 18	급할 19	맬 19	달 20	영리할 20
	顯	灦				
	나타날 23	물깊고맑을 27				
혈	孑	穴	血	頁	絜
	외로울 3	구멍 5	피 6	머리 9	헤아릴 12
	趐				
	나아갈 13				
혐	嫌				
	싫어할 13				
협	叶	夾	洽	協	匧
	화합할 5	낄 7	화할 8	화합할 8	상자 9
	俠	峽	恊	埉	挾	浹
	의기로울 9	골짜기 10	맞을 10	물가 10	낄 11	두루미칠 11

협	悏 생각할 11	狹 좁을 11	脇 겨드랑이 12	脅 위협할 12	莢 꼬투리 13
	悏 쾌할 13	篋 상자 15	鋏 집게 15	頰 뺨 16	
형	兄 형 5	刑 형벌 6	形 모양 7	亨 형통할 7	侀 이룰 8
	泂 멀 9	型 모형 9	炯 빛날 9	娙 여자벼슬 10	珩 노리개 11	邢 성씨 11
	荆 가시나무 12	迥 멀 12	詗 염탐할 12	逈 멀 13	熒 등불 14	敻 멀 14
	滎 실개천 14	瑩 밝을 15	陘 지레목 15	螢 반딧불 16	衡 저울대 16	鎣 줄 18
	瀅 물맑을 19	馨 꽃다울 20	瀅 물이름 22			
혜	匸 감출 2	兮 어조사 4	盻 흘겨볼 9	恵 은혜 10	誇 정성 11
	彗 살별 11	傒 묶을 12	惠 은혜 12	徯 샛길 13	嚖 갸날플 14	槥 널 15
	憲 밝힐 15	暳 별반짝일 15	慧 슬기로울 15	鞋 신 15	憓 사랑할 16	蹊 좁은길 17

혜	譹 창피줄 17	蕙 풀이름 18	譓 슬기로울 19	醯 식혜 19	鏏 날카로울 20
譿 슬기로울 22					
호	互 서로 4	戶 집 4	乎 어조사 5	号 이름 5	好 좋을 6
冱 찰 6	虎 범 8	呼 부를 8	岵 산 8	冴 찰 8	昊 하늘 8
弧 활 8	芐 지황 9	怙 믿을 9	狐 여우 9	瓵 벽돌 10	祜 복 10
芦 지황 10	浩 넓을 11	扈 따를 11	瓠 박 11	晧 밝을 11	胡 오랑캐 11
毫 터럭 11	媼 재치있을 11	淏 맑을 12	壺 병 12	皓 흴 12	聕 들릴 13
猢 원숭이 13	號 이름 13	琥 호박 13	湖 호수 13	瑚 산호 14	嫭 아름다울 14
嫮 아름다울 14	滈 장마 14	豪 호걸 14	犒 호궤할 14	滬 강이름 15	蝴 나비 15
葫 마늘 15	滸 물가 15	皞 밝을 15	熩 빛날 15	嘷 짖을 15	糊 풀칠할 15

호	晧 흴 15	澔 넓을 16	縞 명주 16	蒿 쑥 16	儫 영웅 16
	鄗 땅이름 17	蒿 빛날 17	壕 해자 17	餬 기식할 18	濩 퍼질 18	濠 해자 18
	鎬 호경 18	鬍 수염 19	護 도울 21	顥 클 21	頀 구할 23	灝 넓을 25
혹	或 혹 8	惑 미혹할 12	酷 심할 14	熇 뜨거울 14	
혼	昏 어두울 8	俒 완전할 9	圂 뒷간 10	婚 혼인할 11	焜 빛날 12
	混 섞을 12	湣 미정한 13	渾 흐릴 13	魂 넋 14	溷 어지러울 14	琿 옥 14
	閽 문지기 16	顓 희롱할 19			
홀	囫 온전할 7	忽 갑자기 8	笏 홀 10	惚 황홀할 12	
홍	弘 클 5	汞 수은 7	哄 떠들썩할 9	虹 무지개 9	泓 물깊을 9
	紅 붉을 9	洪 넓을 10	曍 먼동틀 10	訌 어지러울 10	烘 화톳불 10	鉌 쇠뇌 14

홍	篊 홈통 15	澒 수은 16	鬨 싸울 16	鴻 기러기 17	
화	化 될 4	火 불 4	禾 벼 5	和 화할 8	花 꽃 10
	俰 화할 10	貨 재물 11	畫 그림 12	畵 그림 13	話 말씀 13	靴 신 13
	華 빛날 14	禍 재앙 14	嘩 시끄러울 15	嫭 탐스러울 15	樺 벚나무 16	漌 깊을 16
	譁 시끄러울 19	驊 준마 22	龢 풍류조화 22		
확	廓 클 14	確 굳을 15	塙 굳을 15	穫 거둘 19	擴 넓힐 19
	矍 두리번거릴 20	礭 회초리 21	鑊 가마 22	攫 움킬 24	矡 창 25	
환	丸 둥글 3	幻 헛보일 4	宦 고자 9	奐 빛날 9	紈 흰비단 9
	洹 물흐를 10	桓 굳셀 10	患 근심 11	晥 환할 11	睆 가득찰 12	絙 끈목 12
	喚 부를 12	皖 샛별 12	豢 기를 13	換 바꿀 13	煥 불꽃 13	渙 흩어질 13

환	圜	寰	鍰	擐	環
	두를 16	기내 16	엿냥중 17	입을 17	고리 18
還	轘	鐶	鰥	懽	歡
돌아올 20	환형 20	고리 21	홀아버지 21	기뻐할 22	기쁠 22
鬟	瓛	驩			
쪽진머리 23	옥홀 25	말이름 28			
활	活	蛞	猾	滑	闊
	살 10	올챙이 12	교활할 14	미끄러울 14	넓을 17
豁	濶				
뚫린골 17	넓을 18				
황	怳	肓	況	皇	晃
	멍할 9	명치끝 9	상황 9	임금 9	밝을 10
晄	恍	凰	荒	黃	堭
밝을 10	황홀할 10	봉황 11	거칠 12	누를 12	당집 12
喤	媓	眖	徨	榥	惶
아이울음 12	여자이름 12	줄 12	헤맬 12	깃대 13	두려울 13
煌	湟	幌	熀	滉	愰
빛날 13	해자 13	휘장 13	이글거릴 14	깊을 14	마음밝을 14
慌	瑝	榥	篁	蝗	遑
어리둥절할 14	옥소리 14	책상 14	대숲 15	메뚜기 15	급할 16

황	潢 웅덩이 16	璜 패옥 17	隍 해자 17	鐄 종소리 18	簧 혀 18
회	回 돌아올 6	会 모일 6	灰 재 6	佪 어정거릴 8	廻 돌 9
徊 머뭇거릴 9	恢 넓을 10	洄 역류할 10	晦 그믐 11	悔 뉘우칠 11	盔 바리 11
絵 그림 12	淮 물이름 12	蛔 회충 12	茴 회향풀 12	賄 뇌물 13	迴 돌 13
會 모일 13	匯 물돌 13	詼 조롱할 13	誨 가르칠 14	頮 세수할 16	獪 교활할 17
澮 봇도랑 17	檜 전나무 17	繪 그림 19	膾 회 19	懷 품을 20	鱠 고기이름 24
획	画 그을 8	劃 그을 14	嚄 외칠 17	獲 얻을 18	
횡	宖 집울릴 8	鈜 쇳소리 12	橫 가로 16	澋 물돌 16	鐄 종 20
효 爻	爻 사귈 4	孝 효도 7	効 본받을 8	洨 강이름 10	效 본받을 10

爨 글방 25

효	哮	肴	虖	庨	烋
	성낼 10	안주 10	울부짖을 10	집높을 10	거들거릴 10
娬	淲	崤	梟	窙	淆
영리할 11	물가 11	산이름 11	올빼미 11	높은기운 12	뒤섞일 12
傚	殽	熇	酵	歊	晶
본받을 12	섞일 12	마를 14	삭힐 14	오를 14	나타날 15
曉	餚	嘵	謼	斅	嚻
새벽 16	반찬 17	울릴 17	부를 18	가르칠 20	왁자지껄할 21
驍					
날랠 22					
후	朽	后	吼	吽	姁
	썩을 6	임금 6	울부짖을 7	짖을 7	할미 8
芋	厚	垕	後	侯	欨
토란 9	두터울 9	두터울 9	뒤 9	제후 9	거짓 10
候	珝	酗	帿	喉	堠
기후 10	옥이름 11	주정할 11	과녁 12	목구멍 12	봉화대 12
煦	煦	逅	嗅	猴	詡
불 12	따뜻할 13	만날 13	맡을 13	원숭이 13	자랑할 13
篌	餱	譃			
공후 15	건량 18	망언 19			

훈	訓 가르칠 10	焄 김쐴 11	勛 공 12	熏 불길 13	暈 무리 13
	塤 질나발 13	輝 빛날 13	熏 불길 14	勳 공 15	葷 매운채소 15	勳 공 16
	壎 질나발 17	曛 석양빛 18	燻 연기낄 18	獯 흉노 18	薰 향풀 19	纁 분홍빛 20
	薰 향풀 20	蕸 향풀 21	鑂 금빛날 22			
훌	欻 문득 12				
훙	薨 훙서 19				
훤	昍 밝을 8	烜 마를 10	喧 지껄일 12	愃 너그러울 13	煊 따뜻할 13
	暄 온난할 13	萱 원추리 15	諼 속일 16	諠 잊을 16		
훼	虺 풀 5	卉 풀 6	虺 살모사 9	芔 풀 9	喙 부리 12
	毁 헐 13	毀 헐 13	燬 불 17			

휘	煒 빛 13	彙 무리 13	暉 빛 13	輝 빛날 13	揮 휘두를 13
麾 기 15	輝 빛날 15	翬 훨훨날 15	諱 숨길 16	撝 찢을 16	徽 아름다울 17
휴	休 쉴 6	庥 그늘 9	咻 떠들 9	烋 아름다울 10	畦 밭두둑 11
攜 이끌 14	髤 옻칠할 16	鵂 수리부엉이 17	虧 이지러질 17	隳 무너뜨릴 23	
휼	卹 적을 8	恤 불쌍할 10	譎 속일 19	鷸 도요새 23	
흉	凶 흉할 4	匈 오랑캐 6	兇 흉악할 6	恟 두려워할 10	洶 용솟음칠 10
胸 가슴 12	胷 가슴 12				
흑	黑 검을 12				
흔	欣 기쁠 8	忻 기쁠 8	昕 새벽 8	炘 화끈거릴 8	很 어길 9
痕 흔적 11	惞 기뻐할 12	掀 치켜들 12	釁 피바를 25		

흘	仡 날랠 5	吃 말더듬을 6	屹 우뚝솟을 6	汔 거의 7	疙 쥐부스럼 8
	紇 묶을 9	迄 이를 10	訖 이를 10	齕 깨물 18	
흠	欠 하품 4	欽 공경할 12	歆 흠향할 13	廞 진열할 15	鑫 기쁠 24
흡	吸 마실 7	恰 흡사할 10	洽 흡족할 10	翕 합할 12	翕 합할 12
	噏 들이쉴 15	潝 빨리흐를 16	歙 줄일 16		
흥	興 일 16				
희	希 바랄 7	姬 여자 9	俙 비슷할 9	姬 여자 9	咥 웃을 9
	唏 슬퍼할 10	晞 마를 11	烯 불빛 11	悕 슬퍼할 11	欷 흐느낄 11	喜 기쁠 12
	稀 드물 12	熙 빛날 13	僖 기쁠 14	豨 멧돼지 14	熙 빛날 14	熙 빛날 14
	熙 빛날 14	嬉 아름다울 15	嘻 웃을 15	憙 기뻐할 16	憘 기쁠 16	橲 나무이름 16

희	羲	熹	曦	熺	噫
	복희씨 16	빛날 16	빛날 16	빛날 16	한숨쉴 16
戲	嬉	戲	禧	燹	譆
희롱할 16	기쁠 17	놀이 17	복 17	밤불 18	감탄소리 19
餼	爔	曦	犠	囍	
보낼 19	불 20	햇빛 20	희생 20	쌍희 22	
힐	犵	詰	頡	黠	纈
	오랑캐 7	꾸짖을 13	곧은목 15	약을 18	무늬비단 21
襭					
옷자락 21					

제 **4** 장

획수별, 오행별
한자 정리

8,142자

☞ 획수(劃數) : 원획(原劃)을 기준으로 산출

1획	수리오행 ㊍

1획	음령오행　水

乙 새을　　一 한일

2획	수리오행 ㊍

2획	음령오행　木

冂 멀경　　几 안석 궤

2획	음령오행　火

乃 이에 내　　刀 칼도　　力 힘력　　了 마칠료

2획	음령오행　土

卜 점복　　匕 비수 비

2획	음령오행　金

丁 장정 정　　刁 바랄 조

2획	음령오행　水

乂 벨예　　又 또우　　二 두이　　人 사람인

儿 사람인　　入 들입　　匸 감출혜

3획　수리오행 ⊗

3획	음령오행　木

干 방패간　　巾 수건건　　乞 빌걸　　工 장인공

久 오랠구　　口 입구　　弓 활궁　　己 몸기

3획	음령오행　火

女 여자녀　　大 큰대　　土 흙토

3획	음령오행　土

万 일만만　　亡 망할망　　凡 무릇범

3획	음령오행　金

巳 뱀사　　士 선비사　　山 뫼산　　三 석삼

上 윗상　　夕 저녁석　　小 작을소　　尸 주검시

3획	음령오행 　金

子 아들 자　　勺 구기 작　　丈 어른 장　　叉 갈래 차

川 내 천　　千 일천 천　　寸 마디 촌

3획	음령오행 　水

丫 가장귀 아　　也 잇기 야　　广 집 엄　　兀 우뚝할 올

幺 작을 요　　于 어조사 우　　已 이미 이　　弋 주살 익

刃 칼날 인　　廿 스물 입　　下 아래 하　　孑 외로울 혈

丸 둥글 환

4획　수리오행 ㉛

4획	음령오행 　木

介 낄 개　　犬 개 견　　公 공평할 공　　孔 구멍 공

戈 창 과　　勾 굽을 구　　厹 세모창 구　　仇 원수 구

勻 고를 균　　匀 고를 균　　斤 근 근　　今 이제 금

及 미칠 급　　夬 터놓을 쾌

4획	음령오행　火

內 안 내　　丹 붉을 단　　斗 말 두　　屯 진칠 둔

丹 정성 란　　太 클 태

4획	음령오행　土

毛 터럭 모　　木 나무 목　　毋 말 무　　无 없을 무

文 글월 문　　勿 말 물　　反 돌이킬 반　　方 모 방

卞 법 변　　丰 예쁠 봉　　不 아닐 부　　父 아버지 부

夫 지아비 부　　分 나눌 분　　不 아닐 불　　比 견줄 비

巴 꼬리 파　　片 조각 편　　匹 짝 필

4획	음령오행　金

四 넉 사　　卅 서른 삽　　少 적을 소　　水 물 수

手 손 수　　殳 창 수　　升 되 승　　心 마음 심

什 열사람 십　　双 두 쌍　　氏 각시 씨　　才 재주 재

切 끊을 절　　井 우물 정　　爪 손톱 조　　弔 조상할 조

中 가운데 중　　之 갈 지　　止 그칠 지　　支 지탱할 지

什 세간 집　　尺 자 척　　天 하늘 천　　切 온통 체

丑 소 축　　仄 기울 측

牙 어금니 아	卬 나 앙	厄 액 액	円 화폐단위 엔
予 나 여	刈 벨 예	午 낮 오	曰 가로 왈
夭 요절할 요	冗 쓸데없을 용	尤 더욱 우	友 벗 우
牛 소 우	云 이를 운	尹 이름 율	元 으뜸 원
月 달 월	尢 머뭇거릴 유	允 맏 윤	尹 성씨 윤
引 끌 인	仁 어질 인	日 날 일	壬 북방 임
廿 스물 입	仍 인할 잉	亢 높을 항	兮 어조사 혜
互 서로 호	戶 집 호	化 될 화	火 불 화
幻 헛보일 환	爻 사귈 효	凶 흉할 흉	欠 하품 흠

5획　수리오행 ⊕土

加 더할 가	可 옳을 가	刊 새길 간	甘 달 감
甲 갑옷 갑	勾 빌 개	去 갈 거	巨 클 거
尻 꽁무니 고	叩 두드릴 고	古 옛 고	功 공 공
瓜 오이 과	艸 쌍상투 관	広 넓을 광	巧 공교할 교

句 글귀 구　　呁 소리높힐 구　　丘 언덕 구　　句 글귀 귀

叫 부르짖을 규

奶 젖 내　　奴 종 노　　尼 여승 니　　旦 아침 단

代 대신할 대　　夳 나아갈 도　　叨 탐낼 도　　冬 겨울 동

仝 한가지 동　　乧 음역자 둘　　令 하여금 령　　另 헤어질 령

立 설 립　　他 다를 타　　台 별 태

末 끝 말　　皿 그릇 명　　母 어머니 모　　矛 창 모

目 눈 목　　卯 토끼 묘　　戊 천간 무　　未 아닐 미

民 백성 민　　半 반 반　　北 달아날 배　　白 흰 백

弁 고깔 변　　丙 남녁 병　　本 근본 본　　付 줄 부

北 북녁 북　　弗 아닐 불　　庀 다스릴 비　　丕 클 비

氷 얼음 빙　　叵 어려울 파　　叭 나팔 팔　　平 평평할 평

布 베 포　　包 쌀 포　　皮 가죽 피　　必 반드시 필

疋 짝 필　　乏 모자랄 핍

司 맡을 사	史 사기 사	仕 섬길 사	乍 잠깐 사
生 날 생	石 돌 석	屳 날 선	仙 신선 선
世 인간 세	召 부를 소	囚 가둘 수	承 이을 승
示 보일 시	市 저자 시	矢 화살 시	申 거듭 신
失 잃을 실	仔 자세할 자	卡 낄 잡	仗 의장 장
氐 근본 저	宁 쌓을 저	田 밭 전	占 점칠 점
正 바를 정	叮 정성스럴 정	左 왼 좌	主 주인 주
只 다만 지	叱 꾸짖을 질	且 또 차	扎 뺄 찰
札 편지 찰	冊 책 책	册 책 책	斥 물리칠 척
仟 일천 천	凸 볼록할 철	出 날 출	朮 차조 출
卮 잔 치			

央 가운데 앙	戹 좁을 액	冉 나아갈 염	永 길 영
五 다섯 오	玉 구슬 옥	瓦 기와 와	王 임금 왕
外 바깥 외	凹 오목할 요	用 쓸 용	宂 쓸데없을 용
右 오른쪽 우	由 말미암을 유	幼 어릴 유	尒 너 이
以 써 이	仞 길 인	孕 애밸 잉	夯 멜 항

玄 검을 현　　穴 구멍 혈　　叶 화합할 협　　兄 형 형

乎 어조사 호　　号 이름 호　　弘 클 홍　　　禾 벼 화

卉 풀 훼　　　仡 날랠 흘

6획　수리오행 ⊕土

| 6획 | 음령오행　木 |

各 각각 각　　奸 간사할 간　　艮 괘이름 간　　圶 땅이름 갈

价 클 개　　　件 물건 건　　　㐩 걸 걸　　　攷 생각할 고

曲 굽을 곡　　共 한가지 공　　夸 자랑할 과　　匡 바를 광

光 빛 광　　　交 사귈 교　　　臼 절구 구　　　汌 샘 궤

机 책상 궤　　圭 서옥 규　　　劤 힘 근　　　　劜 고달플 글

伋 속일 급　　亘 뻗칠 긍　　　亙 뻗칠 긍　　　企 꾀할 기

屺 민둥산 기　　伎 재간 기　　　吉 길할 길

| 6획 | 음령오행　火 |

年 해 년　　　多 많을 다　　　夛 많을 다　　　宅 댁 댁

6획	음령오행　火

忉	근심할 도	乭	이름 돌	同	한가지 동	劣	못할 렬
列	벌일 렬	礼	예도 례	老	늙을 로	耒	쟁기 뢰
六	여섯 륙	吏	벼슬 리	朵	늘어질 타	打	칠 타
宅	집 택	吐	토할 토				

6획	음령오행　土

卍	만자 만	妄	망령될 망	名	이름 명	牟	소우는 모
刎	목벨 문	米	쌀 미	朴	성씨 박	仿	헤맬 방
扒	뺄 배	百	일백 백	伐	칠 벌	氾	넘칠 범
帆	돛 범	犯	범할 범	并	아우를 병	伏	엎드릴 복
扑	칠 복	缶	장군 부	仳	떠날 비	圮	무너질 비
妃	왕비 비	份	빛날 빈	牝	암컷 빈	朳	고무래 팔
汃	물결소리 팔						

6획	음령오행　金

糸	실 사	寺	절 사	死	죽을 사	色	빛 색
西	서녘 서	亘	베풀 선	先	먼저 선	舌	혀 설
收	거둘 수	戍	수자리 수	守	지킬 수	夙	이를 숙

旬 열흘 순	戌 개 술	丞 정승 승	式 법 식
臣 신하 신	囟 정수리 신	字 글자 자	自 스스로 자
孖 쌍둥이 자	庄 씩씩할 장	匠 장인 장	壯 장할 장
再 두 재	在 있을 재	吊 조상할 적	全 온전 전
灯 등잔 정	汀 물가 정	打 칠 정	早 이를 조
兆 조 조	存 있을 존	伀 두려워할 종	州 고을 주
舟 배 주	朱 붉을 주	丢 잃어버릴 주	竹 대 죽
仲 버금 중	汁 즙 즙	劦 굳건할 지	地 땅 지
旨 뜻 지	至 이를 지	尽 다할 진	次 버금 차
此 이 차	舛 어그러질 천	尖 뾰족할 첨	艸 풀 초
吋 꾸짖을 촌	充 채울 충	冲 찌를 충	虫 벌레 충

安 편안 안	穵 구멍 알	仰 우러를 앙	羊 양 양
如 같을 여	亦 또 역	曳 끌 예	伍 다섯사람 오
仵 짝 오	圬 흙손 오	刓 깎을 완	羽 깃 우
圩 오목할 우	宇 집 우	吁 탄식할 우	旭 아침해 욱
刖 벨 월	危 위태할 위	有 있을 유	肉 고기 육

聿 붓 율　　戎 병장기 융　　圪 흙우뚝할 을　　衣 옷 의

耳 귀 이　　弛 늦출 이　　而 말이을 이　　夷 오랑캐 이

伊 저 이　　印 도장 인　　忈 어질 인　　因 인할 인

任 맡길 임　　合 합할 합　　伉 짝 항　　行 항렬 항

亥 돼지 해　　行 다닐 행　　向 향할 향　　血 피 혈

刑 형벌 형　　好 좋을 호　　冴 찰 호　　回 돌아올 회

会 모일 회　　灰 재 회　　朽 썩을 후　　后 임금 후

卉 풀 훼　　休 쉴 휴　　匈 오랑캐 흉　　兇 흉악할 흉

吃 말더듬을 흘　　屹 우뚝솟을 흘

| 7획 | 음령오행 木 |

伽 절 가　　却 물리칠 각　　角 뿔 각　　杆 몽둥이 간

忓 방해할 간　　坎 구덩이 감　　匣 갑 갑　　江 강 강

扛 들 강　　杠 외나무다리 강　　改 고칠 개　　坑 구덩이 갱

更 다시 갱　　車 수레 거　　刦 겁탈할 겁　　刧 겁탈할 겁

劫 위협할 겁	見 볼 견	岭 산높을 겸	更 고칠 경
冏 빛날 경	囧 빛날 경	坙 지하수 경	戒 경계할 계
系 맬 계	估 값 고	告 고할 고	谷 골 곡
困 곤할 곤	攻 칠 공	串 땅이름 곶	串 꿸 관
宏 클 굉	求 구할 구	佝 꼽추 구	扣 두드릴 구
灸 뜸 구	劬 수고로울 구	究 연구할 구	局 판 국
君 임금 군	糺 꼴 규	均 고를 균	克 이길 극
妗 외숙모 금	皀 고소할 급	岌 높을 급	圾 위태할 급
岐 갈림길 기	圻 경기 기	杞 구기자 기	妓 기생 기
忌 꺼릴 기	弃 버릴 기	庋 시렁 기	

男 사내 남	佞 아첨할 녕	努 힘쓸 노	尿 오줌 뇨
呐 말더듬을 눌	但 다만 단	坍 무너질 담	汏 일 대
昊 햇빛 대	禿 대머리 독	彤 붉을 동	杜 막을 두
豆 콩 두	卵 알 란	来 올 래	冷 찰 랭
良 어질 량	呂 성씨 려	伶 영리할 령	弄 희롱할 롱
牢 우리 뢰	里 마을 리	李 오얏 리	利 이로울 리

7획	음령오행 火

吝 아낄 린　　佗 다를 타　　妥 온당할 타　　托 맡길 탁

吞 삼킬 탄　　忐 맘허할 탐　　兌 기쁠 태　　兔 토끼 토

妒 투기할 투　　佟 강이름 통　　忑 변할 특

7획	음령오행 土

忙 바쁠 망　　忘 잊을 망　　汒 황급할 망　　每 매양 매

呆 어리석을 매　　免 면할 면　　牡 수컷 모　　皃 얼굴 모

妙 묘할 묘　　巫 무당 무　　吻 입술 문　　尾 꼬리 미

伴 짝 반　　坊 동네 방　　妨 방해할 방　　尨 삽살개 방

彷 헤맬 방　　坏 언덕 배　　貝 조개 배　　伯 맏 백

汎 넓을 범　　杋 뗏목 범　　采 분별할 변　　別 나눌 별

兵 병사 병　　步 걸음 보　　甫 클 보　　夆 끌 봉

孚 미쁠 부　　否 아닐 부　　帉 걸레 분　　坌 먼지 분

吩 분부할 분　　体 용렬할 분　　佛 부처 불　　庇 덮을 비

屁 방귀 비　　姒 죽은어미 비　　伾 힘셀 비　　妑 새앙머리 파

坂 언덕 판　　判 판단할 판　　孛 살별 패　　貝 조개 패

吠 짖을 폐　　佈 펼 포　　杓 북두자루 표　　佖 점잖을 필

似 닮을 사 | 私 사사 사 | 伺 엿볼 사 | 些 적을 사
氾 지류 사 | 刪 깎을 산 | 汕 오구 산 | 杉 삼나무 삼
床 평상 상 | 恕 용서할 서 | 序 차례 서 | 汐 조수 석
成 이룰 성 | 成 이룰 성 | 忕 익숙해질 세 | 邵 높을 소
佋 소개할 소 | 劭 힘쓸 소 | 束 묶을 속 | 宋 송나라 송
寿 목숨 수 | 秀 빼어날 수 | 汚 헤엄칠 수 | 巡 순행할 순
豕 돼지 시 | 辰 때 신 | 辛 매울 신 | 身 몸 신
汛 물뿌릴 신 | 伸 펼 신 | 孜 힘쓸 자 | 灼 불사를 작
汋 삶을 작 | 犳 아롱짐승 작 | 作 지을 작 | 岑 봉우리 잠
妝 꾸밀 장 | 壯 장할 장 | 杖 지팡이 장 | 扗 있을 재
材 재목 재 | 灾 재앙 재 | 災 재앙 재 | 低 낮을 저
佇 우두커니 저 | 赤 붉을 적 | 甸 경기 전 | 佃 밭갈 전
吮 빨 전 | 岊 산모퉁이 절 | 佔 볼 점 | 呈 드릴 정
町 밭두둑 정 | 姸 얌전할 정 | 玎 옥소리 정 | 廷 조정 정
疔 헌데 정 | 征 황급할 정 | 弟 아우 제 | 助 도울 조
皁 하인 조 | 足 발 족 | 佐 도울 좌 | 坐 앉을 좌
走 달릴 주 | 住 살 주 | 即 곧 즉 | 吱 가는소리 지

7획	음령오행 金		
志 뜻 지	坁 머무를 지	池 못 지	厎 숫돌 지
址 터 지	辰 별 진	岔 갈림길 차	車 수레 차
初 처음 초	村 마을 촌	忖 헤아릴 촌	吹 불 취
豸 벌레 치	七 일곱 칠		

7획	음령오행 水		
我 나 아	亜 버금 아	児 아이 아	犴 들개 안
冶 풀무 야	言 말씀 언	余 나 여	汝 너 여
妤 여관 여	役 부릴 역	均 고를 연	姸 고울 연
延 늘일 연	囧 못 연	吾 나 오	汙 더러울 오
汚 더러울 오	吳 성씨 오	杌 그루터기 올	囮 후림새 와
岏 가파를 완	完 완전할 완	妧 좋을 완	妖 요사할 요
甬 길 용	扜 당길 우	佑 도울 우	宋 비 우
杅 잔 우	盯 클 우	夽 높을 운	位 자리 위
酉 닭 유	攸 바 유	圻 지경 은	听 웃을 은
吟 읊을 음	邑 고을 읍	矣 어조사 의	杝 피나무 이
忎 어질 인	沏 젖어붙을 인	物 찰 인	忍 참을 인
抈 기쁠 일	佚 편안할 일	妊 애밸 임	岈 땅이름 하

何 어찌 하	呀 입딱벌릴 하	忓 방해할 한	旱 가물 한
汗 땀 한	扞 막을 한	含 머금을 함	杏 살구 행
見 뵈올 현	夾 낄 협	形 모양 형	亨 형통할 형
囫 온전할 홀	汞 수은 홍	孝 효도 효	吼 울부짖을 후
吽 짖을 후	汔 거의 흘	吸 마실 흡	希 바랄 희
犵 오랑캐 힐			

8획   수리오행 ㉮

呵 꾸짖을 가	佳 아름다울 가	坷 울퉁불퉁 가	刻 새길 각
侃 굳셀 간	玕 옥돌 간	秆 짚 간	砑 산돌 간
坩 도가니 감	岬 곶 갑	忼 강개할 강	岡 산등성이 강
羌 오랑캐 강	玒 옥이름 강	矼 징검다리 강	居 살 거
呿 입벌릴 거	杰 뛰어날 걸	決 결단할 결	抉 도려낼 결
坰 들 경	庚 별 경	炅 빛날 경	京 서울 경
季 계절 계	居 이를 계	刳 가를 고	固 굳을 고
杲 밝을 고	考 생각할 고	姑 시어미 고	孤 외로울 고

8획	음령오행 木

呱 울고	坤 땅곤	昆 맏곤	汩 골몰할 골
空 빌공	供 이바지할 공	果 실과 과	侉 자랑할 과
官 벼슬 관	刮 긁을 괄	佸 힘쓸 괄	狂 미칠 광
炚 빛 광	炛 빛 광	侊 성찬 광	卦 점괘 괘
乖 어그러질 괴	佼 예쁠 교	具 갖출 구	坸 때 구
岣 산꼭대기 구	坵 언덕 구	疚 오랜병 구	玖 옥돌 구
咎 허물 구	国 나라 국	匊 움켜뜰 국	屈 굽힐 굴
穹 하늘 궁	券 문서 권	卷 책 권	佹 의지할 궤
虯 규룡 규	糾 얽힐 규	刲 찌를 규	囷 곳집 균
昑 밝을 금	金 쇠 금	汲 길을 급	扱 미칠 급
歧 갈림길 기	其 그 기	炁 기운 기	奇 기특할 기
汽 끓는김 기	沂 물이름 기	肌 살가죽 기	技 재주 기
祁 성할 기	玘 패옥 기	忮 해칠 기	忯 사랑할 기
佶 헌걸찰 길	金 성 김	快 쾌할 쾌	

8

奈 어찌 나　　栴 녹나무 남　　奈 어찌 내　　秊 해 년

念 생각 념　　弩 쇠뇌 노　　孥 자식 노　　呶 지껄일 노

杻 감탕나무 뉴　　忸 익을 뉴　　呢 소곤거릴 니　　妲 여자이름 달

炎 불탈 담　　沓 겹칠 답　　坮 대 대　　岱 대산 대

坮 집터 대　　到 이를 도　　弢 활집 도　　毒 독 독

旽 밝을 돈　　沌 엉길 돈　　咄 꾸짖을 돌　　東 동녘 동

侗 무지할 동　　枓 두공 두　　抖 떨 두　　來 올 래

兩 두 량　　戾 어그러질 려　　冽 맑을 렬　　岭 고개 령

岺 고개 령　　吟 속삭일 령　　姈 슬기로울 령　　囹 옥 령

例 법식 례　　彔 새길 록　　侖 생각할 륜　　肋 갈빗대 륵

林 수풀 림　　岦 산우뚝할 립　　坨 비탈질 타　　卓 높을 탁

矺 돌로칠 탁　　坼 터질 탁　　坦 평탄할 탄　　帑 금고 탕

宕 호탕할 탕　　孡 아이밸 태　　汰 일 태　　兔 토끼 토

投 던질 투　　妬 샘낼 투

帕 머리띠 말　　枚 낱 매　　妹 누이 매　　孟 맏 맹

甿 백성 맹　　盲 소경 맹　　岷 이주백성 맹　　沔 물이름 면

命 목숨 명	明 밝을 명	侔 가지런할 모	姆 유모 모
沐 머리감을 목	牧 칠 목	沒 빠질 몰	歿 죽을 몰
杳 아득할 묘	武 호반 무	抆 닦을 문	炆 따뜻할 문
門 문 문	汶 물이름 문	物 물건 물	沕 아득할 물
弥 두루 미	味 맛 미	侎 어루만질 미	采 점점 미
岷 산이름 민	旻 하늘 민	旼 화할 민	忞 힘쓸 민
忞 힘쓸 민	扳 끌 반	攽 나눌 반	放 놓을 방
枋 다목 방	昉 밝을 방	房 방 방	杯 잔 배
帛 비단 백	佰 일백 백	忭 기뻐할 변	抃 손뼉칠 변
並 나란히 병	幷 아우를 병	秉 잡을 병	玨 옥그릇 보
步 걸음 보	宝 보배 보	宓 성씨 복	服 옷 복
甫 음역자 볼	奉 받들 봉	斧 도끼 부	扶 도울 부
府 마을 부	咐 분부할 부	阜 언덕 부	抔 움킬 부
氛 기운 분	扮 꾸밀 분	枌 나무이름 분	奔 달릴 분
忿 성낼 분	汾 클 분	昐 햇빛 분	佛 비슷할 불
岪 산길 불	朋 벗 붕	沘 강이름 비	卑 낮을 비
枇 비파나무 비	批 비평할 비	非 아닐 비	凭 기댈 빙
爬 긁을 파	岥 비탈 파	杷 비파나무 파	爸 아비 파

8획	음령오행　土

坡 언덕 파　　把 잡을 파　　板 널빤지 판　　版 판목 판

八 여덟 팔　　沛 비쏟아질 패　佩 찰 패　　坪 들 평

咆 고함지를 포　庖 부엌 포　　表 겉 표　　彼 저 피

咇 향기로울 필

8획	음령오행　金

咋 깨물 사　　姒 동서 사　　沙 모래 사　　社 모일 사

事 일 사　　　祀 제사 사　　舍 집 사　　　卸 풀 사

使 하여금 사　疝 산증 산　　姍 헐뜯을 산　乷 음역자 살

尚 오히려 상　牀 평상 상　　狀 형상 상　　抒 펼 서

矽 석비레 석　昔 옛 석　　　析 쪼갤 석　　姓 성씨 성

所 바 소　　　松 소나무 송　刷 인쇄할 쇄　垂 드리울 수

受 받을 수　　岫 산굴 수　　岫 산굴 수　　叔 아저씨 숙

帥 사귈 순　　徇 재빠를 순　垰 높을 술　　虱 이 슬

丞 도울 승　　昇 오를 승　　承 이을 승　　侍 모실 시

始 비로소 시　兕 외뿔들소 시　侁 걸을 신　　呻 읊조릴 신

実 열매 실　　沈 성씨 심　　沁 스며들 심　炙 구울 자

呰 구차할 자　秄 북돋울 자　姉 누이 자　　姊 누이 자

8획	음령오행　金

刺	찌를 자	岞	산높을 작	長	길 장	狀	문서 장
戕	죽일 장	爭	다툴 쟁	杵	공이 저	姐	누이 저
岨	돌산 저	底	밑 저	杼	북 저	咀	씹을 저
的	과녁 적	炙	구울 적	狄	오랑캐 적	届	구멍 전
典	법 전	佺	신선이름 전	折	꺾을 절	店	가게 점
岾	땅이름 점	夵	점 점	姃	단정할 정	政	정사 정
定	정할 정	征	칠 정	制	절제할 제	枣	대추 조
徂	갈 조	佻	미련할 조	找	채울 조	卒	마칠 졸
宗	마루 종	侏	난쟁이 주	周	두루 주	呪	빌 주
姓	사람이름 주	侜	속일 주	宙	집 주	枝	가지 지
坁	모래섬 지	沚	물가 지	怟	믿을 지	泜	붙을 지
抵	손바닥 지	知	알 지	直	곧을 직	杓	바디 진
侄	어리석을 질	帙	책권차례 질	侘	낙망할 차	佽	도울 차
刹	절 찰	刱	비롯할 창	昌	창성할 창	采	캘 채
妻	아내 처	刺	찌를 척	坧	터 척	玔	옥고리 천
忝	더럽힐 첨	帖	문서 첩	呫	소곤거릴 첩	妾	첩 첩
靑	푸를 청	靑	푸를 청	杪	끝 초	岹	높을 초
炒	볶을 초	抄	뽑을 초	帚	비 추	隹	새 추

竺 나라이름 축　姁 동서 축　豕 돼지걸음 축　忡 근심할 충

沖 찌를 충　忠 충성 충　取 가질 취　炊 불땔 취

昃 기울 측　侈 사치할 치　枕 베개 침　沈 잠길 침

忱 정성 침

亞 버금 아　妸 아름다울 아　兒 아이 아　妿 여자스승 아

枒 야자나무 아　岳 큰산 악　研 깨끗할 안　岸 언덕 안

侒 편안 안　軋 삐걱거릴 알　岩 바위 암　坱 먼지 앙

昂 밝을 앙　艾 쑥 애　厓 언덕 애　呃 닭소리 액

扼 잡을 액　夜 밤 야　佯 거짓 양　於 어조사 어

抑 누를 억　奄 문득 엄　易 바꿀 역　沇 강이름 연

兖 바를 연　炎 불꽃 염　咏 읊을 영　兒 아이 예

艾 쑥 예　沊 물굽이 예　枘 장부 예　忤 거스를 오

昈 밝을 오　沃 기름질 옥　臥 누울 와　枙 옹이 와

扤 꺾을 완　宛 완연할 완　忨 탐할 완　抏 어루만질 완

往 갈 왕　枉 굽을 왕　汪 넓을 왕　旺 왕성할 왕

殀 요절할 요　坳 팬곳 요　雨 비 우　盂 사발 우

玗 옥돌 우	盱 쳐다볼 우	沄 돌아흐를 운	沅 강이름 원
杬 나무이름 원	委 맡길 위	侑 도울 유	呦 울 유
乳 젖 유	沇 흐를 윤	昀 햇빛 윤	汩 흐를 율
宜 마땅 의	依 의지할 의	佴 버금 이	易 쉬울 이
隶 이를 이	佾 줄춤 일	学 배울 학	罕 드물 한
函 함 함	匊 돌 합	杭 건널 항	抗 겨룰 항
沆 넓을 항	炕 말릴 항	咍 비웃을 해	劾 꾸짖을 핵
幸 다행 행	享 누릴 향	昍 밝을 헌	侐 고요할 혁
呟 소리 현	弦 시위 현	妶 여자이름 현	洽 화할 협
協 화합할 협	侀 이룰 형	虎 범 호	呼 부를 호
岵 산 호	洉 찰 호	昊 하늘 호	弧 활 호
或 혹 혹	昏 어두울 혼	忽 갑자기 홀	和 화할 화
佪 어정거릴 회	画 그을 획	宖 집울릴 횡	效 본받을 효
姁 할미 후	旻 밝을 훤	䘏 적을 휼	欣 기쁠 흔
忻 기쁠 흔	昕 새벽 흔	炘 화끈거릴 흔	疙 쥐부스럼 흘

9획	음령오행 木

柯 가지 가　　架 시렁 가　　枷 칼 가　　卻 물리칠 각

咯 토할 각　　柬 가릴 간　　肝 간 간　　姦 간사할 간

竿 낚싯대 간　　看 볼 간　　衎 즐길 간　　曷 어찌 갈

柑 귤 감　　泔 뜨물 감　　弇 사람이름 감　　玪 옥돌 감

舡 배 강　　姜 생강 강　　皆 다 개　　疥 옴 개

玠 홀 개　　客 손 객　　拒 막을 거　　昛 밝을 거

炬 햇불 거　　建 세울 건　　怯 겁낼 겁　　畎 밭도랑 견

挈 맑을 결　　玦 패옥 결　　拑 입다물 겸　　涇 거의 경

勁 굳셀 경　　剄 목맬 경　　畊 밭갈 경　　扃 빗장 경

京 서울 경　　俓 지름길 경　　係 맬 계　　契 맺을 계

癸 북방 계　　計 셀 계　　界 지경 계　　枯 마를 고

牯 암소 고　　故 연고 고　　沽 팔 고　　科 과목 과

冠 갓 관　　咼 입틀어질 괘　　怪 괴이할 괴　　拐 후릴 괴

訇 큰소리 굉　　咬 물 교　　姣 아리따울 교　　狗 개 구

俅 공손할 구　　枸 구기자 구　　柩 널 구　　昫 따뜻할 구

垢 때 구　　姤 만날 구　　韭 부추 구　　九 아홉 구

拘 잡을 구   軍 군사 군   芎 궁궁이 궁   軌 바퀴자국 궤

奎 별 규   赳 헌걸찰 규   畇 개간할 균   亟 빠를 극

尅 이길 극   㞉 술잔 근   肋 힘줄 근   契 부족이름 글

急 급할 급   矜 자랑할 긍   祇 땅귀신 기   紀 벼리 기

祈 빌 기   姞 삼갈 길

挐 붙잡을 나   奈 어찌 나   南 남녘 남   耐 견딜 내

柰 능금나무 내   拈 집을 념   怒 성낼 노   柅 무성할 니

怩 부끄러울 니   泥 진흙 니   昵 친할 닐   担 떨칠 단

胆 밝을 단   耑 시초 단   段 층계 단   彖 판단할 단

怛 슬플 달   畓 논 답   待 기다릴 대   抬 들 대

度 법도 도   突 갑자기 돌   峒 산이름 동   哃 큰소리칠 동

垌 항아리 동   肚 배 두   窀 광중 둔   剆 가지칠 라

剌 발랄할 랄   拉 끌 랍   亮 밝을 량   俍 좋을 량

侶 짝 려   泠 깨우칠 령   怜 영리할 령   昤 햇빛 령

牢 우리 로   柳 버들 류   律 법칙 률   泐 돌갈라질 륵

厘 다스릴 리   俐 똑똑할 리   俚 속될 리   玲 옥 림

9

9획	음령오행　火

咤 꾸짖을 타　　挖 끌 타　　拖 끌 타　　沱 물이름 타

柁 키 타　　柝 딱따기 탁　　拓 박을 탁　　沰 붉을 탁

拆 터질 탁　　度 헤아릴 탁　　炭 숯 탄　　侻 추할 탈

眈 노려볼 탐　　怠 게으를 태　　殆 위태할 태　　坨 사람이름 택

9획	음령오행　土

沫 물거품 말　　抹 지울 말　　罔 그물 망　　芒 까끄라기 망

沬 땅이름 매　　玫 매괴 매　　昧 어두울 매　　虻 등에 맹

眄 곁눈질할 면　　面 낯 면　　俛 힘쓸 면　　勉 힘쓸 면

明 밝을 명　　眊 눈흐릴 모　　冒 무릅쓸 모　　某 아무 모

侮 업신여길 모　　姥 할미 모　　眇 묘할 묘　　昴 별이름 묘

眇 애꾸눈 묘　　拇 엄지 무　　眉 눈썹 미　　美 아름다울 미

弭 활고자 미　　敃 강인할 민　　泯 망할 민　　眅 볼 민

砇 옥돌 민　　玟 옥돌 민　　泊 머무를 박　　拍 칠 박

盼 눈예쁠 반　　泮 물가 반　　叛 배반할 반　　拌 버릴 반

勃 노할 발　　炦 불기운 발　　拔 뽑을 발　　厖 클 방

盃 잔 배　　拜 절 배　　柏 측백 백　　泛 뜰 범

法 법 법　　便 똥오줌 변　　炦 불기운 별　　昺 불꽃 병

晜 불꽃 병 炳 불꽃 병 柄 자루 병 抦 잡을 병
備 도울 보 保 지킬 보 封 봉할 봉 芃 풀무성할 봉
赴 다다를 부 訃 부고 부 俘 사로잡을 부 拊 어루만질 부
玞 옥돌 부 負 질 부 盆 동이 분 砏 큰소리 분
拂 떨칠 불 沸 끓을 비 飛 날 비 毗 도울 비
毘 도울 비 泌 분비할 비 狒 짐승 비 砒 비상 비
狉 삵새끼 비 毖 삼갈 비 秕 쭉정이 비 玭 구슬이름 빈
怕 두려워할 파 波 물결 파 祊 제사이름 팽 扁 작을 편
便 편할 편 泙 물소리 평 枰 바둑판 평 怦 조급할 평
抨 탄핵할 평 泡 거품 포 炰 구울 포 甬 길 포
抛 던질 포 拋 던질 포 怖 두려워할 포 抱 안을 포
炮 통구이 포 品 물건 품 風 바람 풍 披 헤칠 피
泌 스며흐를 필

俟 기다릴 사 砂 모래 사 泗 물이름 사 思 생각 사
柶 수저 사 查 조사할 사 削 깎을 삭 衫 적삼 삼
峠 고개 상 相 서로 상 庠 학교 상 省 덜 생

牲 희생 생　叙 펼 서　宣 베풀 선　契 사람이름 설

泄 샐 설　星 별 성　省 살필 성　性 성품 성

姻 계집 세　泝 거스를 소　沼 못 소　昭 밝을 소

炤 밝을 소　咲 웃음 소　招 흔들릴 소　俗 풍속 속

㧼 솔 솔　帥 거느릴 솔　首 머리 수　帥 장수 수

泅 헤엄칠 수　峋 깊숙할 순　紃 끈 순　姁 다달을 순

徇 돌 순　盾 방패 순　肫 졸 순　柿 감나무 시

柹 감나무 시　柿 감나무 시　洂 강이름 시　屎 인분 시

枲 모시풀 시　施 베풀 시　眠 볼 시　柴 섶 시

是 이 시　屍 주검 시　食 밥 식　姺 걸을 신

信 믿을 신　哂 비웃을 신　矧 하물며 신　室 집 실

甚 심할 심　泚 강이름 자　妁 며루 자　姿 모양 자

咨 물을 자　耔 북돋을 자　柘 산뽕나무 자　柞 나무이름 작

斫 벨 작　作 부끄러울 작　昨 어제 작　炸 터질 작

芍 함박꽃 작　哉 어조사 재　粂 재계할 재　牴 닿을 저

沮 막을 저　抵 막을 저　柢 뿌리 저　狙 원숭이 저

畎 밭갈 전　前 앞 전　畑 화전 전　点 점 점

貞 곧을 정　侹 긴모양 정　怔 두려워할 정　訂 바로잡을 정

炡 빛날 정 　 柾 사람이름 정 　 酊 술취할 정 　 亭 정자 정

穽 함정 정 　 姼 예쁠 제 　 帝 임금 제 　 昭 비출 조

俎 도마 조 　 殂 죽을 조 　 拙 옹졸할 졸 　 柊 나무이름 종

剉 꺾을 좌 　 柱 기둥 주 　 紂 끈 주 　 注 물댈 주

拄 버틸 주 　 炷 심지 주 　 奏 아뢸 주 　 姝 예쁠 주

胄 투구 주 　 俊 준걸 준 　 瓨 줄 줄 　 重 무거울 중

卽 곧 즉 　 泜 강이름 지 　 祉 복 지 　 咫 여덟치 지

枳 탱자 지 　 殄 다할 진 　 侲 동자 진 　 抮 되돌릴 진

眕 밝을 진 　 垤 개미둑 질 　 姪 조카 질 　 咠 참소할 집

姹 자랑할 차 　 昶 해길 창 　 柵 울타리 책 　 拓 넓힐 척

穿 뚫을 천 　 泉 샘 천 　 芊 풀무성할 천 　 祆 하늘 천

沾 더할 첨 　 怗 고요할 첩 　 剃 머리깎을 체 　 砌 섬돌 체

俏 닮을 초 　 肖 닮을 초 　 招 부를 초 　 秒 분초 초

怊 슬플 초 　 促 재촉할 촉 　 秋 가을 추 　 抽 뽑을 추

酋 우두머리 추 　 春 봄 춘 　 治 다스릴 치 　 峙 언덕 치

哆 클 치 　 則 법칙 칙 　 勅 칙서 칙 　 柒 옻 칠

侵 침노할 침

研 갈 아	俄 아까 아	咢 놀랄 악	姲 종용할 안
押 누를 압	狎 익숙할 압	泱 끝없을 앙	昻 밝을 앙
怏 원망할 앙	殃 재앙 앙	哀 슬플 애	耶 어조사 야
約 맺을 약	徉 노닐 양	昜 볕 양	彦 선비 언
彦 선비 언	匽 엎드릴 언	垫 땅이름 얼	疫 전염병 역
姸 고울 연	衍 넓을 연	沿 물따라갈 연	兗 바를 연
娟 예쁠 연	咽 목멜 열	染 물들 염	栐 나무이름 영
映 비칠 영	栄 영화 영	盈 찰 영	泳 헤엄칠 영
帠 법 예	羿 사람이름 예	俣 갈래질 오	悟 맞이할 오
屋 집 옥	昷 어질 온	瓮 독 옹	禺 원숭이 옹
哇 토할 와	玩 희롱할 완	歪 기울 왜	娃 예쁠 왜
畏 두려워할 외	突 깊을 요	姚 예쁠 요	要 요긴할 요
拗 우길 요	祅 재앙 요	勇 날랠 용	俑 목우 용
紆 굽을 우	疣 사마귀 우	禹 성씨 우	俁 클 우
芋 토란 우	竽 피리 우	昱 햇빛밝을 욱	垣 낮은담 원
貟 수효 원	怨 원망할 원	爰 이에 원	韋 가죽다룰 위
威 위엄 위	俞 대답할 유	幽 그윽할 유	油 기름 유
宥 너그러울 유	兪 대답할 유	囿 동산 유	柔 부드러울 유

柚 유자 유	臾 잠깐 유	泑 잿물 유	姷 짝 유
玧 구슬 윤	垠 지경 은	怡 기쁠 이	泣 울 읍
嫕 여자옷 의	姨 이모 이	咿 선웃음 이	瓵 아름다울 이
姛 여자이름 이	姙 애밸 임	咽 목구멍 인	姻 혼인 인
洪 끓을 일	抲 지휘할 하	欪 웃을 하	河 물 하
昰 여름 하	柙 우리 합	虐 모질 학	咸 다 함
哈 고기많을 합	缸 항아리 항	巷 거리 항	肛 항문 항
姮 항아 항	垓 지경 해	祄 도울 해	咳 기침 해
孩 어린아이 해	奕 클 혁	香 향기 향	革 가죽 혁
弈 바둑 혁	恔 쾌할 현	炫 밝을 현	俔 염탐할 현
泫 빛날 현	俠 의기로울 협	昡 햇빛 현	頁 머리 혈
匧 상자 협	盼 흘겨볼 혜	泂 멀 형	型 모형 형
炯 빛날 형	俒 완전할 혼	芐 지황 호	怙 믿을 호
狐 여우 호	紅 붉을 홍	哄 떠들썩할 홍	虹 무지개 홍
泓 물깊을 홍	悅 멍할 황	宦 고자 환	奐 빛날 환
紈 흰비단 환	廻 돌 회	肓 명치끝 황	況 상황 황
皇 임금 황	垕 두터울 후	徊 머뭇거릴 회	芋 토란 후
厚 두터울 후		後 뒤 후	侯 제후 후

虺 살모사 훼　莽 풀 훼　麻 그늘 휴　咻 떠들 휴
很 어길 흔　紇 묶을 흘　姬 여자 희　俙 비슷할 희
姬 여자 희　唔 웃을 희

10획　수리오행 ㊌

痂 딱지 가　珂 마노 가　珈 머리꾸미개 가　哥 성씨 가
哿 옳을 가　家 집 가　埆 메마를 각　恪 삼갈 각
珏 쌍옥 각　迂 구할 간　赶 달릴 간　栞 표할 간
疳 감질 감　豇 광저기 강　剛 굳셀 강　豈 개가 개
芥 겨자 개　個 낱 개　倨 거만할 거　祛 떨 거
秬 찰기장 거　虔 공경할 건　桀 홰 걸　芡 기시연 검
格 격식 격　鬲 막을 격　挌 칠 격　肩 어깨 견
缺 이지러질 결　兼 겸할 겸　哽 목맬 경　耕 밭갈 경
耿 빛 경　倞 셀 경　勍 셀 경　徑 지름길 경
桂 계수나무 계　烓 화덕 계　羖 검은암양 고　庫 곳집 고

股	넓적다리 고	高	높을 고	栲	북나무 고	羔	새끼양 고
皋	언덕 고	凅	얼어붙을 고	拷	칠 고	哭	울 곡
袞	곤룡포 곤	骨	뼈 골	恭	공손할 공	栱	두공 공
恐	두려울 공	貢	바칠 공	倥	어리석을 공	蚣	지네 공
拱	팔짱 공	栝	노송나무 괄	括	묶을 괄	恝	여유없을 괄
恇	겁낼 광	桄	광랑나무 광	框	문테 광	洸	성낼 광
挂	그림족자 괘	紘	끈 굉	肱	팔뚝 굉	狡	교활할 교
晈	달빛 교	校	학교 교	痀	곱사등이 구	矩	모날 구
篝	쌀 구	俱	함께 구	玽	옥돌 구	倔	고집셀 굴
躬	몸 궁	宮	집 궁	倦	게으를 권	勌	게으를 권
拳	주먹 권	鬼	귀신 귀	屐	나막신 극	尅	이길 극
芹	미나리 근	根	뿌리 근	衿	옷깃 금	衾	이불 금
笒	첨대 금	芩	풀이름 금	級	등급 급	芨	말오줌나무 급
笈	책상자 급	肯	즐길 긍	旂	기 기	記	기록할 기
氣	기운 기	耆	늙을 기	芪	단너삼 기	肵	도마 기
剞	새김칼 기	芰	세발마름 기	豈	어찌 기	起	일어날 기
桔	도라지 길	拮	일할 길				

10

10획	음령오행 火

𡖈 많을 나	拏 붙잡을 나	娜 아름다울 나	拿 잡을 나
衲 기울 납	納 들일 납	娘 여자 낭	恬 편안할 념
峱 산이름 노	肭 살찔 눌	衵 부드러울 뉴	紐 맺을 뉴
衄 코피 뉵	祢 아비사당 니	爹 아버지 다	疸 황달 달
倓 고요할 담	唐 당나라 당	倘 혹시 당	玳 대모 대
倒 넘어질 도	挑 돋울 도	徒 무리 도	桃 복숭아 도
島 섬 도	洮 씻을 도	洞 골 동	烔 뜨거울 동
疼 아플 동	涷 얼 동	桐 오동나무 동	蚪 올챙이 두
芚 싹나올 둔	砢 돌쌓일 라	倮 알몸 라	洛 물이름 락
烙 지질 락	埒 낮은담 랄	𢈞 높을 랑	凉 서늘할 량
倆 재주 량	旅 나그네 려	洌 맑을 렬	烈 매울 렬
挒 비틀 렬	秢 나이 령	玲 옥소리 령	料 헤아릴 료
竜 용 룡	留 머무를 류	倫 인륜 륜	栗 밤 률
倰 속일 릉	凌 업신여길 릉	唎 가는소리 리	哩 어조사 리
砬 돌소리 립	託 부탁할 탁	倬 클 탁	耽 즐길 탐
珆 옥무늬 태	娧 더딜 태	泰 클 태	討 칠 토
洞 밝을 통	恫 상심할 통	套 씌울 투	特 특별할 특

馬 말 마	娩 낳을 만	秣 꼴 말	毳 끝 말
邙 북망산 망	埋 묻을 매	眛 어두울 매	眠 잘 면
洺 강이름 명	冥 어두울 명	袂 소매 몌	旄 깃대장식 모
耄 늙은이 모	耗 소모할 모	芼 우거질 모	悙 탐할 모
畮 이랑 묘	畝 이랑 무	們 들 문	蚊 모기 문
紋 무늬 문	紊 어지러울 문	洣 강이름 미	敉 어루만질 미
娓 예쁠 미	珉 옥돌 민	亳 땅이름 박	剝 벗길 박
珀 호박 박	般 가지 반	畔 밭두둑 반	胖 나눌 반
哱 어지러울 발	旁 곁 방	紡 길쌈 방	芳 꽃다울 방
舫 방주 방	蚌 방합 방	倣 본뜰 방	肪 살찔 방
倍 곱 배	配 나눌 배	俳 배우 배	珀 호박 백
栢 측백 백	訊 말많을 범	竝 나란히 병	病 병 병
倂 아우를 병	洑 보 보	俸 녹 봉	峯 봉우리 봉
峰 봉우리 봉	釜 가마 부	俯 구부릴 부	眾 그물 부
芙 연꽃 부	芣 질경이 부	剖 쪼갤 부	蚨 강충이 부
祔 합사할 부	粉 가루 분	肦 머리클 분	畚 삼태기 분
紛 어지러울 분	芬 향기 분	祓 푸닥거리 불	紕 가선 비
俾 더할 비	荆 발벨 비	匪 비적 비	肥 살찔 비

10

秘 숨길 비	祕 숨길 비	蚍 왕개미 비	芾 작은모양 비
粃 쭉정이 비	芘 풀이름 비	娉 장가들 빙	笆 가시대 파
派 갈래 파	破 깨뜨릴 파	耙 써레 파	玻 유리 파
芭 파초 파	旆 기 패	唄 염불소리 패	砰 물결소리 팽
砭 돌침 폄	窆 하관할 폄	肺 허파 폐	砲 대포 포
哺 먹일 포	疱 물집 포	圃 채마밭 포	髟 갈기 표
俵 나누어줄 표	豹 표범 표	疲 피곤할 피	珌 칼집장식 필

唆 부추길 사	紗 비단 사	祠 사당 사	師 스승 사
射 쏠 사	剚 찌를 사	娑 춤출 사	索 노 삭
朔 초하루 삭	珊 산호 산	祘 셈 산	訕 헐뜯을 산
芟 벨 삼	桑 뽕나무 상	晌 정오 상	索 찾을 색
眚 백태낄 생	書 글 서	栖 깃들일 서	紓 느슨할 서
芧 상수리 서	恕 용서할 서	徐 천천히 서	祏 섬 석
席 자리 석	扇 부채 선	洗 씻을 선	洒 엄숙할 선
屑 가루 설	洩 샐 설	剡 땅이름 섬	閃 번쩍일 섬
城 재 성	宬 서고 성	娍 아름다울 성	城 재 성

10획	음령오행 金

帨 수건 세	洗 씻을 세	洒 물뿌릴 세	宵 밤 소
珆 옥 소	笑 웃음 소	素 흴 소	涑 비올 속
孫 손자 손	釗 쇠 쇠	衰 쇠할 쇠	叟 늙은이 수
殊 다를 수	修 닦을 수	洙 물가 수	祟 빌미 수
狩 사냥할 수	倏 갑자기 숙	俶 비롯할 숙	栒 가름대 순
朒 광대뼈 순	殉 따라죽을 순	純 순수할 순	恂 정성 순
洵 참으로 순	倅 버금 쉬	拾 주울 습	乘 탈 승
翅 날개 시	時 때 시	恃 믿을 시	豺 승냥이 시
息 쉴 식	拭 씻을 식	栻 점칠도구 식	神 귀신 신
宸 대궐 신	訊 물을 신	迅 빠를 신	娠 애밸 신
芯 골풀 심	十 열 십	拾 열 십	者 놈 자
恣 마음대로 자	兹 사랑 자	牸 암컷 자	疵 허물 자
眥 흘길 자	眦 흘길 자	酌 술부을 작	剗 깎을 잔
眨 애꾸눈 잡	牂 숫양 장	牂 암양 장	将 장수 장
奘 클 장	栽 심을 재	財 재물 재	宰 재상 재
疽 등창 저	旃 기 전	栴 단향목 전	栓 마개 전
展 펼 전	玷 이지러질 점	庭 뜰 정	釘 못 정
眐 바라볼 정	娣 여동생 제	厝 둘 조	曺 무리 조

10

10획	음령오행　金

蚤 벼룩 조	祚 복 조	凋 시들 조	晁 아침 조
筶 조리 조	祖 조상 조	租 조세 조	挱 꽃을 존
倧 상고신인 종	座 자리 좌	株 그루 주	洲 물가 주
酒 술 주	酎 전국술 주	後 따를 준	純 가선 준
埈 높을 준	峻 높을 준	隼 송골매 준	准 준할 준
拯 건질 증	烝 김오를 증	症 증세 증	矩 알 지
指 가리킬 지	持 가질 지	祗 공경할 지	秪 벼익을 지
恃 섬 지	砥 숫돌 지	芷 어수리 지	紙 종이 지
芝 지초 지	肢 팔다리 지	舐 핥을 지	秦 나라이름 진
津 나루 진	唇 놀랄 진	畛 두둑 진	疹 마마 진
珍 보배 진	晋 진나라 진	晋 진나라 진	眞 참 진
真 참 진	疾 병 질	桎 차꼬 질	秩 차례 질
朕 나 짐	差 다를 차	借 빌릴 차	窄 좁을 착
站 역마을 참	倉 곳집 창	倡 광대 창	倀 미칠 창
閶 울창주 창	砦 진터 채	凄 쓸쓸할 처	倜 기개있을 척
剔 뼈바를 척	隻 외짝 척	倩 엷을 천	倩 예쁠 천
洤 이를 천	辿 천천히갈 천	剟 깎을 철	埑 밝을 철
哲 밝을 철	倢 빠를 첩	凊 서늘할 청	玼 깨끗할 체

峭 가파를 초	哨 망볼 초	秒 밭갈 초	冢 무덤 총
芻 꼴 추	祝 빌 축	畜 짐승 축	秫 차조 출
衷 속마음 충	臭 냄새 취	冣 쌀을 취	値 값 치
恥 부끄러울 치	蚩 어리석을 치	致 이를 치	砧 다듬잇돌 침
針 바늘 침	秤 저울 칭		

峨 높을 아	峩 높을 아	筽 대순 아	疴 병 아
芽 싹 아	娥 예쁠 아	哦 읊조릴 아	按 누를 안
晏 늦을 안	桉 안석 안	案 책상 안	訐 들춰낼 알
盎 동이 앙	秧 모 앙	娭 계집종 애	唉 물을 애
埃 티끌 애	弱 약할 약	烊 구울 양	恙 병 양
洋 큰바다 양	圉 옥 어	臬 말뚝 얼	俺 클 엄
恚 성낼 에	舁 마주들 여	埏 땅끝 연	娫 빛날 연
烟 연기 연	娟 예쁠 연	宴 잔치 연	拽 끌 예
芮 성씨 예	倪 어린이 예	玴 옥돌 예	蚋 파리매 예
芸 재주 예	迃 굽을 오	唔 글읽을 오	烏 까마귀 오
娛 즐길 오	昷 어질 온	翁 늙은이 옹	邕 막힐 옹

10

10획	음령오행　水

窊 우묵할 와　　洼 웅덩이 와　　垸 바를 완　　盌 주발 완

倭 왜나라 왜　　窈 고요할 요　　宨 움펑눈 요　　辱 욕될 욕

毲 사나울 용　　埇 길돋울 용　　容 얼굴 용　　邘 땅이름 우

祐 복 우　　　　迂 에돌 우　　　彧 문채 욱　　栯 산앵두 욱

耘 김맬 운　　　紜 어지러울 운　芸 평지 운　　員 수효 운

笂 대무늬 원　　洹 물이름 원　　袁 성씨 원　　原 언덕 원

冤 원통할 원　　員 인원 원　　　倇 즐거울 원　芫 팔꽃나무 원

朊 희미할 원　　洧 강이름 유　　釉 무성할 유　育 기를 육

㺄 원숭이 용　　峾 논쟁할 은　　浪 물가 은　　圁 물이름 은

殷 성할 은　　　垽 앙금 은　　　恩 은혜 은　　倚 의지할 의

栮 목이 이　　　珆 옥돌 이　　　訑 으쓱할 이　洟 콧물 이

益 더할 익　　　氤 기운어릴 인　荵 씨 인　　　洇 잠길 인

蚓 지렁이 인　　逸 편안할 일　　恁 생각할 임　衽 옷깃 임

芿 새풀싹 잉　　夏 여름 하　　　狢 오소리 학　邗 땅이름 한

恨 한 한　　　　盍 덮을 합　　　航 배 항　　　桁 차꼬 항

恒 항상 항　　　恆 항상 항　　　海 바다 해　　晐 갖출 해

欬 기침 해　　　奚 어찌 해　　　害 해할 해　　核 씨 핵

倖 요행 행　　　鬲 밝을 향　　　軒 집 헌　　　洫 봇도랑 혁

10획	음령오행　水

痃 가래톳 현　峴 고개 현　眩 어지러울 현　琄 옥돌 현

娹 허리가늘 현　峽 골짜기 협　恊 맞을 협　埉 물가 협

娙 여자벼슬 형　恵 은혜 혜　瓳 벽돌 호　祜 복 호

芦 지황 호　圂 뒷간 혼　笏 홀 홀　洪 넓을 홍

晎 먼동틀 홍　訌 어지러울 홍　烘 화톳불 홍　花 꽃 화

俰 화할 화　洹 물흐를 환　桓 굳셀 환　活 살 활

晃 밝을 황　晄 밝을 황　恍 황홀할 황　恢 넓을 회

洄 역류할 회　洨 강이름 효　效 본받을 효　哮 성낼 효

肴 안주 효　虓 울부짖을 효　庨 집높을 효　烋 거들거릴 효

欦 거짓 후　候 기후 후　訓 가르칠 훈　烜 마를 훤

烌 아름다울 휴　恤 불쌍할 휼　恟 두려워할 흉　洶 용솟음칠 흉

迄 이를 흘　訖 이를 흘　恰 흡사할 흡　洽 흡족할 흡

唏 슬퍼할 희

11획	음령오행 木

袈 가사 가	苛 가혹할 가	笳 갈잎피리 가	假 거짓 가
耞 도리깨 가	茄 연줄기 가	舸 큰배 가	桷 써까래 각
偘 굳셀 간	桿 난간 간	秸 볏짚 갈	紺 감색 감
堪 구덩이 감	勘 헤아릴 감	胛 어깨뼈 갑	強 강할 강
罡 별이름 강	堈 언덕 강	崗 언덕 강	康 편안 강
盖 덮을 개	胠 겨드랑이 거	苣 상추 거	袪 소매 거
健 굳셀 건	乾 마를 건	偈 쉴 게	堅 굳을 견
狷 성급할 견	牽 이끌 견	狷 불빛 결	觖 서운할 결
訣 이별할 결	絅 죌 경	竟 마침내 경	烱 빛날 경
頃 이랑 경	梗 줄기 경	涇 통할 경	械 기계 계
啓 열 계	罟 그물 고	苦 쓸 고	皐 언덕 고
苽 줄 고	梏 수갑 곡	斛 휘 곡	袞 곤룡포 곤
崏 곤륜산 곤	捆 두드릴 곤	堃 땅 곤	梱 문지방 곤
崑 산이름 곤	悃 정성 곤	釭 등잔 공	崆 산이름 공
珙 옥 공	貫 꿸 관	梡 도마 관	珖 옥피리 광
浤 용솟을 굉	教 가르칠 교	教 가르칠 교	皎 달밝을 교

毬 공 구　　區 구분할 구　　救 구원할 구　　銦 금테두를 구

捄 담을 구　　寇 도적 구　　蚯 지렁이 구　　苟 진실로 구

胊 포 구　　者 늙을 구　　耉 늙을 구　　國 나라 국

㧖 고욤나무 군　　捃 주울 군　　堀 굴 굴　　崛 우뚝솟을 굴

眷 돌볼 권　　圈 우리 권　　頯 광대뼈 규　　硅 규소 규

規 법 규　　珪 서옥 규　　近 가까울 근　　唫 입다물 금

殑 까무러칠 긍　　埼 갑 기　　寄 부칠 기　　跂 육발이 기

旣 이미 기　　飢 주릴 기　　基 터 기　　崎 험할 기

梛 나무이름 나　　那 어찌 나　　挪 옮길 나　　偄 언약할 난

捏 꾸밀 날　　笯 새장 노　　㘔 젖먹을 누　　訥 말더듬을 눌

匿 숨길 닉　　蛋 새알 단　　胆 어깨벗을 단　　袒 웃통벗을 단

埮 평평할 담　　聃 귓바퀴없을 담　　啗 먹일 담　　啖 씹을 담

堂 집 당　　帶 띠 대　　袋 자루 대　　涂 도랑 도

豚 돼지 돈　　弳 활 돈　　苳 겨우살이 동　　動 움직일 동

兜 투구 두　　迍 머뭇거릴 둔　　得 얻을 득　　珞 구슬 락

婪 예쁠 람　　婪 탐할 람　　浪 물결 랑　　朗 밝을 랑

烺 불밝을 랑　狼 이리 랑　崍 산이름 래　徠 올 래

略 간략할 략　畧 다스릴 략　梁 들보 량　悢 슬퍼할 량

唳 울 려　梠 평고대 려　翎 깃 령　苓 도꼬마리 령

笭 도꼬마리 령　聆 들을 령　羚 영양 령　蛉 잠자리 령

旅 검을 로　鹵 소금 로　鹿 사슴 록　聊 애오라지 료

婁 끌 루　累 여러 루　流 흐를 류　崙 산이름 륜

崘 산이름 륜　圇 완전할 륜　率 비율 률　勒 굴레 륵

浰 다다를 리　离 떠날 리　犁 밭갈 리　梨 배 리

狸 삵 리　悧 영리할 리　浬 해리 리　悋 아낄 린

粒 낟알 립　笠 삿갓 립　唾 침 타　舵 키 타

啄 쫄 탁　酖 술에빠질 탐　貪 탐낼 탐　埭 보 태

筈 볼기칠 태　胎 아이밸 태　苔 이끼 태　桶 통 통

堆 쌓을 퇴　偸 훔칠 투

麻 삼 마　曼 길게끌 만　晚 늦을 만　挽 당길 만

茉 말리 말　望 바랄 망　莓 딸기 매　梅 매화 매

麥 보리 맥　覓 찾을 멱　冕 면류관 면　眸 눈동자 모

茅 띠 모　　耗 병거 모　　苜 거여목 목　　苗 모 묘

茂 무성할 무　　務 힘쓸 무　　問 물을 문　　悗 잊을 문

宷 깊을 미　　梶 나무끝 미　　茉 맛 미　　罠 낚시줄 민

敏 민첩할 민　　苠 속태 민　　密 빽빽할 밀　　舶 배 박

粕 지게미 박　　班 나눌 반　　返 돌이킬 반　　絆 얽어맬 반

胖 희생반쪽 반　　浡 일어날 발　　邦 나라 방　　梆 목어 방

旊 옹기 방　　訪 찾을 방　　背 등 배　　培 북돋울 배

胚 애밸 배　　徘 어정거릴 배　　苩 꽃 백　　袢 속옷 번

釩 떨칠 범　　笵 법 범　　范 법 범　　梵 불경 범

瓶 병 병　　屛 병풍 병　　珤 보배 보　　珤 보배 보

匐 길 복　　浲 물이름 봉　　烽 봉화 봉　　苻 귀목풀 부

袱 나들이옷 부　　浮 뜰 부　　桴 마룻대 부　　婦 며느리 부

副 버금 부　　埠 부두 부　　符 부호 부　　胕 장부 부

趺 책상다리 부　　笨 거칠 분　　舭 발끈할 불　　紱 인끈 불

茀 풀우거질 불　　堋 광중 붕　　崩 무너질 붕　　埤 더할 비

婢 여자종 비　　庳 집낮을 비　　斐 클 비　　貧 가난할 빈

邠 나라이름 빈　　浜 물가 빈　　彬 빛날 빈　　婆 할머니 파

販 팔 판　　捌 깨뜨릴 팔　　浿 강이름 패　　悖 거스를 패

狽 이리 패	珮 찰 패	敗 패할 패	烹 삶을 팽
匾 납작할 편	偏 치우칠 편	苹 개구리밥 평	閉 닫을 폐
狴 짐승이름 폐	浦 개 포	袍 도포 포	匏 박 포
胞 세포 포	晡 신시 포	苞 쌀 포	捕 잡을 포
殍 굶어죽을 표	彪 범 표	票 표 표	被 입을 피
畢 마칠 필	苾 향기로울 필	偪 다가올 핍	

邪 간사할 사	蛇 뱀 사	梭 북 사	斜 비낄 사
笥 상자 사	徙 옮길 사	赦 용서할 사	產 낳을 산
産 낳을 산	狻 사자 산	殺 죽일 살	釤 낫 삼
參 석 삼	喢 쪼아먹을 삽	徜 노닐 상	常 떳떳할 상
祥 상서 상	爽 시원할 상	商 장사 상	笙 생황 생
胥 서로 서	庶 여러 서	偦 재주있을 서	敍 펼 서
敘 펼 서	恕 느슨해질 서	旋 돌 선	船 배 선
珗 옥돌 선	紲 고삐 설	雪 눈 설	偰 맑을 설
設 베풀 설	离 사람이름 설	卨 사람이름 설	涉 건널 섭
晟 밝을 성	晠 밝을 성	晠 밝을 성	胜 비릴 성

細	가늘 세	涚	잿물 세	笹	조릿대 세	彗	비 세
消	사라질 소	巢	새집 소	埽	쓸 소	梳	얼레빗 소
捎	없앨 소	紹	이을 소	涑	헹굴 속	飡	저녁밥 손
率	거느릴 솔	悚	두려울 송	訟	송사할 송	殺	빠를 쇄
羞	부끄러울 수	袖	소매 수	售	팔 수	宿	별 수
婌	궁녀 숙	孰	누구 숙	宿	잘 숙	眴	깜작할 순
珣	옥이름 순	絉	끈 술	術	재주 술	崇	높을 숭
崧	우뚝솟을 숭	習	익힐 습	偲	굳셀 시	絁	깁 시
豉	메주 시	匙	숟가락 시	埴	찰흙 식	紳	띠 신
晨	새벽 신	悉	다 실	瓷	사기그릇 자	紫	자주빛 자
茈	자치 자	雀	참새 작	涔	괸물 잠	章	글 장
張	베풀 장	帳	장막 장	將	장수 장	梓	가래나무 재
捚	받을 재	崝	가파를 쟁	蛆	구더기 저	罝	그물 저
紵	모시 저	苧	모시풀 저	苴	삼 저	祗	속적삼 저
羜	숫양 저	寂	고요할 적	笛	피리 적	悛	고칠 전
痊	병나을 전	專	오로지 전	剪	자를 전	浙	강이름 절
晢	밝을 절	粘	붙을 점	蛣	쐐기 점	苫	이엉 점
笘	회초리 점	彭	꾸밀 정	胜	새이름 정	涏	곧을 정

旌 기 정	桯 기둥 정	婧 날씬할 정	梃 막대기 정
停 머무를 정	埩 밭갈 정	挺 빼어날 정	偵 염탐할 정
頂 정수리 정	晢 반짝일 제	悌 공손할 제	梯 사다리 제
祭 제사 제	偦 준걸 제	第 차례 제	條 가지 조
粗 거칠 조	釣 낚을 조	曹 무리 조	眺 바라볼 조
鳥 새 조	彫 새길 조	窕 으늑할 조	胙 제사고기 조
祧 조묘 조	組 짤 조	族 겨레 족	終 마칠 종
從 좇을 종	挫 꺾을 좌	胕 장부 주	珘 구슬 주
珠 구슬 주	蛀 굼벵이 주	晝 낮 주	絑 댈 주
紬 명주 주	硃 주사 주	做 지을 주	埻 과녁 준
焌 구울 준	浚 깊게할 준	晙 밝을 준	茁 싹 줄
眾 무리 중	舐 만날 지	趾 발 지	偹 다스릴 진
眹 눈동자 진	振 떨칠 진	趻 밝을 진	珒 옥이름 진
桭 평고대 진	袗 홑옷 진	窒 막힐 질	執 잡을 집
偖 벌릴 차	捉 잡을 착	紮 감을 찰	斬 벨 참
參 참여할 참	唱 부를 창	窓 창 창	娼 창녀 창
宷 녹봉 채	釵 비녀 채	埰 사패지 채	婇 여자이름 채
彩 채색 채	責 빚 채	責 꾸짖을 책	蚱 벼메뚜기 책

簀 책 책	處 곳 처	戚 친척 척	捗 칠 척
阡 두렁 천	釧 팔찌 천	啜 마실 철	悊 밝을 철
甜 달 첨	恬 달 첨	婧 날씬할 청	圊 뒷간 청
涕 눈물 체	偢 근심할 초	悄 근심할 초	梢 나뭇끝 초
苕 완두 초	釥 좋은쇠 초	邨 마을 촌	悤 바쁠 총
崔 높을 최	娵 별이름 추	舳 고물 축	琓 귀고리옥 충
娶 장가들 취	側 곁 측	厠 뒷간 측	阤 비탈 치
畤 재터 치	梔 치자나무 치	痔 치질 치	痓 풍병 치
敕 조서 칙	浸 잠길 침		

婭 동서 아	迓 마중할 아	啞 벙어리 아	啊 사랑할 아
娿 아리따울 아	婀 아리따울 아	訝 의심할 아	偓 거리낄 악
鄂 윗턱 악	堊 흰흙 악	婩 고울 안	眼 눈 안
唵 머금을 암	庵 암자 암	啀 물어뜯을 애	焂 빛날 애
崕 언덕 애	崖 언덕 애	挨 칠 애	欸 한숨쉴 애
倻 가야 야	野 들 야	埜 들 야	若 반야 야
捓 야유할 야	若 같을 약	痒 가려울 양	眅 눈썹사이 양

御	거느릴 어	圉	마부 어	敔	막을 어	魚	물고기 어
唹	웃을 어	偃	쓰러질 언	焉	어찌 언	崦	산이름 엄
念	잊을 여	域	지경 역	研	갈 연	挻	늘일 연
捐	버릴 연	硯	벼루 연	悁	성낼 연	涓	시내 연
軟	연할 연	涎	침 연	悅	기쁠 열	苒	풀우거질 염
英	꽃부리 영	迎	맞을 영	淫	물흐를 영	堄	성가퀴 예
埶	재주 예	浯	강이름 오	敖	거만할 오	悟	깨달을 오
捂	닿을 오	迕	만날 오	梧	오동나무 오	晤	총명할 오
訛	그릇될 와	婑	정숙할 와	梡	도마 완	浣	빨 완
婉	순할 완	婠	품성좋을 완	偎	어렴풋할 외	偠	낭창거릴 요
浴	목욕할 욕	欲	탐낼 욕	庸	떳떳할 용	涌	물솟을 용
舂	찧을 용	雩	기우제 우	湓	소용돌이 우	偶	짝 우
釪	창고달 우	偶	혼자걸을 우	勖	힘쓸 욱	婉	순할 원
苑	나라동산 원	冤	원통할 원	胃	밥통 위	尉	벼슬 위
偉	클 위	聕	고유할 유	蚰	그리마 유	蚴	꿈틀거릴 유
悠	멀 유	婑	아리따울 유	唯	오직 유	帷	휘장 유
堉	기름진땅 육	胤	자손 윤	徹	자손 윤	珢	옥돌 은
猌	으르렁 은	訢	화평할 은	崟	험준할 음	悒	근심할 읍

抱 뜰 읍

浥 젖을 읍

珥 귀고리 이

異 다를 이

痍 상처 이

移 옮길 이

苡 질경이 이

翊 다음날 익

翊 도울 익

寅 범 인

稇 벼꽃 인

嫻 혼인 인

恁 생각할 임

捍 막을 한

悍 사나울 한

閈 이문 한

啢 재갈 함

盒 합 합

海 바다 해

痎 학질 해

偕 함께 해

珦 옥이름 향

許 허락할 허

焃 빛날 혁

舷 뱃전 현

衒 자랑할 현

絃 줄 현

晛 햇살 현

弳 활 현

挾 낄 협

浹 두루미칠 협

悏 생각할 협

狹 좁을 협

珩 노리개 형

邢 성씨 형

訡 정성 혜

彗 살별 혜

浩 넓을 호

扈 따를 호

瓠 박 호

晧 밝을 호

胡 오랑캐 호

毫 터럭 호

嫭 재치있을 호

婚 혼인할 혼

貨 재물 화

患 근심 환

晥 환할 환

凰 봉황 황

晦 그믐 회

悔 뉘우칠 회

盔 바리 회

婋 영리할 효

淆 물가 효

崤 산이름 효

梟 올빼미 효

珝 옥이름 후

酗 주정할 후

焄 김쐴 훈

畦 밭두둑 휴

痕 흔적 흔

晞 마를 희

焍 불빛 희

悕 슬퍼할 희

欷 흐느낄 희

11

12획	음령오행　木

街 거리 가　　詞 꾸짖을 가　　迦 부처이름 가　　軻 수레 가

斝 술잔 가　　跏 책상다리 가　　殼 껍질 각　　茛 독초이름 간

稈 볏짚 간　　間 사이 간　　喝 꾸짖을 갈　　敢 감히 감

淦 강이름 감　　堪 견딜 감　　邯 땅이름 감　　嵌 산골짜기 감

欿 시름 감　　酣 즐길 감　　嵁 험준할 감　　强 강할 강

茳 궁궁이 강　　傋 아첨않을 강　　絳 진홍 강　　悾 믿을 강

凱 개선할 개　　剴 알맞을 개　　開 열 개　　喀 토할 객

硜 돌소리 갱　　据 근거 거　　距 상거할 거　　傑 뛰어날 걸

鈐 비녀장 검　　迲 자래 겁　　結 맺을 결　　傔 시중들 겸

痙 경련 경　　硬 굳을 경　　惸 근심할 경　　卿 벼슬 경

卿 벼슬 경　　景 볕 경　　悸 두근거릴 계　　堦 섬돌 계

堺 지경 계　　棨 창 계　　酤 계명주 고　　袴 바지 고

稁 볏짚 고　　胯 사타구니 고　　觚 술잔 고　　詁 주낼 고

雇 품팔 고　　辜 허물 고　　棍 몽둥이 곤　　蛬 귀뚜라미 공

控 당길 공　　蛩 메뚜기 공　　猓 긴꼬리원숭이 과　　堝 도가니 과

棹 덧널 곽　　涫 끓을 관　　棺 널 관　　款 항목 관

聒 떠들썩 괄	䒷 하눌타리 괄	筐 광주리 광	絖 솜 광
胱 오줌통 광	茪 초결명 광	罣 걸 괘	掛 걸 괘
傀 허수아비 괴	閎 마을문 굉	蛟 교룡 교	喬 높을 교
絞 목맬 교	窖 움 교	球 공 구	邱 언덕 구
掬 쥘 국	窘 군색할 군	詘 굽힐 굴	掘 팔 굴
淈 흐릴 굴	捲 거둘 권	棬 나무그릇 권	淃 물돌 권
悓 삼갈 권	厥 그 궐	貴 귀할 귀	嵬 그림자 귀
菌 딸기 규	鈞 서른근 균	棘 가시 극	戟 창 극
釿 큰자귀 근	筋 힘줄 근	給 줄 급	猉 강아지 기
期 기약할 기	攲 기울 기	掎 끌 기	朞 돌 기
幾 몇 기	淇 물이름 기	棋 바둑 기	碁 바둑 기
棄 버릴 기	欺 속일 기	蛣 장구벌레 길	喫 먹을 끽

旒 깃발 나	喇 나팔 나	腝 성길 나	赧 얼굴붉힐 난
捼 누를 날	喃 재잘거릴 남	恧 허출할 녁	捻 비틀 념
惗 사랑할 녑	淖 진흙 뇨	鈕 인꼭지 뉴	能 능할 능
窞 깊을 다	茤 마름 다	茶 차 다	短 짧을 단

12

12획	음령오행　火

單 홑 단　覃 깊을 담　嘾 넉넉할 담　毯 담요 담

淡 맑을 담　答 대답 답　棠 아가위 당　貸 빌릴 대

悳 큰 덕　掏 가릴 도　棹 노 도　堵 담 도

盜 도둑 도　悼 슬퍼할 도　淘 쌀일 도　屠 죽일 도

稌 찰벼 도　掉 흔들 도　敦 도타울 돈　惇 도타울 돈

焞 성할 돈　埃 굴뚝 돌　棟 마룻대 동　涷 소나기 동

筒 쑥갓 동　童 아이 동　胴 큰창자 동　痘 역질 두

阧 치솟을 두　鈍 둔할 둔　等 무리 등　登 오를 등

喇 나팔 라　絡 이을 락　嵐 남기 람　惏 탐할 람

稂 강아지풀 랑　硠 돌부딪힐 랑　琅 옥돌 랑　淶 강이름 래

掠 노략질할 략　涼 서늘할 량　喨 소리맑을 량　量 헤아릴 량

捩 비틀 렬　裂 찢을 렬　軨 사냥수레 령　虜 사로잡을 로

虜 사로잡을 로　勞 일할 로　渌 강이름 록　淚 눈물 루

琉 유리 류　硫 유황 류　掄 가릴 륜　淪 빠질 륜

崒 가파를 률　理 다스릴 리　犁 밭갈 리　痢 설사할 리

舜 도깨비불 린　棽 무성할 림　琳 알고자할 림　淋 임질 림

詑 속일 타　跎 헛디딜 타　涿 들을 탁　晫 밝을 탁

探 찾을 탐　傝 답답할 탑　邰 나라이름 태　迨 미칠 태

跆 밟을 태　鈦 티타늄 태　撑 버팀목 탱　統 거느릴 통
筒 대통 통　痛 아플 통

惘 멍할 망　茫 아득할 망　莽 우거질 망　買 살 매

寐 잘 매　媒 중매 매　貃 맥국 맥　脈 줄기 맥

猛 사나울 맹　棉 목화 면　茗 차싹 명　棆 홈통 명

媌 강샘할 모　帽 모자 모　淼 물아득할 묘　貿 무역할 무

無 없을 무　珷 옥돌 무　雯 구름무늬 문　捫 어루만질 문

嵋 산 미　嵋 산이름 미　媄 아름다울 미　媚 아첨할 미

悶 답답할 민　閔 민망할 민　博 넓을 박　迫 핍박할 박

斑 아롱질 반　跋 밟을 발　發 필 발　傍 곁 방

幇 도울 방　防 막을 방　舫 배 방　排 밀칠 배

焙 불쬘 배　趄 넘칠 백　番 차례 번　筏 뗏목 벌

胼 굳은살 변　勆 클 별　棅 자루 병　報 갚을 보

普 넓을 보　睭 볼 보　堡 작은성 보　盙 제기이름 보

茯 복령 복　復 회복할 복　棒 막대 봉　捧 받들 봉

掊 끌어모을 부　復 다시 부　鈇 도끼 부　媍 며느리 부

涪	물거품 부	跗	발등 부	富	부유할 부	傅	스승 부
犇	달아날 분	棼	마룻대 분	焚	불사를 분	雰	안개 분
賁	클 분	棻	향나무 분	棚	사다리 붕	淝	강이름 비
渳	강이름 비	備	갖출 비	棐	도지개 비	斐	문채날 비
痞	뱃속결릴 비	扉	사립문 비	椑	술통 비	悲	슬플 비
費	쓸 비	邳	클 비	悱	표현못할 비	斌	빛날 빈
跛	절름발이 파	鈑	금박 판	阪	언덕 판	牌	패 패
彭	성씨 팽	徧	두루 편	貶	낮출 폄	評	평할 평
敝	해질 폐	幅	폭 폭	馮	성씨 풍	詖	치우칠 피
滭	샘솟을 필	弼	도울 필	筆	붓 필		

竢	기다릴 사	詞	말 사	捨	버릴 사	奢	사치할 사
詐	속일 사	絲	실 사	覗	엿볼 사	斯	이 사
痧	쥐통 사	傞	취중춤 사	傘	우산 산	散	흩을 산
森	수풀 삼	鈒	창 삽	翔	날개 상	喪	잃을 상
象	코끼리 상	廂	행랑 상	甥	생질 생	黍	기장 서
揳	깃들일 서	棲	깃들일 서	犀	무소 서	赎	밝을 서

婿 사위 서	壻 사위 서	絮 솜 서	舒 펼 서
鳥 까치 석	晳 밝을 석	晰 밝을 석	淅 쌀일 석
惜 아낄 석	筅 솔 선	琔 옥 선	善 착할 선
媟 깔볼 설	盛 성할 성	賍 재물 성	盛 성할 성
珹 옥이름 성	稅 세금 세	賫 세낼 세	甦 깨어날 소
邵 땅이름 소	疎 성길 소	疏 소통할 소	掃 쓸 소
酥 연유 소	傃 향할 소	訴 호소할 소	粟 조 속
巽 부드러울 손	飧 저녁밥 손	淞 강이름 송	竦 공경할 송
晬 돌 수	須 모름지기 수	茱 수유 수	琇 옥돌 수
授 줄 수	淑 맑을 숙	焞 밝을 순	循 돌 순
淳 순박할 순	舜 순임금 순	順 순할 순	筍 죽순 순
荀 풀이름 순	述 펼 술	淬 담금질 쉬	焠 담금질 쉬
阩 오를 승	勝 이길 승	視 볼 시	啻 분 시
猜 시기할 시	媤 시집 시	弒 죽일 시	媞 복 시
殖 불릴 식	植 심을 식	寔 이 식	深 깊을 심
尋 찾을 심	裁 고기점 자	粢 기장 자	兹 무성할 자
貲 재물 자	茨 지붕일 자	觜 털불 자	訾 헐뜯을 자
鳥 까치 작	焯 밝을 작	棧 사다리 잔	孱 잔약할 잔

殘	잔인할 잔	粧	단장할 장	場	마당 장	掌	손바닥 장
裁	마를 재	崽	자식 재	猙	짐승이름 쟁	詆	꾸짖을 저
觝	닥뜨릴 저	貯	쌓을 저	詛	저주할 저	邸	집 저
迪	나아갈 적	牋	장계 전	奠	정할 전	飦	죽 전
筌	통발 전	荃	향초 전	絕	끊을 절	絕	끊을 절
覘	엿볼 점	跕	밟을 접	接	이을 접	椄	접붙일 접
証	간할 정	幀	그림족자 정	程	길 정	淨	깨끗할 정
掟	둘러칠 정	情	뜻 정	晶	맑을 정	棖	문설주 정
淀	얕은물 정	婷	예쁠 정	琔	옥이름 정	珽	패옥 정
朁	해뜰 정	濟	건널 제	稊	돌피 제	堤	둑 제
猘	미친개 제	媞	안존할 제	啼	울 제	睇	흘꿋볼 제
銚	낚을 조	棗	대추 조	措	둘 조	絩	색실 조
朝	아침 조	詔	조서 조	尊	높을 존	猝	갑자기 졸
淙	물소리 종	棕	종려나무 종	悰	즐길 종	痤	뽀루지 좌
晭	밝을 주	蛛	거미 주	註	글뜻풀 주	椆	나무이름 주
絑	붉을 주	詋	빌 주	尌	세울 주	貯	재물 주
晭	햇빛 주	粥	죽 죽	容	준설할 준	畯	농부 준
竣	마칠 준	畯	볼 준	皴	주름 준	準	준할 준

衆 무리 중　唧 두근거릴 즉　曾 일찍 증　軹 굴대머리 지

脂 기름 지　痣 사마귀 지　智 슬기 지　阯 터 지

軫 수레난간 진　趁 좇을 진　診 진찰할 진　跌 거꾸러질 질

蛭 거머리 질　迭 번갈아들 질　絰 질 질　集 모을 집

硨 옥돌 차　茶 차 차　着 붙을 착　惝 멍할 창

淐 물이름 창　猖 미쳐뛸 창　創 비롯할 창　㫤 사람이름 창

悵 슬퍼할 창　敞 시원할 창　滄 찰 창　窓 창 창

傖 천할 창　淌 큰물결 창　䢼 구리대 채　棌 참나무 채

採 캘 채　策 꾀 책　悽 슬퍼할 처　淒 쓸쓸할 처

惕 두려워할 척　脊 등마루 척　跖 발바닥 척　荐 거듭 천

荐 거듭 천　茜 꼭두서니 천　喘 숨찰 천　淺 얕을 천

惙 근심할 철　喆 밝을 철　掇 주울 철　添 더할 첨

惉 팰 첨　貼 붙일 첩　捷 빠를 첩　堞 성가퀴 첩

喋 재잘거릴 첩　晴 갤 청　晴 갤 청　淸 맑을 청

淸 맑을 청　彘 돼지 체　替 바꿀 체　棣 산앵두 체

稍 끝 초　鈔 노략질할 초　貂 담비 초　超 뛰어넘을 초

迢 멀 초　椒 산초나무 초　軺 수레 초　酢 신조미료 초

焦 탈 초　草 풀 초　硝 화약 초　最 가장 최

12획	음령오행 金

椎 등골 추	推 밀 추	啾 소리 추	惆 슬퍼할 추
捶 종아리칠 추	軸 굴대 축	筑 악기이름 축	悴 파리할 췌
就 나아갈 취	毳 솜털 취	脆 연할 취	廁 뒷간 측
淄 검은빛 치	棽 우거질 침		

12획	음령오행 水

椏 가장귀 아	雅 맑을 아	硪 바위 아	皒 흰빛 아
猗 아름다울 아	喔 닭소리 악	惡 악할 악	幄 휘장 악
雁 기러기 안	媕 머뭇거릴 암	嵒 바위 암	唵 잠꼬대 암
晻 침침할 암	捱 막을 애	涯 물가 애	掖 낄 액
阨 좁을 액	液 진 액	椋 푸조나무 양	馭 말부릴 어
淤 진흙 어	堰 둑 언	掩 가릴 엄	淹 담글 엄
茹 먹을 여	淢 빨리흐를 역	暘 해밝을 역	然 그럴 연
淵 못 연	渊 못 연	硯 벼루 연	堧 빈터 연
焰 불꽃 염	扊 빗장 염	䁝 바로볼 영	荣 꽃 영
詠 읊을 영	淣 물가 예	容 밝을 예	掜 비길 예
猊 사자 예	惡 미워할 오	珸 옥돌 오	媪 할미 온
喁 화답할 옹	蛙 개구리 와	涴 물굽이칠 완	阮 성씨 완

琓 옥이름 완	椀 주발 완	惋 한탄할 완	迋 갈 왕
媧 사람이름 왜	嵬 높을 외	崴 산이름 외	喓 벌레소리 요
堯 요임금 요	硐 숫돌 용	傛 익숙할 용	茸 풀날 용
霙 날 우	堣 모퉁이 우	庽 부칠 우	寓 부칠 우
嵎 산모퉁이 우	雲 구름 운	雄 수컷 웅	阮 나라이름 원
媛 여자 원	越 넘을 월	粤 어조사 월	圍 에워쌀 위
爲 하 위	喟 한숨 위	幃 휘장 위	庾 곳집 유
釉 광택 유	喩 깨우칠 유	惟 생각할 유	猶 열매많을 유
阭 높을 윤	鈗 병기 윤	閏 윤달 윤	喬 송곳질 율
絨 가는베 융	鳦 제비 을	喑 벙어리 음	淫 음란할 음
欹 감탄할 의	凒 눈서리 의	猗 아름다울 의	椅 의자 의
貽 끼칠 이	羡 넓을 이	貳 두 이	羡 벨 이
迤 비스듬할 이	胹 힘줄질길 이	絪 기운 인	堙 막을 인
裀 요 인	茵 자리 인	靭 질길 인	靭 질길 인
軼 번갈아 일	壹 한 일	荏 들깨 임	絍 짤 임
剰 남을 잉	厦 문간방 하	賀 하례할 하	硞 자갈땅 학
寒 찰 한	閑 한가할 한	閒 한가할 한	割 벨 할
喊 소리칠 함	涵 젖을 함	蛤 대합조개 합	缿 저금통 항

項	항목 항	淬	기운 행	悻	성낼 행	荇	어리연꽃 행
虛	빌 허	焱	불꽃 혁	楥	나무이름 현	現	나타날 현
絢	무늬 현	睍	불거진눈 현	琄	패옥 현	絜	헤아릴 혈
脇	겨드랑이 협	脅	위협할 협	荊	가시나무 형	逈	멀 형
詗	염탐할 형	傒	묶을 혜	惠	은혜 혜	淏	맑을 호
壺	병 호	皓	흴 호	惑	미혹할 혹	焜	빛날 혼
混	섞을 혼	惚	황홀할 홀	畫	그림 화	晥	가득찰 환
絚	끈목 환	喚	부를 환	皖	샛별 환	蛞	올챙이 활
荒	거칠 황	黃	누를 황	堭	당집 황	喤	아이울음 황
媓	여자이름 황	貺	줄 황	徨	헤맬 황	絵	그림 회
淮	물이름 회	蛔	회충 회	茴	회향풀 회	鈜	쇳소리 횡
寔	높은기운 효	淆	뒤섞일 효	傚	본받을 효	殽	섞일 효
帿	과녁 후	喉	목구멍 후	堠	봉화대 후	煦	불 후
勛	공 훈	欻	문득 훌	喧	지껄일 훤	喙	부리 훼
胸	가슴 흉	胷	가슴 흉	黑	검을 흑	惞	기뻐할 흔
掀	치켜들 흔	欽	공경할 흠	翖	합할 흡	翕	합할 흡
喜	기쁠 희	稀	드물 희				

13획	수리오행 ⓕ

13획	음령오행　木

賈 값 가	暇 겨를 가	嫁 시집갈 가	脚 다리 각
揀 가릴 간	幹 줄기 간	渴 목마를 갈	楬 푯말 갈
感 느낄 감	減 덜 감	戡 이길 감	鉀 갑옷 갑
閘 수문 갑	畺 지경 강	踒 세울 강	塏 높은땅 개
揩 문지를 개	粳 메벼 갱	筥 감자 거	渠 개천 거
筥 광주리 거	鉅 클 거	揵 맬 건	楗 빗장 건
湕 물이름 건	犍 불깐소 건	愆 허물 건	建 세울 건
揭 높이들 게	筧 대홈통 견	絹 비단 견	迼 뛸 결
嗛 겸손할 겸	鉗 칼 겸	敬 공경 경	惸 근심할 경
傾 기울 경	綆 줄 경	煢 외로울 경	脛 정강이 경
莖 줄기 경	經 지날 경	痼 고질 고	鈷 다리미 고
鼓 북 고	鼓 북칠 고	賈 장사 고	裍 걷을 곤
髡 머리깎을 곤	琨 옥돌 곤	跫 발자국 공	跨 넘을 과
窠 보금자리 과	稞 보리 과	誇 자랑할 과	裸 강신제 관
琯 옥피리 관	筦 피리 관	适 빠를 괄	誆 속일 광
詿 그르칠 괘	塊 덩어리 괴	媿 창피줄 괴	觥 뿔잔 굉

較 견줄 교	郊 들 교	鉤 갈고리 구	裘 갓옷 구
傴 구부릴 구	絿 급할 구	詬 꾸짖을 구	彀 당길 구
鳩 비둘기 구	舅 시아버지 구	媾 화친할 구	群 무리 군
裙 치마 군	窟 굴 굴	睠 돌아볼 권	跪 꿇을 궤
詭 속일 궤	麂 노루 궤	邽 고을이름 규	頍 머리들 규
湀 물솟을 규	跬 반걸음 규	煃 불꽃 규	暌 어길 규
揆 헤아릴 규	楑 호밋자루 규	筠 대 균	極 극진할 극
郄 틈 극	靳 가슴걸이 근	僅 겨우 근	跟 발꿈치 근
勤 부지런할 근	琴 거문고 금	禁 금할 금	禽 새 금
祺 길할 기	畸 떼기밭 기	碁 바둑 기	琪 옥 기
琦 옥이름 기	稘 일주년 기	嗜 즐길 기	頎 헌걸찰 기

誂 끌어당길 나	煖 더울 난	暖 따뜻할 난	愞 약할 난
楠 녹나무 남	湳 물이름 남	迺 이에 내	寗 차라리 녕
猱 원숭이 노	農 농사 농	惱 번뇌할 뇌	嫋 예쁠 뇨
亶 믿음 단	煓 불꽃성할 단	湍 여울 단	蜑 오랑캐 단
椴 자작나무 단	痰 가래 담	湛 괼 담	當 마땅 당

塘 못 당	戴 비칠 대	碓 방아 대	渡 건널 도
逃 도망할 도	跳 뛸 도	裯 복 도	塗 칠할 도
督 감독할 독	頓 조아릴 돈	脰 목 두	荳 콩 두
酪 쇠젖 락	絡 진한유즙 락	亂 어지러울 란	郎 사내 랑
廊 사랑채 랑	蜋 사마귀 랑	莨 수크렁 랑	梁 기장 량
粮 양식 량	凍 누일 련	煉 달굴 련	楝 멀구슬나무 련
廉 청렴할 렴	零 떨어질 령	鈴 방울 령	路 길 로
輅 수레 로	祿 녹 록	碌 푸른돌 록	賂 뇌물 뢰
誄 애도할 뢰	雷 우레 뢰	僂 구부릴 루	旒 깃발 류
勠 합할 륙	楞 네모질 릉	楞 네모질 릉	稜 모날 릉
莅 다다를 리	莉 말리꽃 리	剺 벗길 리	裏 속 리
裡 속 리	蜊 참조개 리	硺 깊을 림	琳 옥 림
痲 임질 림	惰 게으를 타	楕 길쭉할 타	躲 비킬 타
陀 비탈질 타	馱 실을 타	詫 자랑할 타	琢 다듬을 탁
琸 사람이름 탁	脫 벗을 탈	塌 떨어질 탑	塔 탑 탑
湯 끓일 탕	脫 벗을 태	筒 대통 통	退 물러날 퇴
渝 달라질 투			

媽 어미 마　　嘛 저릴 마　　莫 없을 막　　煤 그을음 매

毎 나무딸기 매　楳 매화나무 매　貊 맥국 맥　　盟 맹세 맹

幎 덮을 멱　　湎 빠질 면　　酩 술취할 명　募 모을 모

睦 화목할 목　雺 안개 몽　　猫 고양이 묘　描 그릴 묘

渺 아득할 묘　楙 무성할 무　楣 문미 미　　湄 물가 미

渼 물이름 미　迷 미혹할 미　媚 빛날 미　　媺 아름다울 미

媺 아름다울 미　微 작을 미　　脗 꼭맞을 민　暋 굳셀 민

愍 근심할 민　銀 돈꿰미 민　瑉 옥돌 민　　瑉 옥돌 민

黽 힘쓸 민　　鉑 금박 박　　雹 우박 박　　頒 반포할 반

飯 밥 반　　　躞 비틀거릴 반　渤 물솟을 발　鉢 바리때 발

鈸 방울 발　　脖 배꼽 발　　傍 시중들 방　琲 구슬꿰미 배

湃 물소리 배　煩 번거로울 번　渢 풍류소리 범　琺 법랑 법

辟 임금 벽　　胼 더할 변　　馝 향기날 별　剟 모종낼 별

鈵 굳을 병　　逬 달아날 병　補 기울 보　　湺 보 보

絳 꿰맬 봉　　蜂 벌 봉　　　琫 칼집장식 봉　莩 갈대청 부

罦 그물 부　　筹 대청 부　　裒 모을 부　　附 붙을 부

鳧 오리 부　　艀 작은배 부　蜉 하루살이 부　溢 용솟음할 분

硼 붕사 붕　　閟 문닫을 비　碑 비석 비　　琵 비파 비

13획	음령오행	土

痹 저릴 비	痹 저릴 비	睥 흘겨볼 비	聘 부를 빙
琶 비파 파	稗 피 패	愊 강퍅할 퍅	偏 좁을 편
鉋 대패 포	脯 포 포	儁 가벼울 표	剽 겁박할 표
勦 으를 표	稟 여쭐 품	楓 단풍 풍	豊 풍년 풍
陂 방죽 피	鉍 창자루 필		

13획	음령오행	金

裟 가사 사	渣 강이름 사	楂 떼 사	肆 방자할 사
莎 사초 사	嗣 이을 사	剷 깎을 산	煞 죽일 살
插 꽂을 삽	揷 꽂을 삽	歃 마실 삽	嘗 맛볼 상
湘 강이름 상	傷 다칠 상	想 생각 상	詳 자세할 상
塞 변방 새	塞 막힐 색	嗇 아낄 색	鉎 녹 생
湑 거를 서	揟 고기잡을 서	耡 구실이름 서	暑 더울 서
筮 점 서	鼠 쥐 서	惛 지혜 서	鉏 호미 서
鉐 놋쇠 석	詵 많을 선	跣 맨발 선	渲 바림 선
羨 부러워할 선	尟 적을 선	僊 춤출 선	愃 쾌할 선
楔 문설주 설	揲 셀 설	渫 파낼 설	睒 언뜻볼 섬
聖 성인 성	惺 깨달을 성	筬 바디 성	猩 성성이 성

聖 성인 성	歲 해 세	蛻 허물 세	勢 형세 세
筱 가는대 소	蛸 갈거미 소	翛 날개찢길 소	嗉 모이주머니 소
塐 흙빛을 소	塑 흙빛을 소	窣 갑자기 솔	送 보낼 송
頌 칭송할 송	碎 부술 쇄	酬 갚을 수	愁 근심 수
睟 바로볼 수	睢 부릅떠볼 수	竪 세울 수	廋 숨길 수
睡 졸음 수	綏 편안할 수	脩 포 수	嫂 형수 수
肅 엄숙할 숙	琡 옥이름 숙	馴 길들일 순	楯 난간 순
詢 물을 순	脣 입술 순	鉥 돗바늘 술	嵩 높은산 숭
塍 밭두둑 승	偲 책선할 시	翅 날개칠 시	詩 시 시
試 시험 시	塒 홰 시	媳 며느리 식	湜 물맑을 식
軾 수레앞턱 식	新 새 신	脤 제육 신	莘 족두리풀 신
蜃 큰조개 신	孳 부지런할 자	煮 삶을 자	雌 암컷 자
資 재물 자	碏 삼갈 작	斲 쪼갤 작	盞 잔 잔
裝 꾸밀 장	偉 놀랄 장	莊 씩씩할 장	溨 맑을 재
載 실을 재	琤 옥소리 쟁	楮 닥나무 저	猪 돼지 저
渚 물가 저	雎 물수리 저	勣 공적 적	賊 도둑 적
荻 물억새 적	跡 발자취 적	馰 별박이 적	迹 자취 적
瑈 귀막이 전	煎 달일 전	塡 메울 전	電 번개 전

鈿 비녀 전 · 輇 상여 전 · 詮 설명할 전 · 湔 씻을 전

揃 자를 전 · 殿 전각 전 · 傳 전할 전 · 雋 살찐고기 전

楪 평상 접 · 綎 가죽띠 정 · 楨 광나무 정 · 筳 꾸리대 정

睛 눈동자 정 · 碇 닻 정 · 淳 물괼 정 · 湞 물이름 정

艇 배 정 · 鼎 솥 정 · 莛 줄기 정 · 鉦 징소리 정

靖 편안할 정 · 提 끌 제 · 誂 꾈 조 · 絛 끈 조

阻 막힐 조 · 傮 미칠 조 · 照 비칠 조 · 稠 빽빽할 조

琱 옥다듬을 조 · 琮 옥홀 종 · 椶 종려나무 종 · 莝 여물 좌

輈 끌채 주 · 邾 나라이름 주 · 湊 모일 주 · 胄 밝을 주

誅 벨 주 · 趎 사람이름 주 · 鉒 쇳돌 주 · 迿 앞설 준

惷 어수선할 준 · 雋 영특할 준 · 楫 노 즙 · 稙 올벼 직

塡 진정할 진 · 靖 바를 진 · 鉁 보배 진 · 嗔 성낼 진

郅 고을이름 질 · 嫉 미워할 질 · 斟 짐작할 짐 · 楫 노 집

戢 그칠 집 · 嵯 우뚝솟을 차 · 嗟 탄식할 차 · 粲 정미 찬

琗 옥빛 채 · 債 빚 채 · 睬 주목할 채 · 堷 박토 척

鉄 쇠 철 · 僉 여러 첨 · 詹 이를 첨 · 睫 속눈썹 첩

牒 편지 첩 · 剿 끊을 초 · 勦 노곤할 초 · 綃 생사 초

愀 정색할 초 · 楚 초나라 초 · 蜀 나라이름 촉 · 塚 무덤 총

朘 아이음부 최	催 재촉할 최	楸 가래 추	湫 다할 추
搥 모을 추	追 쫓을 추	椿 참죽나무 춘	惴 두려워할 췌
瘁 병들 췌	揣 잴 췌	惻 슬퍼할 측	測 헤아릴 측
雉 꿩 치	馳 달릴 치	寘 둘 치	跱 머뭇거릴 치
嗤 비웃을 치	痴 어리석을 치	稚 어릴 치	絺 칡베 치
飭 신칙할 칙	椹 모탕 침	琛 보배 침	寖 잠길 침

蛾 나방 아	衙 마을 아	莪 쑥 아	阿 언덕 아
愕 놀랄 악	渥 두터울 악	握 쥘 악	揠 뽑을 알
暗 어두울 암	碍 거리낄 애	睚 눈초리 애	愛 사랑 애
媵 예쁠 앵	爺 아버지 야	揶 야유할 야	椰 야자나무 야
惹 이끌 야	揚 날릴 양	楊 버들 양	敭 오를 양
煬 쬘 양	暘 해돋이 양	飫 물릴 어	瘀 어혈질 어
傿 고을이름 언	業 업 업	艅 배이름 여	逆 거스릴 역
鉛 납 연	筵 대자리 연	掾 도울 연	湅 물이름 연
延 뻗을 연	椽 서까래 연	煙 연기 연	琰 옥 염
楹 기둥 영	朕 달빛 영	渶 물맑을 영	煐 빛날 영

塋	무덤 영	暎	비칠 영	預	맡길 예	詣	이를 예
裔	후손 예	睨	흘겨볼 예	傲	거만할 오	奧	깊을 오
塢	둑 오	筽	버들고리 오	嗚	슬플 오	蜈	지네 오
薁	풀이름 오	鈺	보배 옥	媼	할머니 온	嗢	목메일 올
雍	화할 옹	猧	발바리 와	渦	소용돌이 와	脘	밥통 완
碗	사발 완	頑	완고할 완	莞	왕골 완	琬	홀 완
矮	난쟁이 왜	嵬	높을 외	煨	불씨 외	猥	외람할 외
湀	잠길 외	徭	구실 요	湧	물솟을 용	蛹	번데기 용
嵱	산이름 용	傭	품팔 용	惆	기쁠 우	麀	암사슴 우
愚	어리석을 우	虞	염려할 우	煜	빛날 욱	頊	삼갈 욱
稢	무성할 욱	郁	성할 욱	惲	도타울 운	暈	어지러울 운
韵	운 운	楥	느티나무 원	援	도울 원	園	동산 원
圓	둥글 원	嫄	사람이름 원	猿	원숭이 원	湲	흐를 원
鉞	도끼 월	骫	굽을 위	渭	물이름 위	痿	저릴 위
暐	햇빛 위	蕕	강아지풀 유	湵	깊을 유	猷	꾀 유
愈	나을 유	裕	넉넉할 유	楡	느릅나무 유	溇	물이름 유
揄	야유할 유	猶	오히려 유	瑈	옥돌 유	楢	졸참나무 유
揉	주무를 유	愉	즐거울 유	游	헤엄칠 유	筠	연뿌리 윤

閏 윤달 윤	颮 바람 율	建 걷는모양 율	飮 마실 음
愔 조용할 음	揖 읍할 읍	意 뜻 의	義 옳을 의
媐 기쁠 이	肄 익힐 이	靷 가슴걸이 인	湮 묻힐 인
誑 말할 임	稔 여물 임	飪 익힐 임	賃 품삯 임
媵 보낼 잉	荷 멜 하	廈 문간방 하	煆 불사를 하
閜 크게열릴 하	嗃 엄할 학	萏 꽃봉오리 함	郃 고을이름 합
嗑 말많을 합	頑 새앉을 항	港 항구 항	該 갖출 해
楷 본보기 해	解 풀 해	歇 쉴 헐	蜆 가막조개 현
鉉 솥귀 현	趐 나아갈 혈	嫌 싫어할 혐	莢 꼬투리 협
愜 쾌할 협	逈 멀 형	徯 샛길 혜	聕 들릴 호
猢 원숭이 호	號 이름 호	琥 호박 호	湖 호수 호
湣 미정한 혼	渾 흐릴 혼	畵 그림 화	話 말씀 화
靴 신 화	豢 기를 환	換 바꿀 환	煥 불꽃 환
渙 흩어질 환	楻 깃대 황	惶 두려울 황	煌 빛날 황
湟 해자 황	幌 휘장 황	賄 뇌물 회	迴 돌 회
會 모일 회	匯 물돌 회	詼 조롱할 회	煦 따뜻할 후
逅 만날 후	嗅 맡을 후	猴 원숭이 후	詡 자랑할 후
熏 불길 훈	暈 무리 훈	塤 질나발 훈	輝 빛날 훈

13획		음령오행　水					

愃 너그러울 훤	煊 따뜻할 훤	暄 온난할 훤	毇 헐 훼
毇 헐 훼	煒 빛 휘	彙 무리 휘	暉 빛 휘
輝 빛날 휘	揮 휘두를 휘	歆 흠향할 흠	熙 빛날 희
詰 꾸짖을 힐			

14획	수리오행　火

14획		음령오행　木

榎 개오동나무 가	歌 노래 가	嘉 아름다울 가	嘏 클 가
慤 성실할 각	閣 집 각	摧 칠 각	斡 산뽕나무 간
竭 다할 갈	碣 비석 갈	監 볼 감	降 내릴 강
綱 벼리 강	腔 속빌 강	羫 양갈빗대 강	嫝 편안할 강
箇 낱 개	愾 성낼 개	愷 편안할 개	腒 새포 거
裾 옷자락 거	睷 눈으로셀 건	搴 빼낼 건	碣 갈 걸
榤 홰 걸	覡 박수무당 격	毄 부딪힐 격	甄 질그릇 견
潔 깨끗할 결	箝 재갈먹일 겸	慊 찐덥지않을 겸	槏 창틀 겸
歉 흉년들 겸	輕 가벼울 경	逕 좁은길 경	境 지경 경

誡 경계할 계	禊 계제 계	繋 고운비단 계	瘈 미칠 계
溪 시내 계	郜 고을 고	誥 고할 고	敲 두드릴 고
槁 마를 고	槁 마를 고	睾 불알 고	菰 줄 고
箍 테 고	暠 흴 고	緄 띠 곤	榾 등걸 골
滑 익살스러울 골	搰 팔 골	箜 공후 공	槓 지렛대 공
菓 과자 과	銙 대구 과	夥 많을 과	裹 쌀 과
寡 적을 과	廓 둘레 곽	菅 골풀 관	寬 너그러울 관
管 대롱 관	綰 얽을 관	誑 속일 광	罫 줄 괘
魁 괴수 괴	愧 부끄러울 괴	槐 회화나무 괴	鉸 가위 교
嘐 닭울 교	僑 더부살이 교	暞 밝을 교	榷 외나무다리 교
噭 웃는소리 교	嘔 게울 구	榘 곱자 구	溝 도랑 구
廏 마구간 구	廏 마구간 구	構 얽을 구	搆 이해못할 구
逑 짝 구	嫗 할미 구	嶇 험할 구	箘 대뿌리 국
跼 구부릴 국	菊 국화 국	郡 고을 군	鞁 틀 군
躬 몸 궁	蜷 구부릴 권	綣 정다울 권	劂 새김칼 궤
匱 함 궤	銁 삽 귀	嫢 가는허리 규	睽 사팔눈 규
閨 안방 규	菌 버섯 균	覠 크게볼 균	廑 겨우 근
墐 매흙질할 근	嫤 여자이름 근	菫 제비꽃 근	兢 떨릴 긍

14획	음령오행　木

慺 공손할 기	旗 기 기	晭 날씨 기	墍 맥질할 기
蟿 방게 기	綺 비단 기	綦 비단 기	緈 연두빛 기
榿 오리나무 기	僛 취중춤 기	箕 키 기	緊 긴할 긴

14획	음령오행　火

寧 편안할 녕	譹 기쁠 노	瑙 마노 노	嫩 어릴 눈
馜 진한향기 니	溺 빠질 닉	端 끝 단	團 둥글 단
靻 다룸가죽 달	搪 뻗을 당	溏 진창 당	臺 대 대
對 대할 대	德 큰 덕	圖 그림 도	慆 기뻐할 도
途 길 도	搯 꺼낼 도	韜 노도 도	滔 물넘칠 도
睹 볼 도	嶋 섬 도	醏 술밑 도	搗 찧을 도
萄 포도 도	菟 호랑이 도	銅 구리 동	蝀 무지개 동
僮 아이 동	動 자랄 동	逗 머무를 두	凳 걸상 등
裸 벗을 라	犖 얼룩소 락	辢 매울 랄	辣 매울 랄
摼 가질 람	榔 나무이름 랑	郎 사내 랑	萊 명아주 래
踉 뛸 량	連 잇닿을 련	領 거느릴 령	逞 쾌할 령
菉 조개풀 록	綠 푸를 록	酹 붓을 뢰	僚 동료 료
廖 텅빌 료	陋 더러울 루	嶁 봉우리 루	嘍 시끄러울 루

屢 여러 루   榴 석류 류   溜 처마물 류   綸 벼리 륜

溧 강이름 률   慄 떨릴 률   菻 쑥 름   菱 마름 릉

綾 비단 릉   嫠 과부 리   貍 삵 리   粼 물맑을 린

槖 전대 탁   誔 낳을 탄   嘆 탄식할 탄   綻 터질 탄

奪 빼앗을 탈   嗿 많을 탐   榻 걸상 탑   搨 베낄 탑

碭 무늬돌 탕   態 모습 태   颱 태풍 태   通 통할 통

槌 망치 퇴   透 사무칠 투   骰 주사위 투

麼 잘 마   寞 고요할 막   幕 장막 막   輓 끌 만

幔 막 만   嫚 업신여길 만   墁 흙손 만   靺 말갈 말

網 그물 망   朢 보름 망   莽 우거질 망   酶 술밑 매

陌 길 맥   萌 움 맹   綿 솜 면   滅 꺼질 멸

惀 너그러울 명   溟 바다 명   銘 새길 명   鳴 울 명

暝 저물 명   髦 다팔머리 모   貌 모양 모   嫫 예쁠 모

瑁 옥홀 모   夢 꿈 몽   濛 이슬비 몽   墓 무덤 묘

誣 속일 무   舞 춤출 무   聞 들을 문   瑂 옥돌 미

頣 강할 민   緡 낚시줄 민   碈 옥돌 민   瑉 옥돌 민

閩 종족이름 민	蜜 꿀 밀	髆 박공 박	箔 발 박
駁 얼룩말 박	攀 덜 반	搬 옮길 반	槃 쟁반 반
頛 학교이름 반	榜 방붙일 방	搒 배저을 방	髣 비슷할 방
滂 비퍼부을 방	牓 패 방	裴 성 배	裵 성 배
閥 문벌 벌	碧 푸를 벽	餠 두레박 병	絣 잇을 병
鉼 판금 병	輔 도울 보	菩 보살 보	萉 무 복
福 복 복	箙 전동 복	僕 종 복	逢 만날 봉
鳳 봉새 봉	菶 풀무성할 봉	榑 부상 부	腐 썩을 부
孵 알깔 부	腑 육부 부	溥 펼 부	韍 폐슬 불
裨 도울 비	翡 물총새 비	蜚 바퀴 비	緋 비단 비
榧 비자나무 비	蓽 비해 비	菲 엷을 비	腓 장딴지 비
脾 지라 비	鼻 코 비	賓 손 빈	菠 시금치 파
頗 자못 파	萍 부평초 평	逋 도망갈 포	誧 도울 포
飽 배부를 포	鞄 혁공 포	嫖 날랠 표	裱 목도리 표
嘌 빠를 표	瘋 두풍 풍	鞁 가슴걸이 피	鉍 향내날 필

14획	음령오행 金

飼 기를 사	蜡 납향 사	獅 사자 사	皶 여드름 사

榭 정자 사	搠 바를 삭	槊 창 삭	算 셈 산
酸 실 산	颯 바람소리 삽	嫢 운삽 삽	塽 높은땅 상
嘗 맛볼 상	像 모양 상	裳 치마 상	稰 가을걷이 서
逝 갈 서	墅 농막 서	誓 맹세할 서	瑞 상서 서
蜥 도마뱀 석	碩 클 석	腊 포 석	瑄 도리옥 선
銑 무쇠 선	煽 부채질할 선	嫙 예쁠 선	綫 줄 선
碟 가죽다룰 설	說 말씀 설	稧 볏짚 설	銛 가래 섬
緤 명주 섭	誠 정성 성	瑆 옥빛 성	誠 정성 성
說 달랠 세	溯 거스를 소	搔 긁을 소	逍 노닐 소
愫 정성 소	韶 풍류이름 소	愬 하소연 소	速 빠를 속
損 덜 손	誦 외울 송	嗽 기침할 수	綬 끈 수
壽 목숨 수	溲 반죽할 수	粹 순수할 수	需 쓰일 수
脺 얼굴윤기 수	銖 저울눈 수	搜 찾을 수	塾 글방 숙
菽 콩 숙	菘 배추 숭	瑟 거문고 슬	塍 잉아 승
僧 중 승	翄 날개 시	廝 하인 시	禔 복 시
飾 꾸밀 식	熄 불꺼질 식	愼 삼갈 신	腎 콩팥 신
實 열매 실	滋 불을 자	慈 사랑 자	莿 풀가지 자
綽 너그러울 작	嶂 가파른산 장	萇 나무이름 장	奬 장려할 장

臧 착할 장	溨 물이름 재	榟 가래나무 재	滓 찌꺼기 재
箏 쟁 쟁	葅 김치 저	這 이 저	翟 꿩 적
逖 멀 적	菂 연밥 적	嫡 정실 적	箋 기록할 전
腆 두터울 전	戩 멸할 전	塼 벽돌 전	銓 사람가릴 전
嫥 아름다울 전	截 끊을 절	颭 물결일 점	塾 빠질 점
蝶 나비 접	靘 검푸른빛 정	静 고요할 정	禎 상서로울 정
酲 숙취 정	精 정할 정	齊 가지런할 제	瑅 옥이름 제
製 지을 제	禔 편안할 제	嶆 깊을 조	趙 나라 조
銚 냄비 조	蜩 매미 조	肇 비롯할 조	嘈 지껄일 조
造 지을 조	瘇 다리부을 종	綜 모을 종	種 씨 종
罪 허물 죄	聈 귀 주	逎 닥칠 주	嗾 부추길 주
綢 얽을 주	裯 홑이불 주	踆 그칠 준	逡 뒷걸음 준
僔 모일 준	準 준할 준	綧 피륙넓이 준	禔 복 지
蜘 거미 지	駁 굳셀 지	誌 기록할 지	搘 버틸 지
榰 주춧돌 지	槇 결고울 진	榛 개암나무 진	賑 구휼할 진
搢 꽂을 진	盡 다할 진	溱 많을 진	塵 티끌 진
槎 나무벨 차	箚 찌를 차	斲 깎을 착	搾 짤 착
察 살필 찰	塹 구덩이 참	嶄 높을 참	僭 주제넘을 참

餓 다칠 창	搶 닿을 창	彰 밝을 창	脹 부을 창
愴 슬플 창	槍 창 창	菖 창포 창	滄 큰바다 창
暢 화창할 창	菜 나물 채	寨 목책 채	綵 비단 채
幘 건 책	嘖 외칠 책	萋 풀무성할 처	蜴 도마뱀 척
墌 터 척	僝 등질 천	銕 쇠 철	綴 엮을 철
飻 탐할 철	輒 문득 첩	蜻 귀뚜라미 청	菁 우거질 청
誚 꾸짖을 초	僬 명찰할 초	聡 귀밝을 총	総 다 총
銃 총 총	榱 서까래 최	甃 벽돌담 추	偢 빌 추
箠 채찍 추	搥 칠 추	逐 쫓을 축	璊 옥이름 춘
萃 모을 췌	聚 모을 취	翠 푸를 취	緇 검을 치
置 둘 치	甾 묵정밭 치	寢 잘 침	稱 일컫을 칭

斡 돌 알	嘎 새소리 알	菴 암자 암	鞅 가슴걸이 앙
獃 못생길 애	腋 겨드랑이 액	搤 잡을 액	瘍 헐 양
語 말씀 어	嫣 아름다울 언	罨 그물 엄	與 더불 여
鳶 솔개 연	瑛 옥돌 연	蝘 웅숭깊을 연	說 기뻐할 열
髥 구레나룻 염	厭 싫어할 염	熀 이글거릴 엽	郢 땅이름 영

碤 무늬돌 영	榮 영화 영	瑛 옥빛 영	蜺 무지개 예
睿 슬기 예	嫛 유순할 예	嫣 유순할 예	嫯 교만할 오
誤 그르칠 오	嗷 시끄러울 오	寤 잠깰 오	獄 옥 옥
榲 기둥 온	氳 기운성할 온	溫 따뜻할 온	慍 성낼 온
熅 숯불 온	穏 편안할 온	滃 구름일 옹	窩 움집 와
窪 웅덩이 와	腕 팔뚝 완	碨 돌모양 외	僥 요행 요
暚 햇빛 요	搖 흔들 요	溽 무더울 욕	慂 권할 용
墉 담 용	踊 뛸 용	溶 물질펀할 용	榕 보리수 용
熔 쇠녹일 용	霂 물소리 우	禥 복 우	瑀 패옥 우
熉 노란모양 운	殞 죽을 운	菀 무성할 울	熊 곰 웅
瑗 구슬 원	蜿 굼틀거릴 원	源 근원 원	猿 원숭이 원
愿 정성 원	僞 거짓 위	萎 시들 위	瑋 옥 위
需 구할 유	綏 갓끈 유	瘐 근심앓이 유	誘 꾈 유
維 버리 유	瘉 병나을 유	瑜 옥 유	瑈 옥이름 유
逌 웃을 유	窬 협문 유	毓 기를 육	鬻 물깊을 윤
溵 물흐를 은	慇 괴로워할 은	滶 물소리 은	銀 은 은
蔭 덮을 음	疑 의심할 의	禩 공경할 이	爾 너 이
飴 엿 이	靴 작은북 인	禋 제사지낼 인	認 알 인

㯃 작은북 인	夤 조심할 인	溢 넘칠 일	馹 역말 일
銋 젖을 임	瘕 뱃병 하	碬 숫돌 하	碬 클 하
瑕 허물 하	郝 고을이름 학	僩 굳셀 한	限 한할 한
菡 연꽃 함	銜 재갈 함	溘 이를 합	閤 쪽문 합
榼 통 합	降 항복할 항	嫦 항아 항	瑎 검은옥 해
噓 불 허	赫 빛날 혁	誢 말다툼할 현	熒 등불 형
夐 멀 형	熒 실개천 형	嘒 가냘플 혜	瑚 산호 호
嫭 아름다울 호	嫮 아름다울 호	滈 장마 호	豪 호걸 호
犒 호궤할 호	酷 심할 혹	熇 뜨거울 혹	魂 넋 혼
溷 어지러울 혼	琿 옥 혼	鉷 쇠뇌 홍	華 빛날 화
禍 재앙 화	廓 클 확	猾 교활할 활	滑 미끄러울 활
熀 이글거릴 황	滉 깊을 황	愰 마음밝을 황	慌 어리둥절할 황
瑝 옥소리 황	榥 책상 황	誨 가르칠 회	劃 그을 획
熇 마를 효	酵 삭힐 효	歊 오를 효	熏 불길 훈
攜 이끌 휴	僖 기쁠 희	豨 멧돼지 희	熙 빛날 희
熙 빛날 희	熙 빛날 희		

15획	수리오행 ㊉

15획	음령오행　木

葭 갈대 가	價 값 가	駕 멍에 가	稼 심을 가
慤 성실할 각	慳 아낄 간	褐 갈색 갈	羯 불깐흑양 갈
蝎 전갈 갈	葛 칡 갈	慷 슬플 강	僵 쓰러질 강
槩 대개 개	磕 돌소리 개	漑 물댈 개	慨 슬퍼할 개
槩 평미레 개	賡 이을 갱	踞 걸어앉을 거	駏 버새 거
漧 하늘 건	腱 힘줄 건	儉 검소할 검	劍 칼 검
鴂 때까치 격	儆 경계할 경	慶 경사 경	駉 목장 경
熲 빛날 경	稽 상고할 계	磎 시내 계	靠 기댈 고
稿 볏짚 고	穀 곡식 곡	槲 떡갈나무 곡	閫 문지방 곤
褌 잠방이 곤	滾 흐를 곤	鞏 굳을 공	課 공부할 과
踝 복사뼈 과	蝌 올챙이 과	郭 둘레 곽	槨 외관 곽
寬 너그러울 관	慣 익숙할 관	輨 줏대 관	廣 넓을 광
瑰 구슬이름 괴	餃 경단 교	嶠 산쭈뼛할 교	嬌 아리따울 교
歐 구라파 구	銶 끌 구	漚 담글 구	毆 때릴 구
駒 망아지 구	摳 출 구	窮 다할 궁	權 권세 권
嫣 고을이름 규	逵 길거리 규	槻 물푸레나무 규	葵 해바라기 규

樛 휠 규　　劇 심할 극　　漌 맑을 근　　槿 무궁화 근

嶔 높고험할 금　　嶬 산험할 기　　畿 경기 기

鼐 가마솥 내	碾 맷돌 년	駑 둔한말 노	儂 나 농
腦 골 뇌	鬧 시끄러울 뇨	暱 친할 닐	槎 차나무 다
憛 근심할 담	緞 비단 단	腶 약포 단	溥 이슬많을 단
郯 나라이름 담	談 말씀 담	儋 멜 담	墰 술단지 담
噉 씹을 담	踏 밟을 답	幢 기 당	瑭 옥이름 당
德 큰 덕	稻 벼 도	墩 돈대 돈	董 감독할 동
陡 험할 두	嶝 고개 등	滕 물솟을 등	橙 자드락길 등
摝 정돈할 라	落 떨어질 락	樂 즐길 락	漤 짱아찌 람
閬 솟을대문 랑	瑯 옥돌 랑	逨 올 래	樑 들보 량
諒 살펴알 량	輬 수레 량	厲 갈 려	黎 검을 려
閭 마을 려	慮 생각할 려	輦 가마 련	練 익힐 련
漣 잔물결 련	颲 강풍 렬	礛 거친숫돌 렴	魯 노나라 로
滷 소금밭 로	漉 거를 록	論 논할 론	磊 돌무더기 뢰
賚 줄 뢰	寮 동관 료	嫽 예쁠 료	嘹 울 료

15획	음령오행 火

樓 다락 루	熡 불꽃 루	漏 샐 루	懻 정성 루
瑠 유리 류	劉 죽일 류	瘤 혹 류	戮 죽일 륙
輪 바퀴 륜	稑 볏짚 률	瑮 옥무늬 률	凜 찰 름
凛 찰 름	履 밟을 리	漓 스며들 리	摛 퍼질 리
嶙 가파를 린	駞 곱추 타	駝 낙타 타	墮 떨어질 타
踔 뛰어날 탁	逴 멀 탁	歎 탄식할 탄	彈 탄알 탄
駘 둔마 태	噋 느릿할 톤	樋 나무이름 통	慟 서러워할 통
慝 사특할 특			

15획	음령오행 土

碼 마노 마	摩 문지를 마	瑪 차돌 마	漠 넓을 막
慢 거만할 만	萬 일만 만	滿 찰 만	漫 흩어질 만
漭 넓을 망	輞 바퀴테 망	霉 매우 매	魅 매혹할 매
賣 팔 매	麪 밀가루 면	緬 실 면	緜 햇솜 면
瞑 눈감을 명	慕 그릴 모	模 법 모	摹 베낄 모
摸 본뜰 모	暮 저물 모	蟊 해충 모	慔 힘쓸 모
廟 사당 묘	嘸 모호할 무	廡 집 무	嘿 고요할 묵
墨 먹 묵	緡 낚싯줄 민	憫 총명할 민	滵 빨리흐를 밀

榓 침향 밀　　磐 너럭바위 반　　盤 소반 반　　瘢 흉터 반

魃 가뭄 발　　髮 터럭 발　　磅 돌떨어질 방　　魴 방어 방

輩 무리 배　　賠 물어줄 배　　褙 속적삼 배　　魄 넋 백

幡 깃발 번　　樊 울타리 번　　罰 벌할 벌　　汎 뜰 범

範 법 범　　僻 궁벽할 벽　　劈 쪼갤 벽　　彆 활뒤틀릴 별

輧 수레 병　　鴇 능에 보　　褓 포대기 보　　葆 풀무더기 보

複 겹칠 복　　幞 두건 복　　蝠 박쥐 복　　腹 배 복

蝮 살모사 복　　璞 흙덩이 복　　澎 내이름 봉　　鳸 봉새 봉

熢 봉화 봉　　鋒 칼날 봉　　駙 곁마 부　　部 떼 부

頫 머리숙일 부　　麩 밀기울 부　　賦 부세 부　　敷 펼 부

墳 무덤 분　　噴 뿜을 분　　髴 비슷할 불　　漰 물결소리 붕

鄁 고을이름 비　　誹 헐뜯을 비　　葩 꽃 파　　霈 큰비 패

艑 거룻배 편　　緶 꿰맬 편　　翩 나부낄 편　　萹 마디풀 편

蝙 박쥐 편　　編 엮을 편　　褊 좁을 편　　篇 책 편

陛 대궐섬돌 폐　　弊 폐단 폐　　廢 폐할 폐　　幣 화폐 폐

鋪 가게 포　　褒 기릴 포　　暴 사나울 포　　葡 포도 포

暴 사나울 폭　　慓 급할 표　　漂 떠다닐 표　　熛 불똥 표

摽 칠 표　　標 표할 표　　髲 가발 피　　膈 답답할 픽

戳 다할 필　　馝 말살찔 필　　潷 샘용솟을 필

駛 달릴 사　　鯊 문절망둑 사　　寫 베낄 사　　駟 사마 사

儍 잘게부술 사　　賜 줄 사　　數 자주 삭　　傸 착할 산

渗 스며들 삼　　霅 비올 삽　　緗 담황색 상　　箱 상자 상

賞 상줄 상　　慡 성품밝을 상　　殤 일찍죽을 상　　樣 상수리 상

槭 앙상할 색　　諝 슬기 서　　署 마을 서　　絮 서로 서

緒 실마리 서　　鋤 호미 서　　奭 클 석　　嬋 고울 선

墡 백토 선　　腺 샘 선　　線 줄 선　　撌 없앨 설

褻 설만할 설　　陝 땅이름 섬　　摻 잡을 섬　　葉 땅이름 섭

聖 들을 성　　腥 비릴 성　　鍫 구리녹 세　　銷 녹일 소

箾 음악 소　　樸 풀막 소　　瘙 피부병 소　　霄 하늘 소

嘯 휘파람불 소　　瑣 자잘할 쇄　　銹 녹슬 수　　誰 누구 수

豎 더벅머리 수　　數 셈 수　　瞍 소경 수　　漱 양치질할 수

瘦 여윌 수　　穂 이삭 수　　睟 재물 수　　熟 익을 숙

醇 진한술 순　　諄 타이를 순　　蝨 이 슬　　慴 두려워할 습

槢 쐐기 습　　陞 오를 승　　緦 시마복 시　　嘶 울 시

廝 하인 시 　 嘶 흐를 시 　 箵 대밥통 식 　 蝕 좀먹을 식

頤 볼 신 　 審 살필 심 　 葚 오디 심 　 磁 자석 자

髭 코밑수염 자 　 箴 경계 잠 　 暫 잠깐 잠 　 奬 권면할 장

獐 노루 장 　 樟 녹나무 장 　 漳 물이름 장 　 暲 밝을 장

葬 장사지낼 장 　 漿 즙 장 　 腸 창자 장 　 諍 간할 쟁

樗 가죽나무 저 　 著 나타날 저 　 褚 솜옷 저 　 箸 젓가락 저

敵 대적할 적 　 摘 딸 적 　 滴 물방울 적 　 樀 처마 적

廛 가게 전 　 鋑 새길 전 　 翦 자를 전 　 篆 전자 전

箭 화살 전 　 節 마디 절 　 漸 적실 점 　 蝶 나비 접

摺 접을 접 　 靚 단장할 정 　 鋌 쇳덩이 정 　 霆 천둥소리 정

鋥 칼날세울 정 　 除 덜 제 　 緹 붉은비단 제 　 調 고를 조

槽 구유 조 　 漕 배로나를 조 　 嘲 비웃을 조 　 慫 권할 종

慒 생각할 종 　 踪 자취 종 　 樅 전나무 종 　 腫 종기 종

調 고를 주 　 週 돌 주 　 駐 머무를 주 　 廚 부엌 주

腠 살결 주 　 賙 진휼할 주 　 陖 가파를 준 　 蓲 생강 준

墫 술통 준 　 儁 준걸 준 　 葺 기울 즙 　 增 더할 증

嶒 산험할 증 　 墀 계단위땅 지 　 誌 기록할 지 　 漬 담글 지

踟 머뭇거릴 지 　 摯 잡을 지 　 禝 사람이름 직 　 稷 피 직

瑨 옥돌 진	瑱 누를 진	進 나아갈 진	禛 복받을 진
瞋 부릅뜰 진	穜 빽빽할 진	瑨 옥돌 진	震 우레 진
陣 진칠 진	質 바탕 질	鳩 짐새 짐	緝 모을 집
徵 부를 징	磋 갈 차	瑳 고울 차	賛 도울 찬
慙 부끄러울 참	慚 부끄러울 참	慘 참혹할 참	槧 판 참
廠 공장 창	漲 넘칠 창	瘡 부스럼 창	瑲 옥소리 창
磔 찢을 책	鄗 고을이름 처	慼 근심할 척	慽 근심할 척
滌 씻을 척	瘠 여윌 척	陟 오를 척	摭 주을 척
僤 머뭇거릴 천	踐 밟을 천	賤 천할 천	輟 그칠 철
徹 통할 철	諂 아첨할 첨	請 청할 청	請 청할 청
蔕 가시 체	殢 나른할 체	滯 막힐 체	締 맺을 체
髢 머리깎을 체	逮 잡을 체	嶕 높을 초	髫 다박머리 초
噍 먹을 초	趠 멀 초	嫶 수척할 초	醋 초 초
憁 분주할 총	蓯 파 총	摠 합할 총	漼 깊을 최
摧 꺾을 최	嘬 물 최	墜 떨어질 추	諏 물을 추
萩 사철쑥 추	皺 주름 추	樞 지도리 추	衝 찌를 충
趣 뜻 취	嘴 부리 취	醉 취할 취	層 층 층
幟 기 치	緻 빽빽할 치	齒 이 치	輜 짐수레 치

漆 옻 칠　　郴 고을이름 침　　鍼 새길 침

| 15획 | 음령오행　水 |

鴉 갈까귀 아	蕚 꽃받침 악	樂 노래 악	腭 잇몸 악
鴈 기러기 안	鞍 안장 안	頞 콧마루 알	腤 삶을 암
葊 풀이름 암	磑 맷돌 애	滰 물가 애	睚 사람이름 애
僾 어렴풋할 애	皚 흴 애	葯 꽃밥 약	養 기를 양
樣 모양 양	漾 출렁거릴 양	漁 고기잡을 어	億 억 억
醃 절인채소 엄	燃 성씨 연	緣 인연 연	演 펼 연
戭 창 연	熱 더울 열	噎 목맬 열	閱 볼 열
葉 잎 엽	潁 강이름 영	影 그림자 영	瑩 밝을 영
郳 나라이름 예	銳 날카로울 예	藝 재주 예	劈 쪼갤 예
獒 개 오	傲 교만할 오	熬 볶을 오	噁 성낼 오
穏 벼 온	瑥 사람이름 온	瘟 염병 온	蝸 달팽이 와
萵 상추 와	緩 느릴 완	豌 완두 완	翫 희롱할 완
磈 높고험할 외	窯 기와가마 요	嶢 높을 요	墝 메마른땅 요
嬈 아리따울 요	瑤 옥 요	樂 좋아할 요	腰 허리 요
慾 욕심 욕	慵 게으를 용	橚 나무이름 용	瑢 옥소리 용

惷 천치창 용	慪 공경할 우	憂 근심 우	郵 우편 우
耦 짝 우	稶 무성할 욱	賱 떨어질 운	院 집 원
褑 패옥띠 원	葦 갈대 위	蝟 고슴도치 위	逶 구불구불갈 위
葳 무성할 위	諉 번거로울 위	緯 씨 위	褘 아름다울 위
慰 위로할 위	衛 지킬 위	熨 찜질할 위	褕 고울 유
蝤 굼벵이 유	牖 들창 유	腴 배살찔 유	窳 비뚤어질 유
糅 섞을 유	萸 수유 유	釪 금 윤	閏 윤달 윤
㒟 사람이름 은	誾 온화할 은	儀 거동 의	毅 굳셀 의
漪 물놀이 의	誼 옳을 의	頤 턱 이	熤 사람이름 익
戭 창 인	逸 편안할 일	蝦 두꺼비 하	瘧 학질 학
暵 말릴 한	嫺 우아할 한	嫻 우아할 한	漢 한수 한
瞎 애꾸눈 할	緘 봉할 함	陜 좁을 합	頦 턱 해
餉 건량 향	墟 언덕 허	鋗 노구솥 현	賢 어질 현
儇 영리할 현	睍 한정할 현	篋 상자 협	鋏 집게 협
瑩 밝을 형	陘 지레목 형	槥 널 혜	憲 밝힐 혜
暳 별반짝일 혜	慧 슬기로울 혜	鞋 신 혜	滸 강이름 호
蝴 나비 호	葫 마늘 호	滸 물가 호	皞 밝을 호
熩 빛날 호	嘷 짖을 호	糊 풀칠할 호	皜 흴 호

篊 홈통 홍	嘩 시끄러울 화	嫭 탐스러울 화	確 굳을 확
碻 굳을 확	篁 대숲 황	蝗 메뚜기 황	皛 나타날 효
篌 공후 후	勳 공 훈	葷 매운채소 훈	萱 원추리 훤
麾 기 휘	輝 빛날 휘	翬 훨훨날 휘	廞 진열할 흠
噏 들이쉴 흡	嬉 아름다울 희	嘻 웃을 희	頡 곧은목 힐

諫 간할 간	墾 개간할 간	澗 산골물 간	噶 벼슬이름 갈
橄 감람나무 감	澉 씻을 감	憨 어리석을 감	鋼 강철 강
穅 겨 강	彊 굳셀 강	壃 지경 강	蓋 덮을 개
鋸 톱 거	踺 밟을 건	褰 추킬 건	黔 검을 검
劒 칼 검	憩 쉴 게	膈 가슴 격	骼 뼈 격
潔 깨끗할 결	蒹 갈대 겸	縑 합사비단 겸	磬 경쇠 경
憬 깨달을 경	頸 목 경	曔 밝을 경	暻 볕 경
褧 홑옷 경	境 옥빛 경	縘 맬 계	髻 상투 계

膏 기름 고	糕 떡 고	錮 막을 고	篙 상앗대 고
鴣 자고 고	縠 주름비단 곡	錕 붉은쇠 곤	過 지날 과
霍 빠를 곽	盥 대야 관	舘 줏대 관	舘 집 관
髺 머리묶을 괄	廥 곳간 괴	膭 황모 괴	憍 교만할 교
橋 다리 교	撟 들 교	骹 발회목 교	噭 외칠 교
龜 땅이름 구	龜 땅이름 구	窶 가난할 구	蒟 구장 구
篝 베롱 구	糗 볶은쌀 구	甌 사발 구	璆 옥소리 구
獗 날뛸 궐	槶 나무이름 궤	潰 무너질 궤	憒 심란할 궤
撅 옷걷을 궤	龜 거북 귀	龜 거북 귀	潙 강이름 규
窺 엿볼 규	龜 터질 균	龜 터질 균	橘 귤 귤
瑾 아름다운옥 근	黅 누른빛 금	錦 비단 금	噤 입다물 금
錡 가마솥 기	器 그릇 기	璂 꾸미개 기	曁 및 기
冀 바랄 기	機 틀 기	錤 호미 기	噲 목구멍 쾌

	16획	음령오행 火		

諾 허락할 낙	撚 비틀 년	儜 괴로울 녕	噥 소곤거릴 농
餒 주릴 뇌	撓 어지러울 뇨	耨 김맬 누	憹 마음좋을 니
艖 뿔밑동 다	壇 단 단	達 통달할 달	潭 못 담

16획	음령오행　火

錟 창 담　　曇 흐릴 담　　瞠 볼 당　　糖 엿 당

撞 칠 당　　儓 하인 대　　道 길 도　　賭 내기 도

都 도읍 도　　覩 볼 도　　鋾 쇳덩이 도　　導 인도할 도

陶 질그릇 도　　馞 향기로울 도　　篤 도타울 독　　燉 불빛 돈

暾 아침해 돈　　澂 큰물 돈　　橦 나무이름 동　　瞳 달뜰 동

憧 동경할 동　　曈 동틀 동　　潼 물이름 동　　頭 머리 두

遁 숨을 둔　　橙 귤 등　　燈 등 등　　縢 등사 등

縢 봉할 등　　瘰 연주창 라　　蓏 열매 라　　駱 낙타 락

螂 사마귀 랑　　膂 등골뼈 려　　歷 지날 력　　曆 책력 력

憐 불쌍할 련　　璉 호련 련　　齡 소금 령　　鴒 할미새 령

隷 종 례　　潦 장마 로　　潞 강이름 로　　撈 건질 로

盧 성씨 로　　澇 큰물결 로　　錄 기록할 록　　賴 의뢰할 뢰

賴 의뢰할 뢰　　撩 다스릴 료　　瞭 밝을 료　　獠 밤사냥 료

膋 밭기름 료　　潦 큰비 료　　燎 횃불 료　　龍 용 룡

瘻 부스럼 루　　榴 석류 류　　陸 뭍 륙　　錀 금 륜

廩 곳집 름　　陵 언덕 릉　　戱 바를 리　　璃 유리 리

橉 나무이름 린　　燐 도깨비불 린　　潾 맑을 린　　撛 붙들 린

獜 튼튼할 린　　霖 장마 림　　橢 길쭉할 타　　鮀 모래무지 타

16획	음령오행	火

鴕 타조 타	橐 전대 탁	憚 꺼릴 탄	殫 다할 탄
暾 밝을 탄	燙 데울 탕	糖 엿 탕	鮐 복어 태
撐 버틸 탱	撑 버틸 탱	腿 넓적다리 퇴	頹 무너질 퇴
褪 바랠 퇴			

16획	음령오행	土

磨 갈 마	螞 말거머리 마	瞙 눈흐릴 막	瞞 속일 만
罵 꾸짖을 매	甍 용마루 맹	羃 덮을 멱	螟 멸구 명
蓂 명협 명	謀 꾀 모	橅 법 모	穆 화목할 목
瞢 어두울 몽	蒙 어두울 몽	貓 고양이 묘	橅 법 무
撫 어루만질 무	憮 어루만질 무	儛 춤출 무	默 잠잠할 묵
璊 붉은옥 문	躾 가르칠 미	潤 물흐를 민	憫 민망할 민
撲 두드릴 박	縛 얽을 박	駁 짐승이름 박	樸 통나무 박
膊 포 박	潘 뜨물 반	蟠 진딧물 반	撥 다스릴 발
潑 물뿌릴 발	螃 방게 방	膀 오줌통 방	蒡 우엉 방
蓓 꽃망울 배	陪 모실 배	燔 사를 번	橃 떼 벌
罰 죄 벌	壁 벽 벽	駢 나란히할 변	鴘 매 변
辨 분별할 변	餠 판금 병	潽 물이름 보	輻 바퀴살 복

鞴 복토 복　　鮒 붕어 부　　奮 떨칠 분　　憤 분할 분

濆 뿜을 분　　黺 오색수 분　　憊 고단할 비　　霏 눈내릴 비

篦 빗치개 비　　陴 성가퀴 비　　蓖 아주까리 비　　儐 인도할 빈

頻 자주 빈　　憑 기댈 빙　　罷 마칠 파　　播 뿌릴 파

辦 힘들일 판　　澎 물소리 팽　　遍 두루 편　　諞 말교묘할 편

鮃 넙치 평　　獘 넘어질 폐　　嬖 사랑할 폐　　蒲 부들 포

餔 새참 포　　鮑 절인 포　　輻 바퀴살 폭　　瓢 바가지 표

諷 풍자할 풍　　觱 피리 필　　逼 핍박할 핍

蓑 도롱이 사　　篩 체 사　　蒴 말오줌대 삭　　潛 눈물흐를 산

潸 눈물흐를 산　　蒜 마늘 산　　橵 산자 산　　撒 뿌릴 살

霎 가랑비 삽　　澁 떫을 삽　　橡 상수리 상　　潒 세찰 상

諝 슬기 서　　噬 씹을 서　　撕 훈계할 서　　瀉 개펄 석

褯 자리 석　　蓆 자리 석　　錫 주석 석　　歚 고을 선

歚 기울 선　　瞁 눈예쁠 선　　璇 옥 선　　暹 햇살치밀 섬

醒 깰 성　　衠 멈출 소　　穌 깨어날 소　　艘 배 소

燒 사를 소　　膆 살찔 소　　璑 옥돌 소　　篠 조릿대 소

蓀 향풀이름 손	樹 나무 수	遂 따를 수	蒐 모을 수
輸 보낼 수	橞 수산 수	陲 위태할 수	膄 파리할 수
駒 말달릴 순	橓 무궁화 순	錞 사발종 순	璱 헌구슬 슬
階 오를 승	澌 다할 시	諰 두려워할 시	蒔 모종낼 시
諡 시호 시	諟 이 시	蓍 톱풀 시	駪 말많을 신
潯 물가 심	燖 삶을 심	諶 참 심	嬨 너그러울 자
褯 자리 자	諮 물을 자	赭 붉은흙 자	鮓 젓 자
潺 졸졸흐를 잔	潛 잠길 잠	潜 잠길 잠	嬙 궁녀 장
廧 담 장	墻 담 장	瘴 장기병 장	璋 홀 장
縡 일 재	賊 재물 재	錚 쇳소리 쟁	潴 웅덩이 저
磧 서덜 적	積 쌓을 적	錢 돈 전	甎 벽돌 전
磚 벽돌 전	靦 부끄러울 전	錪 쇠 전	戰 싸움 전
靛 청대 전	鮎 메기 점	霑 젖을 점	蹀 밟을 접
整 가지런할 정	靜 고요할 정	頳 곧을 정	錠 덩이 정
遉 엿볼 정	諪 조정할 정	蹄 굽 제	醍 맑은술 제
諸 모두 제	儕 무리 제	劑 약제 제	踶 찰 제
雕 독수리 조	噪 떠들썩할 조	錖 쇠 조	潮 조수 조
瘯 피부병 족	踵 발꿈치 종	璁 패옥소리 종	遒 닥칠 주

澍 단비 주　　輳 몰려들 주　　霌 운우모양 주　　霖 장마 주

儔 짝 주　　　撙 누를 준　　　餕 대궁 준　　　窶 모일 준

樽 술통 준　　憎 미울 증　　　蒸 찔 증　　　　硔 슬기 지

篪 대이름 지　縝 고울 진　　　儘 다할 진　　　陳 베풀 진

縉 붉은비단 진蓁 우거질 진　臻 이를 진　　　蒺 납가새 질

潗 샘솟을 집　輯 모을 집　　　潗 샘솟을 집　澂 맑을 징

澄 맑을 징　　錯 어긋날 착　餐 밥 찬　　　　篡 빼앗을 찬

撰 지을 찬　　憯 슬퍼할 참　錩 날카로울 창蒼 푸를 창

氅 새털 창　　閶 천문 창　　　蒼 푸를 창　　蕆 풀더북할 천

撤 거둘 철　　澈 맑을 철　　　錣 물미 철　　幨 휘장 첨

諜 염탐할 첩　諦 살필 체　　　諦 살필 체　　樵 나무할 초

鞘 칼집 초　　憔 파리할 초　爐 홰 초　　　　撮 사진찍을 촬

確 산높을 최　縗 상복이름 최璀 옥빛 최　　蒭 꼴 추

瘳 낫을 추　　縋 매어달 추　陬 모퉁이 추　錐 송곳 추

錘 저울추 추　縐 주름질 추　蓄 모을 축　　築 쌓을 축

賰 넉넉할 춘　橇 썰매 취　　　鴙 꿩 치　　　褫 빼앗을 치

熾 성할 치　　鴟 솔개 치　　　錙 저울눈 치　親 친할 친

餓 주릴 아	錏 투구목 아	諤 곧은말할 악	鄂 나라이름 악
噩 놀랄 악	覎 오래볼 악	鴈 뜰 안	閼 가로막을 알
遏 막을 알	謁 뵐 알	頷 끄덕일 암	諳 욀 암
鴨 오리 압	鴦 원앙 앙	噯 숨 애	縊 목맬 액
罃 물독 앵	蒻 구약나물 약	篛 대껍질 약	輰 치장수레 양
衛 그칠 어	禦 막을 어	諺 언문 언	閹 내시 엄
嶪 산높을 업	嶫 험준할 업	瞖 음산할 에	餘 남을 여
閾 문지방 역	嶧 산이름 역	輭 연할 연	燕 제비 연
燃 탈 연	澰 물흐를 열	閻 마을 염	曄 빛날 엽
曄 빛날 엽	燁 빛날 엽	縈 얽힐 영	穎 이삭 영
赢 찰 영	瘱 고요할 예	蕊 꽃술 예	瞖 눈백태낄 예
霓 무지개 예	豫 미리 예	叡 밝을 예	墺 물가 오
窹 부엌 오	縕 헌솜 온	膃 살찔 올	蓊 동 옹
甕 막을 옹	鋺 주발 완	徼 구할 요	橈 굽을 요
澆 물댈 요	蓐 깔개 욕	縟 꾸밀 욕	褥 요 욕
踴 뛸 용	蓉 연꽃 용	遇 만날 우	踽 홀로갈 우
餗 빠를 욱	橒 나무무늬 운	暉 넉넉할 운	運 옮길 운
篔 왕대 운	澐 큰물결 운	鴛 원앙 원	鋺 저울판 원

違 어긋날 위	謂 이를 위	衛 지킬 위	踰 넘을 유
逾 넘을 유	遊 놀 유	蹂 밟을 유	儒 선비 유
諛 아첨할 유	諭 타이를 유	橍 나무이름 윤	潤 윤택할 윤
潏 강이름 율	燏 빛날 율	駅 빨리날 율	融 녹을 융
儥 기댈 은	憖 억지로 은	蒑 풀빛푸를 은	蒽 풀이름 은
陰 그늘 음	凝 엉길 응	螘 개미 의	懝 의심할 의
劓 코벨 의	彛 떳떳할 이	諲 공경할 인	璌 사람이름 인
嗬 웃을 하	遐 멀 하	赮 붉을 하	學 배울 학
澖 넓을 한	閒 익힐 한	橌 큰나무 한	翰 편지 한
陷 빠질 함	諴 화할 함	嶰 골짜기 해	廨 관아 해
駭 놀랄 해	骸 뼈 해	諧 화할 해	翮 깃촉 핵
歔 흐느낄 허	輤 초헌 헌	憲 법 헌	嶮 험할 험
嬛 날랠 현	縣 매달 현	頰 빰 협	螢 반딧불 형
衡 저울대 형	憓 사랑할 혜	澔 넓을 호	縞 명주 호
蒿 쑥 호	儫 영웅 호	醐 제호 호	閽 문지기 혼
澒 수은 홍	閧 싸울 홍	澕 깊을 화	樺 벚나무 화
圜 두를 환	寰 기내 환	遑 급할 황	潢 웅덩이 황
頮 세수할 회	橫 가로 횡	潒 물돌 횡	曉 새벽 효

16획	음령오행 水		

勳 공 훈	諼 속일 훤	諼 잊을 훤	諱 숨길 휘
撝 찢을 휘	髹 옻칠할 휴	潝 빨리흐를 흡	歙 줄일 흡
興 흥할 흥	憙 기뻐할 희	憘 기쁠 희	橲 나무이름 희
羲 복희씨 희	熹 빛날 희	暿 빛날 희	熺 빛날 희
噫 한숨쉴 희	戲 희롱할 희		

17획	수리오행 ⾦

17획	음령오행 木		

檟 개오동나무 가	謌 노래 가	懇 간절할 간	癎 간질 간
癎 간질 간	磵 산골짜기물 간	艱 어려울 간	瞰 굽어볼 감
歛 바랄 감	憾 섭섭할 감	撼 흔들 감	橿 감탕나무 강
糠 겨 강	殭 굳어질 강	講 외울 강	襁 포대기 강
襁 포대기 강	據 근거 거	謇 떠듬거릴 건	鍵 열쇠 건
蹇 절뚝발이 건	檢 검사할 검	撿 단속할 검	橵 격문 격
激 격할 격	闃 고용할 격	擊 칠 격	縳 명주 견
遣 보낼 견	闋 문닫을 결	鍥 새길 결	黚 강이름 겸

17획	음령오행 木

謙 겸손할 겸	憼 공경할 경	檠 도지개 경	橄 도지개 경
擎 들 경	曔 밝을 경	罄 빌 경	璟 옥빛 경
穎 홑옷 경	階 섬돌 계	谿 시내 계	轂 바퀴 곡
縠 뿔잔 곡	顆 낟알 과	鍋 노구솥 과	撾 칠 과
窾 빌 관	館 집 관	鴰 제두루미 괄	磺 쇳돌 광
璝 구슬이름 괴	馘 귀벨 괵	磽 메마른땅 교	矯 바로잡을 교
鮫 상어 교	膠 아교 교	鵁 해오라기 교	嶠 땅이름 교
颶 구풍 구	覯 만날 구	遘 만날 구	購 살 구
屨 신 구	鞠 공 국	麯 누룩 국	簋 제기 궤
懃 은근할 근	檎 능금나무 금	擒 사로잡을 금	璣 구슬 기
磯 물가 기	覬 바랄 기	禨 조짐 기	

17획	음령오행 火

嬭 젖 내	嚀 간곡할 녕	濃 짙을 농	嬲 조롱할 뇨
檀 박달나무 단	鍛 불릴 단	癉 앓을 단	撻 때릴 달
澾 미끄러울 달	禫 담제 담	澹 맑을 담	擔 멜 담
憺 참담할 담	還 뒤섞일 답	螳 버마재비 당	檔 의자 당
黛 눈썹먹 대	隊 무리 대	鍍 도금할 도	闍 망루 도

17획	음령오행　火

蹈	밟을 도	璹	성채 도	獨	홀로 독	瞳	눈동자 동
斁	섞을 두	磴	돌비탈길 등	謄	베낄 등	螺	소라 라
闌	가로막을 란	駺	꼬리흰말 랑	駺	꼬리흰말 량	儢	게으를 려
勵	힘쓸 려	鍊	불릴 련	蓮	연꽃 련	聯	연이을 련
斂	거둘 렴	濂	물이름 렴	殮	염할 렴	嶺	고개 령
澪	깨우칠 령	澧	강이름 례	隷	붙을 례	擄	노략질할 로
癆	중독 로	簏	대상자 록	儡	꼭두각시 뢰	瞭	밝을 료
療	병고칠 료	蓼	여뀌 료	褸	누더기 루	螻	땅강아지 루
耬	밭갈 루	蔞	산쑥 루	縷	실 루	遛	머무를 류
縲	포승 류	隆	높을 륭	癃	늙을 륭	窿	활꼴 륭
凜	서늘할 름	菱	마름 릉	罹	걸릴 리	螭	교룡 리
麐	기린 린	璘	옥빛 린	磷	험할 린	臨	임할 림
濁	흐릴 탁	憻	평탄할 탄	盪	씻을 탕	擇	가릴 택
澤	못 택						

17획	음령오행　土

蟇	두꺼비 마	膜	꺼풀 막	蔓	덩굴 만	縵	명주 만
篾	대껍질 멸	蔑	업신여길 멸	蟊	해충 모	懞	덮을 몽

錨 닻 묘　懋 무성할 무　繆 얽을 무　縻 고삐 미

彌 두루 미　濔 물가 미　謎 수수께끼 미　糜 죽 미

麋 큰사슴 미　謐 고요할 밀　璞 옥돌 박　磻 강이름 반

斑 얼룩 반　幫 도울 방　謗 헐뜯을 방　蓓 황배풀 배

磻 강이름 번　繁 번성할 번　擘 가슴칠 벽　擘 엄지 벽

檗 황벽나무 벽　馞 향기날 별　瞥 깜짝할 별　餠 떡 병

蔔 무 복　鍑 솥 복　縫 꿰맬 봉　蓬 뜸 봉

蓬 쑥 봉　蔀 번지문 부　賻 부의 부　膚 살갗 부

糞 대변 분　黺 두더지 분　黻 수 불　繃 묶을 붕

貔 비휴 비　馡 향기로울 비　嬪 궁녀버슬 빈　豳 나라이름 빈

騁 달릴 빙　皤 머리흴 파　蓱 부평초 평　癈 폐질 폐

儦 번 포　暴 사나울 포　聮 들을 표　縹 옥색 표

篳 울타리 필　罼 족대 필　韠 콩 필

謝 사례할 사　糁 나물죽 삼　蔘 인삼 삼　鍤 가래 삽

償 갚을 상　霜 서리 상　賽 굿할 새　濇 껄끄러울 색

澨 물가 서　嶼 섬 서　嶼 섬 서　鮮 고울 선

禪 선 선	褻 더러울 설	餕 향풀 설	憸 간사할 섬
韱 산부추 섬	爕 불꽃 섭	騂 붉은말 성	聲 소리 성
遡 거스를 소	繰 고치켤 소	魈 이매 소	謖 일어날 속
遜 겸손할 손	衛 거느릴 솔	蟀 귀뚜라미 솔	憽 똑똑할 송
濉 물이름 수	燧 부싯돌 수	雖 비록 수	隋 수나라 수
穗 이삭 수	潚 빠를 숙	橚 줄지어설 숙	瞬 깜짝일 순
蓴 순채 순	膝 무릎 슬	褶 주름 습	鍉 열쇠 시
蟋 귀뚜라미 실	蔗 사탕수수 자	頿 코밑수염 자	磼 산높을 잡
糡 꾸밀 장	牆 담 장	檣 돛대 장	餦 산자 장
蔣 줄 장	齋 재계할 재	㙸 삼각주 저	績 길쌈할 적
輾 돌아누울 전	甎 모전 전	澶 물흐를 전	餞 보낼 전
澱 앙금 전	膞 저민고기 전	蘄 쌀 점	點 점 점
黏 찰질 점	頳 시기할 정	檉 위성류 정	蹄 굽 제
隄 둑 제	鯷 메기 제	鍗 큰가마 제	艚 거룻배 조
懆 조심할 조	燿 날씬할 조	薸 담쟁이 조	燥 마를 조
糙 매조미쌀 조	澡 씻을 조	操 잡을 조	糟 지게미 조
簇 가는대 족	螽 누리 종	縱 세로 종	鍾 쇠북 종
鬖 북상투 좌	蔟 대주 주	幬 휘장 주	蹲 기쁠 준

憍 똑똑할 준	駿 준마 준	橶 노즙	甑 시루 증
矰 주살 증	鮨 젓갈 지	蓁 더위지기 진	螴 설렐 진
璡 옥돌 진	膣 음도 질	瞪 바로볼 징	蹉 넘어질 차
擉 찌를 착	澯 맑을 찬	儧 모을 찬	燦 빛날 찬
篡 빼앗을 찬	毚 토끼 참	蹡 추창할 창	蔡 성씨 채
簀 살평상 책	擅 멋대로할 천	瞮 눈밝을 철	檐 처마 첨
裰 겹옷 첩	蔕 가시 체	遞 갈릴 체	鍫 가래 초
鍬 가래 초	礁 암초 초	燭 촛불 촉	聰 귀밝을 총
總 다 총	葼 우거질 총	蔥 파 총	趨 달아날 추
簉 버금자리 추	鄒 추나라 추	醜 추할 추	縮 줄일 축
黜 내칠 출	頯 파리할 췌	鴟 솔개 치	稚 어릴 치
駸 막달릴 침	鍼 침 침	蟄 숨을 칩	

鍔 칼날 악	嶽 큰산 악	鮟 아귀 안	鴰 뻐꾹새 알
闇 숨을 암	癌 암 암	菴 초막 암	馣 향기로울 암
壓 누를 압	騃 어리석을 애	曖 희미할 애	龠 피리 약
襄 도울 양	陽 볕 양	檍 감탕나무 억	憶 생각할 억

嚴 엄할 엄	輿 수레 여	懌 기뻐할 역	縯 길 연
嶸 가파를 영	營 경영할 영	鍈 방울소리 영	嬰 어린아이 영
霙 진눈깨비 영	獩 민족이름 예	藝 심을 예	翳 일산 예
濊 종족이름 예	繄 창전대 예	澳 깊을 오	聱 말듣지않을 오
懊 한할 오	燠 불 오	醖 빚을 온	轀 와거 온
擁 낄 옹	謠 노래 요	遙 멀 요	繇 역사 요
聳 솟을 용	鍝 귀고리 우	優 넉넉할 우	隅 모퉁이 우
燠 위로할 우	燠 따뜻할 욱	鄆 땅이름 운	蔚 고을이름 울
轅 끌채 원	遠 멀 원	黿 자라 원	諑 천천히말할 원
闈 대궐문 위	餧 먹일 위	黝 검푸를 유	鍮 놋쇠 유
鮪 다랑어 유	孺 젖먹이 유	儥 팔 육	檃 도지개 은
嶾 산높을 은	蔭 그늘 음	應 응할 응	嶷 산이름 의
鴯 제비 이	翼 날개 익	謚 웃을 익	膶 고기 인
霞 노을 하	嚇 노할 하	鍜 목투구 하	罅 틈 하
壑 골 학	謔 희롱할 학	馞 높을 한	韓 나라 한
澣 빨래할 한	駻 사나운말 한	鼾 코골 한	轄 다스릴 할
懈 게으를 해	澥 바다이름 해	鮭 어채 해	醢 젓갈 해
獬 짐승이름 해	鄕 시골 향	獫 개 험	嚇 노할 혁

駽 철총이 현	蹊 좁은길 혜	謑 창피줄 혜	鄗 땅이름 호
蒿 빛날 호	壕 해자 호	鴻 기러기 홍	鍰 엿냥중 환
擐 입을 환	闊 넓을 활	谿 뚫린골 활	璜 패옥 황
隍 해자 황	獪 교활할 회	澮 봇도랑 회	檜 전나무 회
嚄 외칠 획	餚 반찬 효	嚆 울릴 효	壎 질나발 훈
燬 불 훼	徽 아름다울 휘	鵂 수리부엉이 휴	虧 이지러질 휴
嬉 기쁠 희	戱 놀이 희	禧 복 희	

擱 놓을 각	簡 대쪽 간	鞨 말갈 갈	鏗 굳셀 강
襁 포대기 강	鎧 갑옷 개	闓 열 개	擧 들 거
蕖 연꽃 거	鞬 동개 건	瞼 눈꺼풀 검	隔 사이뜰 격
鵑 두견이 견	鎌 낫 겸	璟 경옥 경	謦 기침 경
鯁 생선뼈 경	罽 고기그물 계	雞 닭 계	翶 날 고
瞽 소경 고	鹽 염지 고	鵠 고니 곡	騍 암말 과

18획	음령오행 木

鸛 황새 관	壙 뫼구덩이 광	嚙 깨물 교	翹 뛰어날 교
蕎 메밀 교	謳 노래 구	瞿 놀랄 구	軀 몸 구
舊 옛 구	鞫 국문할 국	蕨 고사리 궐	闕 대궐 궐
櫃 궤 궤	繢 수놓을 궤	歸 돌아갈 귀	竅 구멍 규
麇 노루 균	隙 틈 극	覲 뵐 근	謹 삼갈 근
礏 산우뚝할 급	璣 갈 기	騎 말탈 기	隑 사닥다리 기
蟣 서캐 기	騏 준마 기		

18획	음령오행 火

懦 나약할 나	餪 잔치 난	濘 진창 녕	獰 영악할 녕
穠 무성할 농	膩 기름질 니	瀰 많을 니	斷 끊을 단
簞 소쿠리 단	蕈 지모 담	璫 귀고리옥 당	礑 밑바닥 당
餳 엿 당	瞵 성할 대	擡 들 대	懟 원망할 대
戴 일 대	櫂 노 도	檮 등걸 도	濤 물결 도
燾 비칠 도	擣 찧을 도	艟 배 동	董 황모 동
遯 달아날 둔	擥 가질 람	濫 넘칠 람	燣 불번질 람
騋 큰말 래	魎 도깨비 량	糧 양식 량	癘 창질 려
禮 예도 례	蕗 물감나무 로	璐 옥 로	轆 도르래 록

18획	음령오행 火

儱 건목칠 롱	礧 돌무더기 뢰	繚 감길 료	醪 막걸리 료
壘 보루 루	謬 그르칠 류	釐 다스릴 리	鯉 잉어 리
燐 반딧불 린	繗 이을 린	擢 뽑을 탁	濯 씻을 탁
蕩 방탕할 탕	闖 엿볼 틈		

18획	음령오행 土

蹣 넘을 만	謾 속일 만	魍 도깨비 망	貘 표범 맥
謨 꾀 모	濛 가랑비올 몽	懞 어두울 몽	曚 어두울 몽
朦 흐릴 몽	蕪 거칠 무	鵡 앵무새 무	膴 포 무
懣 번민할 문	瀰 물가득할 미	頣 옥돌 민	鎛 종 박
蟠 서릴 반	鵓 집비둘기 발	鎊 깎을 방	翻 날 번
繙 되풀이 번	蕃 우거질 번	膰 제사고기 번	璧 구슬 벽
癖 버릇 벽	甓 벽돌 벽	骿 통갈비 변	襒 털 별
駢 나란히할 병	簠 제기이름 보	濮 강이름 복	覆 다시 복
馥 향기 복	膹 곰국 분	蕡 들깨 분	髼 산발머리 붕
騑 곁마 비	髀 넓적다리 비	鄙 더러울 비	濞 물소리 비
濱 물가 빈	擯 물리칠 빈	檳 빈랑나무 빈	殯 빈소 빈
蟚 방게 팽	蟛 방게 팽	膨 부를 팽	鞭 채찍 편

18획	음령오행	土

蔽 덮을 폐　　斃 죽을 폐　　鯆 돌고래 포　　豐 풍년 풍
蹕 길치울 필

18획	음령오행	金

鯊 문절망둑 사	繖 일산 산	鏾 방울소리 상	觴 잔 상
穡 거둘 색	曙 새벽 서	鼫 석서 석	璿 구슬 선
繕 기울 선	蟬 매미 선	膳 선물 선	聶 소곤거릴 섭
繐 가는베 세	蔬 나물 소	鮹 소금 소	蕭 대쑥 소
鮹 물고기 소	簫 퉁소 소	遬 빠를 속	達 멀 솔
鬆 더벅머리 송	鎖 쇠사슬 쇄	鎖 쇠사슬 쇄	璹 옥 수
繡 수놓을 수	璲 패옥 수	蕣 무궁화 순	璱 푸른구슬 슬
濕 젖을 습	顋 뺨 시	爐 불탄끝 신	雙 두 쌍
鎡 호미 자	爵 벼슬 작	簪 비녀 잠	襍 섞일 잡
雜 섞일 잡	鄣 나라이름 장	醬 장 장	鎗 종소리 쟁
儲 쌓을 저	謫 귀양갈 적	適 맞을 적	蹟 자취 적
轉 구를 전	癜 어루러기 전	顓 오로지 전	餰 죽 전
簟 삿자리 점	濟 건널 제	擠 밀 제	題 제목 제
璪 드림옥 조	遭 만날 조	鼂 바다거북 조	蹤 자취 종

燽 밝을 주　　儁 샛문 준　　晙 금계 준　　濬 깊을 준

鐏 술두루미 준　繒 비단 증　　罾 어망 증　　贄 폐백 지

職 직분 직　　織 짤 직　　鎭 진압할 진　遮 가릴 차

戳 창찌를 착　竄 숨을 찬　　璨 옥빛 찬　　擦 문지를 찰

蹠 밟을 척　　蔵 경계할 천　巓 하늘 천　　饕 탐할 철

瞻 볼 첨　　礎 주춧돌 초　蕉 파초 초　　叢 모일 총

鞦 그네 추　　魋 몽치머리 추　雛 병아리 추　鎚 쇠망치 추

騅 오추마 추　蹙 닥칠 축　　蟊 두꺼비 축　蹜 종종걸음 축

蟲 벌레 충　　膬 췌장 췌　　贅 혹 췌

鵞 거위 아　　鵝 거위 아　　顎 턱 악　　顔 낯 안

隘 좁을 애　　曖 흐릿할 애　額 이마 액　　颺 날릴 양

鄢 고을이름 언　歟 어조사 여　檿 산뽕나무 염　厴 편안할 염

濴 물흐를 영　瀯 물흐를 영　韺 풍류이름 영　蕊 꽃술 예

穢 더러울 예　遨 놀 오　　謷 헐뜯을 오　顒 공경할 옹

甕 독 옹　　癕 악창 옹　　鷁 할미새 옹　瞶 배냇귀머리 외

隗 험할 외　　繞 두를 요　　曜 빛날 요　　燿 빛날 요

蟯 요충 요	蕘 풋나무 요	鎔 쇠녹일 용	譌 망령될말 우
麌 큰사슴 우	霣 떨어질 운	隕 떨어질 운	篔 왕대 운
蕓 평지 운	魏 나라이름 위	躗 바를 위	蔿 애기풀 위
蕕 누린내풀 유	鞣 다룬가죽 유	薷 드리워질 유	癒 병나을 유
濡 적실 유	鼬 족제비 유	曘 햇빛 유	贇 예쁠 윤
濦 강이름 은	鄞 땅이름 은	檼 마룻대 은	嚚 어리석을 은
礒 돌모양 의	擬 비길 의	醫 의원 의	彝 떳떳할 이
瀶 물줄기 인	鎰 무게이름 일	嚇 속일 하	檻 우리 함
闔 문짝 합	鬩 다툴 혁	爀 불빛 혁	顕 나타날 현
鎣 줄 형	蕙 풀이름 혜	餬 기식할 호	濩 퍼질 호
濠 해자 호	鎬 호경 호	環 고리 환	濶 넓을 활
鎤 종소리 황	簧 혀 황	獲 얻을 획	譺 부를 효
餱 건량 후	曛 석양빛 훈	燻 연기낄 훈	獯 흉노 훈
齕 깨물 흘	燹 밤불 희	黠 약을 힐	

19획	음령오행　木

蠍 전갈 갈	鏹 돈 강	顜 밝을 강	薑 생강 강
疆 지경 강	羹 국 갱	鏗 금옥소리 갱	繭 고치 견
羂 올무 견	鏡 거울 경	鯨 고래 경	鶊 꾀꼬리 경
繋 맬 계	薊 삽주 계	韛 활집 고	鯤 곤이 곤
鵾 댓닭 곤	關 관계할 관	爌 밝을 광	曠 빌 광
獷 사나울 광	襘 띠매듭 괴	壞 무너질 괴	轎 가마 교
蹻 받들움할 교	趫 재빠를 교	構 깍지 구	麴 누룩 국
蹶 넘어질 궐	餽 보낼 궤	闚 엿볼 규	襟 옷깃 금
麒 기린 기	譏 비웃을 기		

19획	음령오행　火

難 어려울 난	膿 고름 농	禰 아비사당 니	鄲 조나라 단
壜 술병 담	膽 쓸개 담	薝 치자나무 담	譚 클 담
螳 사마귀 당	餹 엿 당	襠 잠방이 당	鏜 종고소리 당
鞱 감출 도	韜 감출 도	鼗 땡땡이 도	禱 빌 도
瀆 도랑 독	牘 서찰 독	犢 송아지 독	櫝 함 독

臀 볼기 둔	鄧 나라이름 등	覶 자세할 라	嬾 게으를 란
瓑 옥이름 람	濾 거를 려	麗 고울 려	廬 농막집 려
櫚 종려 려	矑 햇살펴질 려	櫟 상수리 력	鏈 쇠사슬 련
簾 발 렴	獵 사냥 렵	櫓 방패 로	嚧 웃을 로
壚 흑토 로	麓 산기슭 록	綠 새 록	壟 밭두둑 롱
攦 갈 리	蕾 꽃봉오리 뢰	遼 멀 료	鏤 새길 루
瀏 맑을 류	類 무리 류	離 떠날 리	羸 파리할 리
轔 바퀴 린	鄰 이웃 린	攄 펼 터	

鏌 칼이름 막	鏋 금 만	鏝 흙손 만	鵬 초명새 명
矇 청맹과니 몽	鶩 달릴 무	霧 안개 무	靡 쓰러질 미
薇 장미 미	薄 엷을 박	攀 더위잡을 반	醱 술괼 발
龐 클 방	颿 말달릴 범	襞 주름 벽	黼 수 보
譜 족보 보	鵩 새이름 복	簿 문서 부	轒 병거 분
鵬 붕새 붕	驋 빠른말 비	臂 팔 비	鞴 풀무 비
璸 구슬이름 빈	霦 옥광채 빈	嚬 찡그릴 빈	矉 찡그릴 빈
穦 향기 빈	贇 빛날 빈	鄱 고을이름 파	簸 까부를 파

擺 열 파	瓣 외씨 판	霸 으뜸 패	騙 속일 편
爆 불터질 폭	曝 사나울 폭	瀑 폭포 폭	鏢 칼끝 표
鷝 직박구리 필			

辭 말씀 사	瀉 쏟을 사	爍 빛날 삭	鏟 대패 산
顙 이마 상	璽 옥새 새	濇 깔깔할 색	譔 가르칠 선
選 가릴 선	鏇 갈이틀 선	璿 구슬 선	爇 불사를 설
薛 성씨 설	蟾 두꺼비 섬	霄 하늘 소	膸 골수 수
颼 바람소리 수	鶈 새매 수	獸 짐승 수	儵 빠를 숙
璹 옥그릇 숙	鶉 메추라기 순	鬊 헝클어질 순	繩 노끈 승
蠅 파리 승	識 알 식	薪 섶 신	璶 옥돌 신
瀋 즙낼 심	鵲 까치 작	鏘 금옥소리 장	障 막을 장
薔 장미 장	鏑 화살촉 적	羶 누린내 전	鬋 살늘어질 전
顚 엎드러질 전	鄭 나라 정	際 즈음 제	薺 회 제
繰 견사 조	臊 누릴 조	鯛 도미 조	鵰 수리 조
鏃 화살촉 족	鼄 거미 주	疇 이랑 주	蹲 웅크릴 준
遵 좇을 준	櫛 빗 즐	蕺 삼백초 즙	贈 줄 증

19획	음령오행　金

證 증거 증	遲 더딜 지	識 적을 지	澂 맑을 징
懲 징계할 징	贊 도울 찬	鏨 끌 참	儳 어긋날 참
譖 참소할 참	覷 엿볼 처	擲 던질 척	遷 옮길 천
薦 천거할 천	濺 흩뿌릴 천	歠 마실 철	轍 바퀴자국 철
簽 제비 첨	簷 처마 첨	襜 행주치마 첨	鯖 청어 청
鶄 해오라기 청	譙 꾸짖을 초	醮 제사지낼 초	蜀 촉규화 촉
寵 사랑할 총	鏦 창 총	雛 산비둘기 추	蹴 찰 축
薙 깎을 치	緇 숭어 치	癡 어리석을 치	

19획	음령오행　水

饐 배부를 안	礙 거리낄 애	薆 숨길 애	瀁 내이름 양
臆 가슴 억	繶 끈 억	孼 서자 얼	礖 돌이름 여
璵 옥 여	繹 풀 역	櫞 레몬 연	嚥 삼킬 연
嬿 아름다울 연	瓀 옥돌 연	艶 고울 염	檗 소리 예
薉 거친풀 예	鯢 도롱뇽 예	睿 밝을 예	麑 사자 예
鏖 무찌를 오	鏊 번철 오	襖 웃옷 오	饂 배부를 온
韞 감출 온	薀 붕어마름 온	穩 편안할 온	馧 향기로울 온
甕 두레박 옹	譌 거짓말 와	瀇 물깊을 왕	遶 두를 요

擾 시끄러울 요　鏞 쇠북 용　顒 울림 운　韻 운 운

薗 동산 원　鶢 원추리 원　願 원할 원　遺 남길 유

壝 제단 유　䦟 화평할 은　齗 잇몸 은　霪 장마 음

膺 가슴 응　蟻 개미 의　艤 배댈 의　薏 율무 의

謋 대답할 하　蕸 연잎 하　蟹 게 해　薤 염교 해

覈 핵실할 핵　蘠 곡식 향　嚮 향할 향　幰 수레포장 헌

翾 급할 현　繯 맬 현　瀅 물맑을 형　譓 슬기로울 혜

醯 식혜 혜　鬍 수염 호　顈 희롱할 혼　譁 시끄러울 화

穫 거둘 확　擴 넓힐 확　繪 그림 회　膾 회 회

譃 망언 후　薰 향풀 훈　薨 훙서 훙　譎 속일 휼

譆 감탄소리 희　餼 보낼 희

覺 깨달을 각　轗 가기힘들 감　醵 추렴할 각　遽 급히 거

騫 이지러질 건　繾 곡진할 견　瓊 구슬 경　警 깨우칠 경

20획	음령오행　木

競 다툴 경　　黥 묵형할 경　　繼 이을 계　　藁 짚고

礐 고할 곡　　鶤 댓닭 곤　　鞹 생가죽 곽　　匶 널 구

勸 권할 권　　闠 성시바깥문 궤　　嶠 가파를 규　　饉 주릴 근

鬐 갈기 기　　璣 모난구슬 기　　夔 조심할 기

20획	음령오행　火

糯 찰벼 나　　臑 팔뚝 노　　醲 진한술 농　　鐃 징 뇨

獺 수달 달　　黨 무리 당　　鐓 창고달 대　　蘲 거룻배 돈

竇 구멍 두　　騰 날뛸 등　　鐙 등자 등　　懶 게으를 라

羅 벌일 라　　懢 내리닫이 란　　籃 대바구니 람　　藍 쪽 람

襤 누더기 람　　礪 숫돌 려　　櫪 말구유 력　　瀝 스밀 력

礫 조약돌 력　　攊 칠 력　　鰊 물고기 련　　齡 나이 령

醴 단술 례　　櫨 두공 로　　瀘 물이름 로　　露 이슬 로

爐 화로 로　　攏 누를 롱　　瀧 비올 롱　　曨 어스레할 롱

朧 흐릿할 롱　　礌 바위너설 뢰　　瀨 여울 뢰　　飂 높은바람 료

鐐 은 료　　鏻 굳셀 린　　瀶 이웃 린　　隤 무너뜨릴 퇴

鬪 싸울 투

20획	음령오행 土

饅 만두 만　邁 갈 매　麵 밀가루 면　鶩 집오리 목

艨 싸움배 몽　藐 멀 묘　髆 어깨뼈 박　礬 명반 반

皕 가를 벽　辮 땋을 변　寶 보배 보　鰒 전복 복

譬 비유할 비　羆 큰곰 비　瀕 물가 빈　繽 어지러울 빈

臏 종지뼈 빈　飄 나부낄 표　避 피할 피　韠 슬갑 필

韠 폐슬 필

20획	음령오행 金

霰 싸라기눈 산　薩 보살 살　孀 홀어머니 상　鰓 아가미 새

薯 감자 서　邆 미칠 서　嬃 아름다울 서　釋 풀 석

騸 거세할 선　鐥 복자 선　譱 착할 선　孅 가늘 섬

贍 넉넉할 섬　譫 헛소리 섬　瀟 강이름 소　騷 떠들 소

饈 드릴 수　蓋 조개풀 신　鐔 날밑 심　藉 깔 자

藏 감출 장　躇 머뭇거릴 저　齟 어긋날 저　潴 웅덩이 저

籍 문서 적　遭 머뭇거릴 전　癤 부스럼 절　鰈 가자미 접

瀞 깨끗할 정　薺 냉이 제　鯷 메기 제　臍 배꼽 제

譟 시끄러울 조　躁 조급할 조　鐘 쇠북 종　籌 살 주

鐏 창고달 준　騭 수말 즐　鬒 숱많을 진　瓆 사람이름 질

20획	음령오행 金

鏶	판금 집	癥	적취 징	纂	모을 찬	巉	가파를 참
闡	밝힐 천	齠	이갈 초	觸	닿을 촉	躅	머뭇거릴 촉
騶	마부 추	鷲	무수리 추	鰌	미꾸라지 추	鰍	미꾸라지 추
櫬	널 친						

20획	음령오행 水

鶚	물수리 악	鰐	악어 악	嚶	새소리 앵	甖	양병 앵
癢	가려울 양	孃	아가씨 양	壤	흙덩이 양	儼	고명할 엄
嚴	엄할 엄	鄴	땅이름 업	譯	번역할 역	蠕	꿈틀거릴 연
矊	청명할 연	爗	빛날 엽	瀛	바다 영	蠑	영원 영
贏	이익남을 영	鼯	날다람쥐 오	纇	높을 오	邀	맞을 요
耀	빛날 요	騵	배흰말 원	瀜	물깊을 융	馨	화할 음
議	의논할 의	鰕	새우 하	瀚	넓고클 한	闞	범소리 함
鹹	짤 함	艦	큰배 함	邂	만날 해	瀣	이슬기운 해
麝	사향사슴 향	憲	깨달을 헌	櫶	나무이름 헌	獻	드릴 헌
攇	비길 헌	懸	달 현	譞	영리할 현	馨	꽃다울 형
鐬	날카로울 혜	矍	두리번거릴 확	還	돌아올 환	轘	환형 환
懷	품을 회	鐄	종 횡	斅	가르칠 효	纁	분홍빛 훈

薰 향풀 훈　燻 불 희　曦 햇빛 희　犧 희생 희

21획　수리오행 ㊍

| 21획 | 음령오행 木 |

齦 깨물 간　鹹 소금기 감　譴 꾸짖을 견　鷄 닭 계

顧 돌아볼 고　鶻 송골매 골　癨 곽란 곽　纊 솜 광

轟 울릴 굉　齩 깨물 교　驅 몰 구　㲄 새새끼 구

饋 보낼 궤　饑 주릴 기　鰭 지느러미 기

| 21획 | 음령오행 火 |

儺 푸닥거리 나　曩 접때 낭　闥 문 달　黕 검을 담

鐺 쇠사슬 당　籐 대기구 등　藤 등나무 등　儸 기민할 라

驘 노새 라　癩 문둥이 라　欄 난간 란　攔 막을 란

瀾 물결 란　爛 빛날 란　覽 볼 람　蠟 밀 랍

臘 섣달 랍　蠣 굴조개 려　藜 명아주 려　蠡 좀먹을 려

儷 짝 려　糲 현미 려　癧 연주창 력　瀲 넘칠 렴

| 21획 | 음령오행 火 |

艣 노 로	鑪 부레그릇 로	瓐 비취옥 로	礱 갈 롱
瓏 옥소리 롱	罍 술독 뢰	纇 실마디 뢰	飂 바람 료
龑 용 룡	髏 해골 루	纍 갇힐 류	鶹 올빼미 류
魑 도깨비 리	鐸 방울 탁		

| 21획 | 음령오행 土 |

劘 깎을 마	魔 마귀 마	邈 멀 막	鬘 머리장식 만
襪 버선 말	驀 말탈 맥	衊 모독할 멸	瀰 넓을 미
獼 원숭이 미	欂 두공 박	飜 번역할 번	藩 울타리 번
霹 벼락 벽	闢 열 벽	辯 말씀 변	鼙 작은북 비
贔 힘쓸 비	霸 으뜸 패	飈 폭풍 표	飆 폭풍 표
驃 황부루 표			

| 21획 | 음령오행 金 |

鰤 노어 사	麝 사향노루 사	鬖 헝클어질 삼	鬺 삶을 상
饍 반찬 선	齧 물 설	殲 다죽일 섬	囁 소곤거릴 섭
欆 첩섭 섭	屬 무리 속	續 이을 속	瓍 구슬 수
隧 길 수	邃 깊을 수	藪 늪 수	隨 따를 수

21획	음령오행	金

籔 휘 수	毊 적청색 슬	贐 전별할 신	鷀 가마우지 자
嚼 씹을 작	囃 장단잡을 잡	贓 장물 장	齎 가져올 재
鐫 새길 전	纏 얽을 전	囀 지저귈 전	躋 오를 제
竈 부엌 조	躊 머뭇거릴 주	籀 주문 주	蠢 꾸물거릴 준
鹺 소금 차	劗 끊을 찬	儹 모을 찬	饌 지을 찬
驂 곁마 참	懺 뉘우칠 참	欃 살별 참	攙 찌를 참
鶬 왜가리 창	鐵 쇠 철	櫼 쐐기 첨	瀸 적실 첨
顦 파리할 초	驄 총이말 총	穮 가을 추	鶖 원추 추

21획	음령오행	水

黯 어두울 암	鶯 꾀꼬리 앵	櫻 앵두 앵	鶒 댓닭 약
躍 뛸 약	爚 사를 약	藥 약 약	攘 물리칠 양
瀼 이슬많을 양	轝 수레 여	懘 지킬 영	濚 물흐를 영
譽 기릴 예	藝 재주 예	隩 굽이 오	驁 준마 오
饔 화락할 옹	巍 높고클 외	饒 넉넉할 요	鷂 익더귀 요
耰 씨덮을 우	藕 연뿌리 우	韡 활짝필 위	饐 쉴 의
邇 가까울 이	瀷 강이름 익	鷁 새이름 익	鶴 학 학
皫 흴 학	轞 함거 함	險 험할 험	纈 붉은빛 혁

| 21획 | 음령오행　水 |

護 도울 호　　顥 클 호　　　礭 회초리 확　　鐶 고리 환

鰥 홀아버지 환　囂 왁자지껄 효　蘍 향풀 훈　　纈 무늬비단 힐

襭 옷자락 힐

22획　수리오행　Ⓜ木

| 22획 | 음령오행　木 |

龕 감실 감　　鑑 거울 감　　鑒 거울 감　　韁 고삐 강

鱇 아귀 강　　鰹 가물치 견　競 다툴 경　　齫 이빠질 곤

龔 공손할 공　藿 콩잎 곽　　灌 물댈 관　　爟 봉화 관

驕 교만할 교　鷗 갈매기 구　懼 두려워할 구　戵 창 구

權 권세 권　　蘄 풀이름 기

| 22획 | 음령오행　火 |

囊 주머니 낭　韃 매질할 달　罎 술병 담　　儻 빼어날 당

饕 탐할 도　　讀 읽을 독　　讀 구절 두　　囉 소리얽힐 라

瓓 옥광채 란　灆 물맑을 람　臚 살갗 려　　邌 천천히갈 려

22획	음령오행　火

轢 칠 력　　變 아름다울 련　　鰱 연어 련　　躐 밟을 렵

蘆 갈대 로　　艫 뱃머리 로　　蘢 개여뀌 롱　　聾 귀먹을 롱

籠 대바구니 롱　　籟 울림 뢰　　藺 골풀 린　　驎 얼룩말 린

蘀 낙엽 탁　　籜 대꺼풀 탁　　驒 연전총 탄

22획	음령오행　土

彎 굽을 만　　巒 뫼 만　　鰻 뱀장어 만　　亹 힘쓸 미

鰵 대구 민　　邊 가 변　　轡 고삐 비　　鑌 강철 빈

蘋 풀 빈　　鰾 부레 표

22획	음령오행　金

孿 쌍둥이 산　　癬 옴 선　　灄 강이름 섭　　攝 다스릴 섭

慴 두려워할 섭　　蘇 되살아날 소　　贖 속죄할 속　　鬚 수염 수

襲 엄습할 습　　隰 진펄 습　　鬆 헝클머리 승　　鷓 자고 자

驏 안장없는말 잔　　麞 노루 장　　欌 장롱 장　　藷 감자 저

覿 볼 적　　糴 쌀살 적　　廛 가게 전　　躔 궤도 전

籛 대이름 전　　顫 떨 전　　巓 산꼭대기 전　　竊 훔칠 절

22획	음령오행　金		

霽 비갤 제　　藻 마름 조　　鑄 쇠불릴 주　　躓 넘어질 지

鷙 맹금 지　　齪 악착할 착　　孁 예쁠 찬　　讚 기릴 찬

巑 산뾰족할 찬　　躑 머뭇거릴 척　　疊 거듭 첩　　聽 들을 청

襯 속옷 친

22획	음령오행　水		

藹 우거질 애　　禴 종묘제사 약　　禳 제사 양　　穰 짚 양

齬 어긋날 어　　鼴 두더지 언　　糱 누룩 얼　　儼 엄연할 엄

臙 목 연　　瓔 옥돌 영　　癭 혹 영　　鷖 갈매기 예

蘂 꽃술 예　　囈 잠꼬대 예　　鰲 자라 오　　蘊 쌓을 온

饔 아침밥 옹　　癮 두드러기 은　　隱 숨을 은　　曨 볼 응

懿 아름다울 의　　響 울릴 향　　饗 잔치할 향　　瀅 물이름 형

譓 슬기로울 혜　　驊 준마 화　　龢 풍류조화 화　　鑊 가마 확

懽 기뻐할 환　　歡 기쁠 환　　驍 날랠 효　　鑂 금빛날 훈

囍 쌍희 희

23획　음령오행　木

籧 대자리 거　蘧 풀이름 거　蠲 밝을 견　鼸 두더지 겸

驚 놀랄 경　鶻 산비둘기 고　蠱 뱃속벌레 고　瓘 옥 관

鑛 쇳돌 광　癯 여윌 구　羇 나그네 기

23획　음령오행　火

臝 노새 라　臝 벌거벗을 라　曬 햇빛없을 라　襴 난삼 란

蘭 난초 란　欒 둥글 란　灓 새어흐를 란　鑞 땜납 랍

鑢 줄 려　轣 갈 력　攣 걸릴 련　戀 그리워할 련

轤 도르래 로　鷺 해오라기 로　黐 끈끈이 리　麟 기린 린

鱗 비늘 린　躙 짓밟을 린　灘 여울 탄　攤 펼 탄

蘯 쓸 탕

23획　음령오행　土

黴 곰팡이 미　蘪 천궁 미　蘩 산흰쑥 번　蘗 황경나무 벽

變 변할 변　鷩 붉은꿩 별　鱉 자라 별　黂 향내날 빈

鑣 재갈 표

23획	음령오행 金

鑠 녹일 삭	鱓 드렁허리 선	蘚 이끼 선	纖 가늘 섬
灑 뿌릴 쇄	曬 쬘 쇄	髓 뼛골 수	讎 원수 수
讐 원수 수	驌 말 숙	鱘 심어 심	纔 겨우 재
鱒 송어 준	鑕 모루 질	欑 모일 찬	攢 모일 찬
黲 검푸를 참	籤 제비 첨	體 몸 체	黀 오색빛 초
鷦 뱁새 초	髑 해골 촉	鷲 독수리 취	

23획	음령오행 水

巖 바위 암	籥 피리 약	蘘 양하 양	鼴 두더지 언
蘗 그루터기 얼	糵 누룩 얼	驛 역 역	醼 잔치 연
讌 잔치 연	饜 물릴 염	厴 보조개 엽	纓 갓끈 영
癰 악창 옹	邍 넓은들 원	�	蘟 나물이름 은
鷴 솔개 한	巘 봉우리 헌	驗 시험 험	顯 나타날 현
護 구할 호	鬟 쪽진머리 환	隳 무너뜨릴 휴	鷸 도요새 휼

23

24획	음령오행　木

贛 줄 공　　罐 두레박 관　　攪 흔들 교　　衢 네거리 구

24획	음령오행　火

蠹 좀 두　　靂 벼락 력　　靈 신령 령　　鱧 가물치 례

鑪 화로 로　　隴 고개이름 롱　　癱 사지틀릴 탄

24획	음령오행　土

鷿 논병아리 벽　　鬢 귀밑털 빈　　矉 찡그릴 빈

24획	음령오행　金

躞 걸을 섭　　鷫 신조 숙　　蠶 누에 잠　　臟 오장 장

癲 미칠 전　　鸇 새매 전　　鱣 철갑상어 전　　奲 관대할 차

瓚 옥잔 찬　　讖 예언 참　　讒 참소할 참　　韆 그네 천

靆 구름낄 체　　囑 부탁할 촉　　矗 우거질 촉　　驟 달릴 취

24획	음령오행　水

齷 악착할 악　　齶 잇몸 악　　靄 아지랑이 애　　讓 사양할 양

釀 술빚을 양　　曮 해가돌 엄　　魘 가위눌릴 염　　艶 고울 염

鹽 소금 염　　鼇 자라 오　　齲 충치 우　　鷹 매 응

鸑 메까치 학　　玁 오랑캐 험　　攫 움킬 확　　鱠 고기이름 회

鑫 기쁠 흠

25획　수리오행　土

25획	음령오행　木

矙 엿볼 감　　觀 볼 관　　髖 허리뼈 관　　羈 굴레 기

25획	음령오행　火

黵 문신할 담　　纛 기 독　　蘿 쑥 라　　攬 가질 람

欖 감람나무 람　　臠 저민고기 련　　鬛 갈기 렵　　顱 머리뼈 로

籬 울타리 리　　鼉 악어 타

蠻 오랑캐 만　　鸏 비둘기 몽　　蘪 장미 미　　籩 제기이름 변

鼈 자라 별　　灞 강이름 파

躡 밟을 섭　　糶 쌀팔 조　　纘 이을 찬　　鑱 보습 참

廳 관청 청　　矚 비출 촉　　爥 촛불 촉

靉 구름낄 애　　鑰 자물쇠 약　　釀 거푸집속 양　　灝 넓을 호

玃 창 확　　瓛 옥홀 환　　譿 글방 횡　　釁 피바를 흔

26획　수리오행 土

鑵 두레박 관　　鬮 제비뽑을 구　　虁 조심할 기

26획	음령오행 火

邏 순라 라　驢 당나귀 려　酈 땅이름 력　孌 맬 련

髗 머리뼈 로　邐 이지러질 리

26획	음령오행 土

灣 물굽이 만　鼊 거북 벽　靌 비올 보

26획	음령오행 金

鑷 족집게 섭　釃 거를 시　讚 기릴 찬　趲 놀랄 찬

饞 탐할 참　矚 볼 촉

26획	음령오행 水

黶 검정사마귀 염　籲 부를 유

27획 수리오행 ㊎

27획	음령오행 木

顴 광대뼈 관　驥 천리마 기

27획	음령오행　火

讜 곧은말 당　黷 더럽힐 독　鑼 징 라　鑾 방울 란

纜 닻줄 람　鸕 가마우지 로　鱸 농어 로　躪 짓밟을 린

27획	음령오행　金

顳 관자놀이 섭　鑽 뚫을 찬

27획	음령오행　水

驤 머리들 양　讞 편의할 언　齴 이빨 은　灦 물맑을 현

28획　수리오행 ⓕ金

28획	음령오행　火

戇 어리석을 당　欞 격자창 령

28획	음령오행　金

鑿 뚫을 착

28획	음령오행　水

鸚 앵무새 앵　驩 말이름 환

29획　수리오행 ⑱

29획	음령오행　木

鸛 황새 관　鸜 구관조 구

29획	음령오행　火

驪 검은말 려

29획	음령오행　金

爨 불땔 찬

29획	음령오행　水

鬱 답답할 울

| 30획 | 수리오행 水 |

| 30획 | 음령오행 火 |

鸞 난새 란

| 32획 | 수리오행 木 |

| 32획 | 음령오행 水 |

灩 물결 염   籲 부를 유

| 33획 | 수리오행 火 |

| 33획 | 음령오행 金 |

鱻 생선 선   麤 거칠 추

제 5 장

자변오행별
한자 정리

☞ 획수(劃數) : 원획(原劃)을 기준으로 산출

木변

木변	음령오행	木

机 책상 궤·6

杆 몽둥이 간·7

杠 외나무다리 강·7

杞 구기자 기·7

杰 뛰어날 걸·8

杲 밝을 고·8

果 실과 과·8

柯 가지 가·9

架 시렁 가·9

枷 칼 가·9

柑 귤 감·9

枯 마를 고·9

枸 구기자 구·9

柩 널 구·9

格 격식 격·10

桂 계수나무 계·10

栲 북나무 고·10

栱 두공 공·10

栝 노송나무 괄·10

桄 광랑나무 광·10

框 문테 광·10

校 학교 교·10

根 뿌리 근·10

桔 도라지 길·10

桷 써까래 각·11

桿 난간 간·11

梗 줄기 경·11

械 기계 계·11

梏 수갑 곡·11

梱 문지방 곤·11

梡 도마 관·11

桾 고욤나무 군·11

棨 창 계·12

棍 몽둥이 곤·12

椁 덧널 곽·12

棺 널 관·12

棬 나무그릇 권·12

棋 바둑 기·12

棊 바둑 기·12

楬 푯말 갈·13

楗 문빗장 건·13

楏 호밋자루 규·13

極 극진할 극·13

榎 개오동나무 가·14

榤 홰 걸·14

槏 창틀 겸·14

槀 마를 고·14

槁 마를 고·14

木변	음령오행　木

榾 등걸 골 · 14　　榾 지렛대 공 · 14　　槐 회화나무 괴 · 14

橋 외나무다리 교 · 14　　榘 곱자 구 · 14　　構 얽을 구 · 14

榿 오리나무 기 · 14　　槩 대개 개 · 15　　槲 떡갈나무 곡 · 15

椁 외관 곽 · 15　　權 권세 권 · 15　　槻 물푸레나무 규 · 15

樛 휠 규 · 15　　槿 무궁화 근 · 15　　橄 감람나무 감 · 16

橋 다리 교 · 16　　樻 나무이름 궤 · 16　　橘 귤 귤 · 16

機 틀 기 · 16　　櫃 개오동나무 가 · 17　　橿 감탕나무 강 · 17

檢 검사할 검 · 17　　檄 격문 격 · 17　　檠 도지개 경 · 17

橩 도지개 경 · 17　　檎 능금나무 금 · 17　　櫃 궤 궤 · 18

權 권세 권 · 22

木변	음령오행　火

朶 늘어질 타 · 6　　杜 막을 두 · 7　　李 오얏 리 · 7

枏 녹나무 남 · 8　　杻 감탕나무 뉴 · 8　　東 동녘 동 · 8

枓 두공 두 · 8　　林 수풀 림 · 8　　柅 무성할 니 · 9

柳 버들 류 · 9　　柁 키 타 · 9　　柝 딱따기 탁 · 9

桃 복숭아 도 · 10　　桐 오동나무 동 · 10　　栗 밤 률 · 10

梛 나무이름 나 · 11　　梁 들보 량 · 11　　梠 평고대 려 · 11

梨 배 리 · 11　　桶 통 통 · 11　　棹 노 도 · 12

棟 마룻대 동 · 12　　楠 녹나무 남 · 13　　椴 자작나무 단 · 13

楝 멀구슬나무 련 · 13　　楞 네모질 릉 · 13　　楕 길쭉할 타 · 13

榔 나무이름 랑 · 14　　榴 석류나무 류 · 14　　槖 전대 탁 · 14

榻 걸상 탑 · 14　　槌 망치 퇴 · 14　　榟 차나무 다 · 15

樂 즐길 락 · 15　　樑 들보 량 · 15　　樓 다락 루 · 15

樋 나무이름 통 · 15　　橦 나무이름 동 · 16　　橙 귤 등 · 16

橮 석류나무 류 · 16　　橉 나무이름 린 · 16　　橢 길쭉할 타 · 16

橐 전대 탁 · 16　　檀 박달나무 단 · 17　　檔 의자 당 · 17

櫂 노 도 · 18　　檮 등걸 도 · 18　　櫝 함 독 · 19

櫚 종려 려 · 19　　櫟 상수리나무 력 · 19　　櫓 방패 로 · 19

櫪 말구유 력 · 20　　櫨 두공 로 · 20　　欄 난간 란 · 21

欒 둥글 란 · 23　　欖 감람나무 람 · 25　　櫺 격자창 령 · 28

木 나무 목 · 4　　本 근본 본 · 5　　朴 성씨 박 · 6

朳 고무래 팔 · 6　　机 뗏목 범 · 7　　杓 북두자루 표 · 7

枚 낱 매 · 8　　枋 다목 방 · 8　　杯 잔 배 · 8

木변	음령오행　土

秉 잡을 병·8　　枌 나무이름 분·8　　枇 비파나무 비·8

杷 비파나무 파·8　　板 널빤지 판·8　　某 아무 모·9

柏 측백 백·9　　柄 자루 병·9　　枰 바둑판 평·9

栢 측백 백·10　　梅 매화 매·11　　梶 나무끝 미·11

梆 목어 방.11　　桴 마룻대 부·11　　棉 목화 면·12

榆 홈통 명·12　　棅 자루 병·12　　棒 막대 봉·12

棻 향나무 분·12　　棚 사다리 붕·12　　棐 도지개 비·12

椑 술통 비·12　　楳 매화나무 매·13　　楙 무성할 무·13

楣 문미 미·13　　楓 단풍 풍·13　　槃 쟁반 반·14

榜 방붙일 방·14　　槫 부상 부·14　　榧 비자나무 비·14

模 법 모·15　　樒 침향 밀·15　　標 표할 표·15

橅 법 모·16　　橅 법 무·16　　樸 통나무 박·16

橃 떼 벌·16　　檗 황벽나무 벽·17　　檳 빈랑나무 빈·18

構 두공 박·21

木변	음령오행　金

札 편지 찰·5　　打 칠 정·6　　杉 삼나무 삼·7

杖 지팡이 장·7　　材 재목 재·7　　村 마을 촌·7

木변	음령오행　金

析 쪼갤 석 · 8	松 소나무 송 · 8	杵 공이 저 · 8
杼 북 저 · 8	枝 가지 지 · 8	杴 바디 진 · 8
杪 끝 초 · 8	枕 베개 침 · 8	柶 수저 사 · 9
相 서로 상 · 9	招 흔들릴 소 · 9	柿 감나무 시 · 9
柿 감나무 시 · 9	柿 감나무 시 · 9	枲 모시풀 시 · 9
柴 섶 시 · 9	柘 산뽕나무 자 · 9	柞 나무이름 작 · 9
柢 뿌리 저 · 9	柾 사람이름 정 · 9	柊 나무이름 종 · 9
柱 기둥 주 · 9	枳 탱자 지 · 9	柵 울타리 책 · 9
柒 옻 칠 · 9	桑 뽕나무 상 · 10	栖 깃들일 서 · 10
栒 가름대 순 · 10	栻 점칠도구 식 · 10	栽 심을 재 · 10
栴 단향목 전 · 10	栓 마개 전 · 10	株 그루 주 · 10
桎 차꼬 질 · 10	梭 북 사 · 11	梳 얼레빗 소 · 11
梓 가래나무 재 · 11	程 기둥 정 · 11	梃 막대기 정 · 11
梯 사다리 제 · 11	桭 평고대 진 · 11	梢 나뭇끝 초 · 11
梔 치자나무 치 · 11	森 수풀 삼 · 12	棲 깃들일 서 · 12
植 심을 식 · 12	棧 사다리 잔 · 12	椄 접붙일 접 · 12
棖 문설주 정 · 12	棕 종려나무 종 · 12	椆 나무이름 주 · 12
棌 참나무 채 · 12	棣 산앵두 체 · 12	椒 산초나무 초 · 12

木변	음령오행 金

椎 등골 추 · 12	楂 떼 사 · 13	楔 문설주 설 · 13
楯 난간 순 · 13	楮 닥나무 저 · 13	楪 평상 접 · 13
楨 광나무 정 · 13	椶 종려나무 종 · 13	楫 노 즙 · 13
楫 노 집 · 13	楸 가래 추 · 13	椿 참죽나무 춘 · 13
椹 모탕 침 · 13	榭 정자 사 · 14	槊 창 삭 · 14
榟 가래나무 재 · 14	榰 주춧돌 지 · 14	槇 결고울 진 · 14
榛 개암나무 진 · 14	槎 나무벨 차 · 14	槍 창 창 · 14
榱 서까래 최 · 14	樣 상수리 상 · 15	槭 앙상할 색 · 15
樔 풀막 소 · 15	槢 쐐기 습 · 15	樟 녹나무 장 · 15
樗 가죽나무 저 · 15	樀 처마 적 · 15	槽 구유 조 · 15
樅 전나무 종 · 15	槧 판 참 · 15	樞 지도리 추 · 15
橵 산자 산 · 16	橡 상수리 상 · 16	樹 나무 수 · 16
橓 무궁화 순 · 16	樽 술통 준 · 16	樵 나무할 초 · 16
橇 썰매 취 · 16	橚 줄지어설 숙 · 17	檣 돛대 장 · 17
檉 위성류 정 · 17	檝 노 즙 · 17	檐 처마 첨 · 17
櫛 빗 즐 · 19	櫬 널 친 · 20	欇 첩섭 섭 · 21
欃 살별 참 · 21	櫼 쐐기 첨 · 21	欌 장롱 장 · 22
欑 모일 찬 · 23		

木변	음령오행 水

朽 썩을 후 · 6	机 그루터기 올 · 7	杅 잔 우 · 7
杝 피나무 이 · 7	枒 야자나무 아 · 8	枘 장부 예 · 8
杤 옹이 와 · 8	杬 어루만질 완 · 8	枉 굽을 왕 · 8
杬 나무이름 원 · 8	杭 건널 항 · 8	染 물들 염 · 9
柡 나무이름 영 · 9	栄 영화 영 · 9	柔 부드러울 유 · 9
柚 유자 유 · 9	柙 우리 합 · 9	桉 안석 안 · 10
案 책상 안 · 10	栯 산앵두 욱 · 10	栮 목이 이 · 10
桁 차꼬 항 · 10	核 씨 핵 · 10	桓 굳셀 환 · 10
梧 오동나무 오 · 11	梡 도마 완 · 11	梟 올빼미 효 · 11
椏 가장귀 아 · 12	椋 푸조나무 양 · 12	椀 주발 완 · 12
椅 의자 의 · 12	楬 나무이름 현 · 12	椰 야자나무 야 · 13
楊 버들 양 · 13	椽 서까래 연 · 13	楹 기둥 영 · 13
楥 느티나무 원 · 13	楡 느릅나무 유 · 13	楢 졸참나무 유 · 13
楷 본보기 해 · 13	楻 깃대 황 · 13	榮 영화 영 · 14
榲 기둥 온 · 14	榕 보리수 용 · 14	榼 통 합 · 14
榥 책상 황 · 14	樂 노래 악 · 15	樣 모양 양 · 15
樂 좋아할 요 · 15	槦 나무이름 용 · 15	槥 널 혜 · 15
橤 꽃술 예 · 16	橈 굽을 요 · 16	橒 나무무늬 운 · 16

木변	음령오행 水

潤 나무이름 윤 · 16 | 橌 큰나무 한 · 16 | 樺 벚나무 화 · 16

橫 가로 횡 · 16 | 橲 나무이름 희 · 16 | 檍 감탕나무 억 · 17

檃 도지개 은 · 17 | 檜 전나무 회 · 17 | 檼 마룻대 은 · 18

檻 우리 함 · 18 | 櫞 레몬 연 · 19 | 櫶 나무이름 헌 · 20

櫻 앵두 앵 · 21

火변

火변	음령오행 木

炬 횃불 거 · 9 | 烓 화덕 계 · 10 | 焆 불빛 결 · 11

熌 빛날 경 · 11 | 煃 불꽃 규 · 13 | 爌 밝을 광 · 19

爟 봉화 관 · 22

火변	음령오행 火

炎 불탈 담 · 8 | 烔 뜨거울 동 · 10 | 烙 지질 락 · 10

烈 매울 렬 · 10 | 烺 빛밝을 랑 · 11 | 焞 성할 돈 · 12

煖 더울 난 · 13 | 煓 불꽃성할 단 · 13 | 煉 달굴 련 · 13

熡 불꽃 루 · 15 | 燉 불빛 돈 · 16 | 燈 등 등 · 16

火변	음령오행　火

燎 횃불 료 · 16　　燐 도깨비불 린 · 16　　燙 데울 탕 · 16

燾 비칠 도 · 18　　爁 불번질 람 · 18　　爐 화로 로 · 20

爛 빛날 란 · 21

火변	음령오행　土

炆 따뜻할 문 · 8　　炦 불기운 발 · 9　　炦 불기운 별 · 9

炳 불꽃 병 · 9　　炰 구울 포 · 9　　炮 통구이 포 · 9

烽 봉화 봉 · 11　　烹 삶을 팽 · 11　　焙 불쬘 배 · 12

焚 불사를 분 · 12　　煤 그을음 매 · 13　　媚 빛날 미 · 13

煩 번거로울 번 · 13　　熢 봉화 봉 · 15　　熛 불똥 표 · 15

燔 사를 번 · 16　　爆 불터질 폭 · 19

火변	음령오행　金

灯 등잔 정 · 6　　灼 불사를 작 · 7　　灾 재앙 재 · 7

災 재앙 재 · 7　　炙 구울 자 · 8　　炙 구울 적 · 8

炒 볶을 초 · 8　　炊 불땔 취 · 8　　炤 밝을 소 · 9

炸 터질 작 · 9　　畑 화전 전 · 9　　点 점 점 · 9

炡 빛날 정 · 9　　炷 심지 주 · 9　　烝 김오를 증 · 10

| 火변 | 음령오행 | 金 |

焌 구울 준 · 11　　　奭 밝을 서 · 12　　　焞 밝을 순 · 12

焠 담금질할 쉬 · 12　　焯 밝을 작 · 12　　　焦 탈 초 · 12

煎 달일 전 · 13　　　照 비칠 조 · 13　　　煽 부채질할 선 · 14

熄 불꺼질 식 · 14　　熟 익을 숙 · 15　　　燒 사를 소 · 16

燖 삶을 심 · 16　　　燋 홰 초 · 16　　　　熾 성할 치 · 16

燧 부싯돌 수 · 17　　燥 마를 조 · 17　　　燦 빛날 찬 · 17

燭 촛불 촉 · 17　　　爐 불탄끝 신 · 18　　燽 밝을 주 · 18

爍 빛날 삭 · 19　　　爥 촛불 촉 · 25

| 火변 | 음령오행 | 水 |

火 불 화 · 4　　　　炎 불꽃 염 · 8　　　　炕 말릴 항 · 8

炘 화끈거릴 흔 · 8　　炫 밝을 현 · 9　　　　炯 빛날 형 · 9

烊 구울 양 · 10　　　烟 연기 연 · 10　　　烘 화톳불 홍 · 10

烋 거들거릴 효 · 10　　烜 마를 훤 · 10　　　烋 아름다울 휴 · 10

焕 빛날 애 · 11　　　烯 빛날 혁 · 11　　　焄 김쐴 훈 · 11

烯 불빛 희 · 11　　　然 그럴 연 · 12　　　焰 불꽃 염 · 12

焱 불꽃 혁 · 12　　　焜 빛날 혼 · 12　　　煦 불 후 · 12

煬 쬘 양 · 13　　　　煙 연기 연 · 13　　　煐 빛날 영 · 13

火변	음령오행　水

煨 불씨 외·13　　煜 빛날 욱·13　　煆 불사를 하·13

煥 불꽃 환·13　　煌 빛날 황·13　　煦 따뜻할 후·13

熏 불길 훈·13　　煇 빛날 훈·13　　煖 따뜻할 훤·13

煒 빛 휘·13　　輝 빛날 휘·13　　熙 빛날 희·13

燁 이글거릴 엽·14　　熅 숯불 온·14　　熔 쇠녹일 용·14

熉 노란모양 운·14　　熒 등불 형·14　　熇 뜨거울 혹·14

煌 이글거릴 황·14　　熇 마를 효·14　　熏 불길 훈·14

熙 빛날 희·14　　熱 더울 열·15　　熬 볶을 오·15

熨 찜질할 위·15　　熤 사람이름 익·15　　燕 제비 연·16

燃 탈 연·16　　燁 빛날 엽·16　　燏 빛날 율·16

熹 빛날 희·16　　熺 빛날 희·16　　燠 불 오·17

燠 위로할 우·17　　燠 따뜻할 욱·17　　燬 불 훼·17

燿 빛날 요·18　　爀 불빛 혁·18　　燻 연기낄 훈·18

燨 밤불 희·18　　爗 빛날 엽·20　　爔 불 희·20

爚 사를 약·21

土변

土변	음령오행	火

堵 담 도 · 12	埃 굴뚝 돌 · 12	塘 못 당 · 13
塌 떨어질 탑 · 13	塔 탑 탑 · 13	墰 술단지 담 · 15
墩 돈대 돈 · 15	嶝 자드락길 등 · 15	墮 떨어질 타 · 15
壇 단 단 · 16	壔 성채 도 · 17	壜 술병 담 · 19
壚 흑토 로 · 19		

土변	음령오행	土

圮 무너질 비 · 6	坊 동네 방 · 7	坏 언덕 배 · 7
坂 언덕 판 · 7	坡 언덕 파 · 8	坪 들 평 · 8
埋 묻을 매 · 10	培 북돋울 배 · 11	埠 부두 부 · 11
堋 광중 붕 · 11	埤 더할 비 · 11	堡 작은성 보 · 12
墁 흙손 만 · 14	墨 먹 묵 · 15	璞 흙덩이 복 · 15
墳 무덤 분 · 15	壁 벽 벽 · 16	

土변	음령오행	金

地 땅 지 · 6	坻 머무를 지 · 7	址 터 지 · 7
坫 높을 술 · 8	坻 모래섬 지 · 8	坧 터 척 · 8
垤 개미둑 질 · 9	城 재 성 · 10	埈 높을 준 · 10

444 좋은 이름 작명 사전 8142

土변	음령오행	水

野 들 야 · 11　　域 지경 역 · 11　　堄 성가퀴 예 · 11

堉 기름진땅 육 · 11　　堰 둑 언 · 12　　埂 빈터 연 · 12

堣 모퉁이 우 · 12　　埐 막을 인 · 12　　堭 당집 황 · 12

堠 봉화대 후 · 12　　塢 둑 오 · 13　　塤 질나발 훈 · 13

墉 담 용 · 14　　墝 메마른땅 요 · 15　　墟 언덕 허 · 15

墺 물가 오 · 16　　壑 골 학 · 17　　壕 해자 호 · 17

壎 질나발 훈 · 17　　壝 제단 유 · 19　　壤 흙덩이 양 · 20

金변

金변	음령오행	木

金 쇠 금 · 8　　金 성씨 김 · 8　　釭 등잔 공 · 11

釦 금테두를 구 · 11　　鈐 비녀장 검 · 12　　鈞 서른근 균 · 12

釿 큰자귀 근 · 12　　鉀 갑옷 갑 · 13　　鉅 클 거 · 13

鉗 칼 겸 · 13　　鈷 다리미 고 · 13　　鉤 갈고리 구 · 13

銙 대구 과 · 14　　鉸 가위 교 · 14　　銧 삽 귀 · 14

銶 끌 구 · 15　　鋼 강철 강 · 16　　鋸 톱 거 · 16

金변	음령오행 木	

錮 막을 고·16　　錕 붉은쇠 곤·16　　錧 줏대 관·16

錦 비단 금·16　　錡 가마솥 기·16　　錤 호미 기·16

鍵 열쇠 건·17　　鍥 새길 결·17　　鍋 노구솥 과·17

鏗 굳셀 강·18　　鎧 갑옷 개·18　　鎌 낫 겸·18

鏹 돈 강·19　　鏗 금옥소리 갱·19　　鏡 거울 경·19

鑑 거울 감·22　　鑒 거울 감·22　　鑛 쇳돌 광·23

鑵 두레박 관·26

金변	음령오행 火	

鈕 인꼭지 뉴·12　　鈍 둔할 둔·12　　鈦 티타늄 태·12

鈴 방울 령·13　　銅 구리 동·14　　錟 창 담·16

鈎 쇳덩이 도·16　　錄 기록할 록·16　　錀 금 륜·16

鍛 불릴 단·17　　鍍 도금할 도·17　　鍊 불릴 련·17

鏜 종고소리 당·19　　鏈 쇠사슬 련·19　　鏤 새길 루·19

鐃 징 뇨·20　　鐓 창고달 대·20　　鐙 등자 등·20

鐐 은 료·20　　鏻 굳셀 린·20　　鐺 쇠사슬 당·21

鑪 부레그릇 로·21　　鐸 방울 탁·21　　鑞 땜납 랍·23

鑢 줄 려·23　　鑪 화로 로·24　　鑼 징 라·27

金변	음령오행　火

鑾 방울 란·27

金변	음령오행　土

釩 떨칠 범·11　　鈇 도끼 부·12　　鈑 금박 판·12

鈱 돈꿰미 민·13　　鉑 금박 박·13　　鉢 바리때 발·13

鈸 방울 발·13　　鈵 굳을 병·13　　鉋 대패 포·13

鉍 창자루 필·13　　銘 새길 명·14　　鉼 판금 병·14

鋒 칼날 봉·15　　鋪 가게 포·15　　鉼 판금 병·16

錨 닻 묘·17　　鍑 솥 복·17　　鎛 종 박·18

鎊 깎을 방·18　　鏌 칼이름 막·19　　鏋 금 만·19

鏝 흙손 만·19　　鏢 칼끝 표·19　　鑌 강철 빈·22

鑣 재갈 표·23

金변	음령오행　金

釗 쇠 쇠·10　　釘 못 정·10　　針 바늘 침·10

釤 낫 삼·11　　釣 낚을 조·11　　釵 비녀 채·11

釧 팔찌 천·11　　鈔 좋은쇠 초·11　　鈒 창 삽·12

鋗 낚을 조·12　　鈔 노략질할 초·12　　鉎 녹 생·13

제5장·자변오행별 한자 정리　**447**

금
변

金변	음령오행 金

鉏 호미 서 · 13　　鉐 놋쇠 석 · 13　　鉥 돗바늘 술 · 13

鈿 비녀 전 · 13　　鉦 징소리 정 · 13　　鉒 쇳돌 주 · 13

鉁 보배 진 · 13　　鉄 쇠 철 · 13　　銑 무쇠 선 · 14

銛 가래 섬 · 14　　銖 저울눈 수 · 14　　銓 사람가릴 전 · 14

銚 냄비 조 · 14　　銕 쇠 철 · 14　　銃 총 총 · 14

鋤 호미 서 · 15　　銷 녹일 소 · 15　　銹 녹슬 수 · 15

鋑 새길 전 · 15　　鋌 쇳덩이 정 · 15　　鋥 칼날세울 정 · 15

鋕 기록할 지 · 15　　鋟 새길 침 · 15　　錫 주석 석 · 16

錞 사발종 순 · 16　　錚 쇳소리 쟁 · 16　　錢 돈 전 · 16

錪 쇠 전 · 16　　錠 덩이 정 · 16　　錭 쇠 조 · 16

錯 어긋날 착 · 16　　鋹 날카로울 창 · 16　　錣 물미 철 · 16

錐 송곳 추 · 16　　錘 저울추 추 · 16　　錙 저울눈 치 · 16

鍤 가래 삽 · 17　　鍉 열쇠 시 · 17　　鍗 큰가마 제 · 17

鍾 쇠북 종 · 17　　鍪 가래 초 · 17　　鍫 가래 초 · 17

鍼 침 침 · 17　　鎟 방울소리 상 · 18　　鎖 쇠사슬 쇄 · 18

鎖 쇠사슬 쇄 · 18　　鎡 호미 자 · 18　　鎗 종소리 쟁 · 18

鎭 진압할 진 · 18　　鎚 쇠망치 추 · 18　　鏟 대패 산 · 19

鏇 갈이틀 선 · 19　　鏘 금옥소리 장 · 19　　鏑 화살촉 적 · 19

金변	음령오행 金

鏃 화살촉 족 · 19	鏨 끌 참 · 19	鏦 창 총 · 19
鐥 복자 선 · 20	鐔 날밑 심 · 20	鐘 쇠북 종 · 20
鐏 창고달 준 · 20	鏶 판금 집 · 20	鐫 새길 전 · 21
鐵 쇠 철 · 21	鑄 불릴 주 · 22	鑠 녹일 삭 · 23
鑕 모루 질 · 23	鑱 보습 참 · 25	鑷 족집게 섭 · 26
鑽 뚫을 찬 · 27		

金변	음령오행 水

釪 창고달 우 · 11	鈗 병기 윤 · 12	鈜 쇳소리 횡 · 12
欽 공경할 흠 · 12	鉛 납 연 · 13	鈺 보배 옥 · 13
鉞 도끼 월 · 13	鉉 솥귀 현 · 13	銀 은 은 · 14
鈓 젖을 임 · 14	銜 재갈 함 · 14	鉷 쇠뇌 홍 · 14
銳 날카로울 예 · 15	鋆 금 윤 · 15	銷 노구솥 현 · 15
鋏 집게 협 · 15	錏 투구목 아 · 16	鋺 주발 완 · 16
鋺 저울판 원 · 16	鍔 칼날 악 · 17	鍈 방울소리 영 · 17
鍝 귀고리 우 · 17	鍮 놋쇠 유 · 17	鍜 목투구 하 · 17
鍰 엿냥중 환 · 17	鎔 쇠녹일 용 · 18	鎰 무게이름 일 · 18
鎣 줄 형 · 18	鎬 호경 호 · 18	鎤 종소리 황 · 18

金변	음령오행 水

鰲 번철 오 · 19　　鏞 쇠북 용 · 19　　鏸 날카로울 혜 · 20

鐄 종 횡 · 20　　鐶 고리 환 · 21　　鑊 가마 확 · 22

鑂 금빛날 훈 · 22　　鑫 기쁠 흠 · 24　　鑰 자물쇠 약 · 25

鑲 거푸집속 양 · 25

水변

水변	음령오행 木

氿 샘 궤 · 6　　江 강 강 · 7　　決 결단할 결 · 8

汩 골몰할 골 · 8　　汲 길을 급 · 8　　汽 끓는김 기 · 8

沂 물이름 기 · 8　　泔 뜨물 감 · 9　　沽 팔 고 · 9

洸 성낼 광 · 10　　涇 통할 경 · 11　　浤 용솟음할 굉 · 11

淦 강이름 감 · 12　　涫 끓을 관 · 12　　淈 흐릴 굴 · 12

淃 물돌 권 · 12　　淇 물이름 기 · 12　　渴 목마를 갈 · 13

減 덜 감 · 13　　渠 개천 거 · 13　　湕 물이름 건 · 13

湀 물솟을 규 · 13　　溪 시내 계 · 14　　滑 익살스러울 골 · 14

溝 도랑 구 · 14　　漑 물댈 개 · 15　　漧 하늘 건 · 15

水변	음령오행 木

滾 흐를 곤·15   漚 담글 구·15   漌 맑을 근·15
澗 산골물 간·16   澉 씻을 감·16   潔 깨끗할 결·16
潰 무너질 궤·16   潙 강이름 규·16   激 격할 격·17
灌 물댈 관·22

水변	음령오행 火

汏 일 대·7   沌 엉길 돈·8   汰 일 태·8
泥 진흙 니·9   泠 깨우칠 령·9   沏 돌갈라질 륵·9
沱 물이름 타·9   沰 붉을 탁·9   洮 씻을 도·10
洞 골 동·10   洛 물이름 락·10   洌 맑을 렬·10
泰 클 태·10   烔 밝을 통·10   涂 도랑 도·11
浪 물결 랑·11   流 흐를 류·11   涖 다다를 리·11
浬 해리 리·11   淖 진흙 뇨·12   淡 맑을 담·12
淘 쌀일 도·12   涷 소나기 동·12   淶 강이름 래·12
涼 서늘할 량·12   漉 강이름 록·12   淚 눈물 루·12
淪 빠질 륜·12   淋 임질 림·12   涿 들을 탁·12
湳 물이름 남·13   湍 여울 단·13   湛 괼 담·13
渡 건널 도·13   湅 누일 련·13   湯 끓일 탕·13

水변	음령오행　火

渝 달라질 투 · 13　　溺 빠질 닉 · 14　　溏 진창 당 · 14

滔 물넘칠 도 · 14　　溜 처마물 류 · 14　　溧 강이름 률 · 14

漙 이슬많을 단 · 15　　漤 과실짱아찌 람 · 15　　漣 잔물결 련 · 15

滷 소금밭 로 · 15　　漉 거를 록 · 15　　漏 샐 루 · 15

漓 스며들 리 · 15　　潭 못 담 · 16　　潡 큰물 돈 · 16

潼 물이름 동 · 16　　潦 장마 로 · 16　　潞 강이름 로 · 16

澇 큰물결 로 · 16　　潦 큰비 료 · 16　　潾 맑을 린 · 16

濃 짙을 농 · 17　　澹 맑을 담 · 17　　濂 물이름 렴 · 17

澪 깨우칠 령 · 17　　澧 강이름 례 · 17　　澟 서늘할 름 · 17

濁 흐릴 탁 · 17　　澤 못 택 · 17　　濘 진창 녕 · 18

濔 많을 니 · 18　　濤 물결 도 · 18　　濫 넘칠 람 · 18

濯 씻을 탁 · 18　　瀆 도랑 독 · 19　　濾 거를 려 · 19

瀏 맑을 류 · 19　　瀝 스밀 력 · 20　　瀘 물이름 로 · 20

瀧 비올 롱 · 20　　瀨 여울 뢰 · 20　　瀾 물결 란 · 21

瀲 넘칠 렴 · 21　　灆 물맑을 람 · 22　　灓 새어흐를 란 · 23

灘 여울 탄 · 23

水변	음령오행　土

氷 얼음 빙 · 5	氾 넘칠 범 · 6	汃 물결소리 팔 · 6
汒 황급할 망 · 7	汎 넓을 범 · 7	沔 물이름 면 · 8
沐 머리감을 목 · 8	沒 빠질 몰 · 8	汶 물이름 문 · 8
沕 아득할 물 · 8	汾 클 분 · 8	沘 강이름 비 · 8
沛 비쏟아질 패 · 8	沫 물거품 말 · 9	沬 땅이름 매 · 9
泯 망할 민 · 9	泊 머무를 박 · 9	泮 물가 반 · 9
泛 뜰 범 · 9	法 법 법 · 9	沸 끓을 비 · 9
泌 분비할 비 · 9	波 물결 파 · 9	泙 물소리 평 · 9
泡 거품 포 · 9	泌 스며흐를 필 · 9	洺 강이름 명 · 10
洣 강이름 미 · 10	狱 보 보 · 10	派 갈래 파 · 10
浡 일어날 발 · 11	浲 물이름 봉 · 11	浮 뜰 부 · 11
浜 물가 빈 · 11	浿 강이름 패 · 11	浦 개 포 · 11
淼 물아득할 묘 · 12	涪 물거품 부 · 12	淝 강이름 비 · 12
淠 강이름 비 · 12	淢 빠질 면 · 13	渺 아득할 묘 · 13
湄 물가 미 · 13	渼 물이름 미 · 13	渤 물솟을 발 · 13
湃 물소리 배 · 13	渢 풍류소리 범 · 13	湺 보 보 · 13
湓 용솟음할 분 · 13	滅 꺼질 멸 · 14	溟 바다 명 · 14
濛 이슬비 몽 · 14	滂 비퍼부을 방 · 14	溥 펼 부 · 14

水변	음령오행	土

漠 넓을 막·15	滿 찰 만·15	漫 흩어질 만·15
潏 빨리흐를 밀·15	滼 뜰 범·15	逢 내이름 봉·15
漰 물결소리 붕·15	漂 떠다닐 표·15	潷 샘용솟을 필·15
潤 물흐를 민·16	潘 뜨물 반·16	潑 물뿌릴 발·16
潽 물이름 보·16	濆 뿜을 분·16	澎 물소리 팽·16
溦 물가 미·17	濛 가랑비올 몽·18	瀰 물가득할 미·18
濮 강이름 복·18	濞 물소리 비·18	濱 물가 빈·18
瀑 폭포 폭·19	瀕 물가 빈·20	瀰 넓을 미·21
灞 강이름 파·25	灣 물굽이 만·26	

水변	음령오행	金

水 물 수·4	汀 물가 정·6	汁 즙 즙·6
汜 지류 사·7	汕 오구 산·7	汐 조수 석·7
汙 헤엄칠 수·7	汛 물뿌릴 신·7	汋 삶을 작·7
池 못 지·7	沙 모래 사·8	沈 성씨 심·8
沁 스며들 심·8	沚 물가 지·8	泜 붙을 지·8
沖 찌를 충·8	沈 잠길 침·8	泗 물이름 사·9
泄 샐 설·9	泝 거슬러흐를 소·9	沼 못 소·9

水변	음령오행 金

洄 헤엄칠 수 · 9　　泝 강이름 시 · 9　　泚 강이름 자 · 9

沮 막을 저 · 9　　注 물댈 주 · 9　　泜 강이름 지 · 9

泉 샘 천 · 9　　沾 더할 첨 · 9　　治 다스릴 치 · 9

洗 씻을 선 · 10　　洒 엄숙할 선 · 10　　洩 샐 설 · 10

洒 물뿌릴 세 · 10　　洗 씻을 세 · 10　　沶 비울 속 · 10

洙 물가 수 · 10　　洵 참으로 순 · 10　　洲 물가 주 · 10

持 섬 지 · 10　　津 나루 진 · 10　　洊 이를 천 · 10

涉 건널 섭 · 11　　涗 잿물 세 · 11　　消 사라질 소 · 11

涑 헹굴 속 · 11　　涔 괸물 잠 · 11　　浙 강이름 절 · 11

涏 곧을 정 · 11　　浚 깊게할 준 · 11　　涕 눈물 체 · 11

浸 잠길 침 · 11　　淅 쌀일 석 · 12　　淞 강이름 송 · 12

淑 맑을 숙 · 12　　淳 순박할 순 · 12　　淬 담금질할 쉬 · 12

深 깊을 심 · 12　　淨 깨끗할 정 · 12　　淀 얕은물 정 · 12

済 건널 제 · 12　　淙 물소리 종 · 12　　淐 물이름 창 · 12

淌 큰물결 창 · 12　　淒 쓸쓸할 처 · 12　　淺 얕을 천 · 12

添 더할 첨 · 12　　清 맑을 청 · 12　　清 맑을 청 · 12

淄 검은빛 치 · 12　　湘 강이름 상 · 13　　湑 거를 서 · 13

渲 바림 선 · 13　　渫 파낼 설 · 13　　湜 물맑을 식 · 13

水변	음령오행　金

渽 맑을 재 · 13　　渚 물가 저 · 13　　湔 씻을 전 · 13

淳 물괼 정 · 13　　湞 물이름 정 · 13　　湊 모일 주 · 13

湫 다할 추 · 13　　測 헤아릴 측 · 13　　溯 거스를 소 · 14

溲 반죽할 수 · 14　　滋 불을 자 · 14　　溨 물이름 재 · 14

滓 찌꺼기 재 · 14　　準 준할 준 · 14　　溱 많을 진 · 14

滄 큰바다 창 · 14　　滲 스며들 삼 · 15　　漱 양치질할 수 · 15

漦 흐를 시 · 15　　漳 물이름 장 · 15　　漿 즙 장 · 15

滴 물방울 적 · 15　　漸 적실 점 · 15　　漕 배로나를 조 · 15

漬 담글 지 · 15　　漲 넘칠 창 · 15　　滌 씻을 척 · 15

滯 막힐 체 · 15　　漼 깊을 최 · 15　　漆 옻 칠 · 15

潸 눈물흐를 산 · 16　　潛 눈물흐를 산 · 16　　澁 떫을 삽 · 16

潒 세찰 상 · 16　　瀉 개펄 석 · 16　　澌 다할 시 · 16

潯 물가 심 · 16　　潺 졸졸흐를 잔 · 16　　潛 잠길 잠 · 16

潛 잠길 잠 · 16　　潴 웅덩이 저 · 16　　潮 조수 조 · 16

澍 단비 주 · 16　　潗 샘솟을 집 · 16　　澂 맑을 징 · 16

澄 맑을 징 · 16　　澈 맑을 철 · 16　　濇 껄끄러울 색 · 17

潊 물가 서 · 17　　澍 물이름 수 · 17　　潚 빠를 숙 · 17

澶 물흐를 전 · 17　　澱 앙금 전 · 17　　澡 씻을 조 · 17

水변	음령오행	金

澯 맑을 찬·17	濕 젖을 습·18	濟 건널 제·18
濬 깊을 준·18	瀉 쏟을 사·19	濇 깔깔할 색·19
濔 즙낼 심·19	澂 맑을 징·19	濺 흩뿌릴 천·19
瀟 강이름 소·20	瀦 웅덩이 저·20	淨 깨끗할 정·20
濺 적실 첨·21	灄 강이름 섭·22	灑 뿌릴 쇄·23

水변	음령오행	水

永 길 영·5	汝 너 여·7	汙 더러울 오·7
汚 더러울 오·7	沏 젖어붙을 인·7	汗 땀 한·7
汞 수은 홍·7	汔 거의 흘·7	沇 강이름 연·8
汭 물굽이 예·8	沃 기름질 옥·8	汪 넓을 왕·8
沄 돌아흐를 운·8	沅 강이름 원·8	沇 흐를 윤·8
汨 흐를 율·8	沆 넓을 항·8	沍 찰 호·8
決 끝없을 앙·9	沿 물따라갈 연·9	泳 헤엄칠 영·9
油 기름 유·9	泑 잿물 유·9	泣 울 읍·9
泆 끓을 일·9	河 물 하·9	泫 빛날 현·9
洞 멀 형·9	泓 물깊을 홍·9	況 상황 황·9
洋 큰바다 양·10	洼 웅덩이 와·10	洹 물이름 원·10

洧 강이름 유·10   浪 물가 은·10   洟 콧물 이·10

洇 잠길 인·10   海 바다 해·10   洫 봇도랑 혁·10

洪 넓을 홍·10   洹 물흐를 환·10   活 살 활·10

洄 역류할 회·10   洨 강이름 효·10   洶 용솟음칠 흉·10

洽 흡족할 흡·10   涓 시내 연·11   涎 침 연·11

涇 물흐를 영·11   浯 강이름 오·11   浣 빨 완·11

浴 목욕할 욕·11   涌 물솟을 용·11   浥 젖을 읍·11

海 바다 해·11   浹 두루미칠 협·11   浩 넓을 호·11

涍 물가 효·11   涯 물가 애·12   液 진 액·12

淤 진흙 어·12   淹 담글 엄·12   淢 빨리흐를 역·12

淵 못 연·12   淵 못 연·12   汭 물가 예·12

涴 물굽이칠 완·12   淫 음란할 음·12   涵 젖을 함·12

淬 기운 행·12   淏 맑을 호·12   混 섞을 혼·12

淮 물이름 회·12   淆 뒤섞일 효·12   渥 두터울 악·13

涎 물이름 연·13   渶 물맑을 영·13   渦 소용돌이 와·13

渨 잠길 외·13   湧 물솟을 용·13   湲 흐를 원·13

渭 물이름 위·13   渘 깊을 유·13   渞 물이름 유·13

游 헤엄칠 유·13   湮 묻힐 인·13   港 항구 항·13

水변	음령오행 水

湖 호수 호 · 13	湣 미정한 혼 · 13	渾 흐릴 혼 · 13
渙 흩어질 환 · 13	湟 해자 황 · 13	溫 따뜻할 온 · 14
滃 구름일 옹 · 14	溽 무더울 욕 · 14	溶 물질펀할 용 · 14
源 근원 원 · 14	慇 물흐를 은 · 14	溵 물소리 은 · 14
溢 넘칠 일 · 14	溘 이를 합 · 14	滎 실개천 형 · 14
滈 장마 호 · 14	滑 미끄러울 활 · 14	滉 깊을 황 · 14
漄 물가 애 · 15	漾 출렁거릴 양 · 15	漁 고기잡을 어 · 15
演 펼 연 · 15	潁 강이름 영 · 15	漢 한수 한 · 15
滬 강이름 호 · 15	滸 물가 호 · 15	潱 물흐를 열 · 16
澆 물댈 요 · 16	澐 큰물결 운 · 16	潤 윤택할 윤 · 16
潏 강이름 율 · 16	澗 넓을 한 · 16	澔 넓을 호 · 16
澒 수은 홍 · 16	澅 깊을 화 · 16	潢 웅덩이 황 · 16
潕 물돌 횡 · 16	潝 빨리흐를 흡 · 16	濊 종족이름 예 · 17
澳 깊을 오 · 17	澣 빨래할 한 · 17	澥 바다이름 해 · 17
鴻 기러기 홍 · 17	澮 봇도랑 회 · 17	濴 물흐를 영 · 18
濴 물흐를 영 · 18	濡 적실 유 · 18	憑 강이름 은 · 18
演 물줄기 인 · 18	濩 퍼질 호 · 18	濠 해자 호 · 18
濶 넓을 활 · 18	瀁 내이름 양 · 19	瀇 물깊고넓을 왕 · 19

水변	음령오행　水

瀅 물맑을 형 · 19　　瀜 물깊을 융 · 20　　瀚 넓고클 한 · 20

瀣 이슬기운 해 · 20　　瀼 이슬많을 양 · 21　　瀯 물흐를 영 · 21

瀷 강이름 익 · 21　　瀅 물이름 형 · 22　　灝 넓을 호 · 25

灦 물깊고맑을 현 · 27　　灩 물결 염 · 32

부록

개명(改名)의 절차

　개명(改名)이란 가족관계등록부상 등재되어 있는 이름을 새로운 이름으로 바꾸는 법적 행위이다. 개명은 일반적으로 ① 개명 허가 신청 ② 개명 허가 결정 ③ 개명 신고 ④ 가족관계등록부 정리 ⑤ 후속 조치 이행의 과정을 거치게 된다.

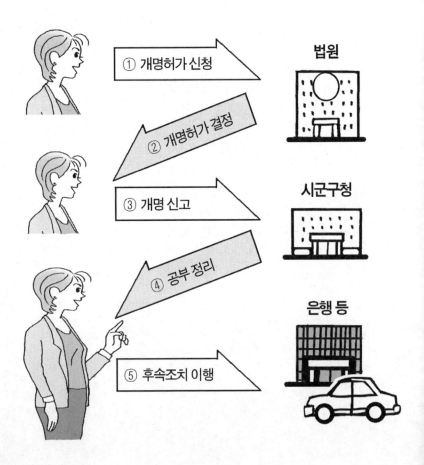

1. 개명 허가 신청

법원에 개명 허가 신청서를 제출하는 것은 국가를 상대로 소송을 제기하는 것과 같은 행위이다. 그러므로 담당 법관이 개명의 당위성을 잘 이해할 수 있도록 철저하게 자료를 준비할 필요가 있다.

가. 신청서류 작성

- 법원에 가기 전에 무슨 서류가 필요한지 꼼꼼하게 확인하다.
- 인지대 및 송달료 납부 영수증, 소명 자료 등 첨부
- 신청이유는 가급적이면 구체적으로 작성해야 하는 바 별지로 작성하여 첨부하는 것이 바람직하다.
- 기타서류(소명자료)는 필수는 아니지만 개명의 필요성을 입증할 수 있는 중요한 자료이기 때문에 개명 사유에 따라 준비할 서류 역시 달라지는데, 충실하게 챙겨서 제출하는 것이 개명허가 가능성을 높게 만들어 준다.
  - 작명소의 이름풀이 서류(작명록, 이름감정서 등)
  - 가족관계등록부상 이름과 현재 사용하는 이름이 상이한 경우라면 그를 증명할 수 있는 영수증 사본, 또는 인우 보증서(인우보증인의 주민등록 등본)
  - 인우보증서 : 개명허가 신청의 원인과 사실이 옳다는 것을 증명하는 문서로서 일반적으로 주민등록상 이름과 사회에서 부르는 이름이 다르다는 것을 이유로 해서 첨부하는 서류이다. 개명을 위한 보충자료로 제출하는 경우가 많다.
  - 가족 중 같은 이름을 사용하고 있는 경우나 족보상의 항렬

로 이름을 바꾸고자 하는 경우라면 그 내용을 증명할 수 있
는 족보 또는 가족관계증명서 사본
- 구체적인 사안에 따라 경력증명서, 재직증명서, 재학증명서,
졸업증명서, 복무확인서, 생활기록부, 편지, 예금통장 등

나. 개명허가 신청서 접수

- 주소지를 관할하는 가정법원에 접수
- 우편 접수 가능
- 재외국인 등은 등록기준지 관할 가정법원에 접수

2. 개명 허가 결정

법원을 통해서 진행되는 개명허가 과정은 일종의 재판을 받는
과정이다. 그러나 서류심사를 원칙으로 하기 때문에 법원에 출석
할 필요는 없다. 이름은 누가 누구인지를 식별할 수 있게 해 주는
개인의 표상(表象)이므로 이름을 너무나 쉽게 바꿀 수 있게 된다
면 개인의 동일성 확보에 혼란을 유발하여 법적 안정성을 해치게
된다. 그래서 예전에는 특별한 사정이 없을 경우에는 개명허가를
받기가 매우 어려웠으나 요즈음에는 개명행위를 헌법에서 정한
행복추구권의 일종으로 인정하여 보다 쉽게 허가하고 있는 추세
이다. 그러나 아직도 법적 안정성을 고려하여 개명허가 여부를
신중하게 판단하고 있으므로 개명의 당위성을 뒷받침할 수 있는
자료를 충분히 준비하여 제출할 필요가 있다.

가. 개명 허가 심사 (법원)

- 신청서 접수 후 1~4개월 정도 소요
- 보정 명령 : 경우에 따라 필요 사항을 보완토록 보정 명령

나. 개명 허가

- 송달된 결정문에 "허가한다" 라고 기재됨
- 개명 신고 절차를 밟으면 된다.

다. 개명 불허가

- 송달된 결정문에 "기각한다" 라고 기재됨
- 신원조회를 통한 전과사실, 현재 신용상의 문제, 출입국 조회 상 불법체류 경력이 있는 경우 등에는 기각될 수 있다.
- 대응 조치
  - 항고 : 기각판결을 받은 후 1개월 이내에 항고한다.
  - 재신청 : 기각판결 후 6개월이 경과되면 재신청이 가능하다. 소명자료를 보다 철저하게 준비한 후 신청한다.

3. 개명 신고

개명 허가를 받게 되면 자동으로 이름이 바뀌는 게 아니기 때문에 30일 내에 결정문 등본을 가지고 시, 군, 구청에 신고를 해야 개명 절차가 마무리 된다. 기간이 도과되면 1~5만원의 과태료

가 부과될 수 있다.

- 신고 기간 : 개명허가 결정문을 수령한 날로부터 30일 이내
- 신고서 접수 : 주소지, 또는 본적지 시, 군, 구청에 신고

4. 가족관계등록부 정리

- 정리 기간 : 접수 후 1주일 정도 소요
- 정리 사항 확인 : 정리(변경)된 사항을 확인하고 상이할 경우
  이의 신청

5. 후속 조치 이행

가족관계등록부가 정리되면 후속 조치를 이행한다. 기본증명서를 발급 받아 관련 기관에 명의자 변경을 신청한다.

가. 주민등록 변경

- 구청에서 신고하면 자동으로 변경
- 대한민국 전자정부(온라인)에서 7일 정도 후에 내용 변경 확인 가능(동사무소에서 확인 가능)
- 이후 절차 이행을 위해 주민등록초본이나 기본증명서 발급 (쓰일 곳이 많으므로 여러 통 발급)

나. 인감 변경

- 접수처 : 주소지 읍, 면, 동사무소
- 준비물 : 개명된 인감도장

다. 운전면허증 변경

- 접수처 : 면허시험장, 경찰청
- 제출서류 : 기본증명서, 구 면허증, 사진2매

라. 자동차 등록증 변경

- 신청기한 : 가족관계등록부 등에 개명된 날로부터 15일 이내
- 접수처 : 구청, 차량등록사업소
- 제출서류 : 기본증명서(또는 주민등록초본), 구 차량등록증

마. 보험, 신용카드, 은행, 통신사, 온라인, 학적부 등 변경

- 제출서류 : 기본증명서(또는 주민등록초본)

바. 여권, 비자 갱신

인 지 :	1,000원
송달료 :	17,750원

개명허가 신청서(2015년 현재 양식)

- 등록기준지 :
  (기본증명서 상단에 표시되어 있음, 주로 본적과 일치)

- 주민등록등본 주소 :

- 송달(등기우편)희망주소 :

- 사건본인의 성명 :   (한자 :   )

- 주민등록번호 :   -

- 전화번호
  (휴대폰)
  (자 택)

> 이 기재란은 사건처리결과를 문
> 자메시지로 미리 통지받기를 원
> 하는 경우에만 기재바랍니다.
>
>   수신인 성명:
>   휴대폰 번호:

신 청 취 지

위 사건본인의 등록기준지 가족관계등록부 중

사건본인의 이름 " (현재이름)   (한자 :   )" 을(를)

      " (바꿀이름)   (한자 :   )" (으)로

      개명하는 것을 허가하여 주시기 바랍니다.

※ 주의 : 성(姓)은 기재하지 않습니다.
1. 개명하고자 하는 이름은 대법원확정 표준 인명용 한자를 사용하여야 합니다.
2. 모든 글씨(한자)는 또박또박 바르게 써주시기 바랍니다(정자로 기재).

신 청 이 유

☐ 성명학적 의미가 좋지 않음
☐ 가족관계등록부상 이름과 현재 사용하는 이름이 상이함
☐ 이름을 부르기 힘들고, 잘못 부르기 쉬움
☐ 어감이 좋지 않거나 수치감을 느끼게 함
☐ 성별에 적합하지 아니함
☐ 성명이 악명 높은 사람의 이름과 같거나 비슷함
☐ 한글 이름을 한자 이름으로 바꾸고자 함
☐ 한자 이름을 한글 이름으로 바꾸고자 함
☐ 외국식 이름을 한국식 이름으로 바꾸고자 함
☐ 가족 중 이름이 같은 사람이 있음
☐ 족보상의 항렬자로 이름을 바꾸려 함
☐ 기타사항(구체적 기재)

* 위와 같은 사유로 개명하고자 하는 경우 해당란에 체크하고 이에 대한
  소명자료를 첨부하시기 바랍니다.

첨 부 서 류

1. 사건본인의 기본증명서, 가족관계증명서, 주민등록등본 각각 1부
2. 미성년자가 사건본인인 경우
   ① 미성년자가 초등학생 이상인 경우 직접 자필로 개명사유를 기재한
      진술서(자필진술서)와 중·고 학생증사본 또는 중·고 재학 증명서류
   ② 부모의 신분증 사본

년   월   일

위   신청인   (인)

신청인이 미성년자인 경우   법정대리인 친권자 부   (인)
                              친권자 모   (인)

_____ **법원** 귀중

艮(간) : 분열실패, 구설시비

坎(감) : 관재구설, 분열실패

甲(갑) : 구설시비 - 맏이용

介(개) : 사고다발, 압사단명

乾(건) : 분열실패 - 맏이용

決(결) : 인간무덕, 평생고독

庚(경) : 분열실패, 구설시비

季(계) : 단명실패 - 막내용

癸(계) : 분열실패, 구설시비

坤(곤) : 구설시비, 분열실패

光(광) : 중도포기, 파재빈한

鑛(광) : 파란곡절, 인간무덕

龜(구) : 빈천단명, 건강불량

九(구) : 퇴보연발, 인간무덕

龜(귀) : 단명빈천, 건강불량

龜(균) : 단명빈천, 건강불량

菊(국) : 고독불운, 분열실패

國(국) : 심신박약, 만사불성

貴(귀) : 부부불화, 가족무덕

極(극) : 파산궁핍, 가족이산

金(금) : 객사단명, 수술조난

今(금) : 용두사미, 파란곡절

錦(금) : 평생고독, 인간무덕

己(기) : 분열실패, 구설시비

吉(길) : 발달불능, 중도포기

南(남) : 부부불화, 만사불성

男(남) : 박복단명 - 남자용

女(녀) : 가족무덕, 화류종사

大(대) : 파란곡절 - 맏이용

挑(도) : 질병병약, 인내부족

乭(돌) : 천박단명, 파란곡절

冬(동) : 만사불성, 구설시비

東(동) : 인생풍파 - 맏이용

童(동) : 천박단명, 발달불능

樂(락) : 방랑빈곤, 분열실패

蘭(란) : 부부불화, 고독과부

良(량) : 주거불안, 발전불능

連(련) : 가족무덕, 화류종사

蓮(련) : 부부불화, 가족무덕

烈(렬) : 인내부족, 허약단명

禮(례) : 부부불화, 수술조난

了(료) : 말년대흉, 발전불능

龍(룡) : 호사다마, 평생불운

留(류) : 운세쇠퇴, 파산곤궁

離(리) : 구설시비, 파란곡절

馬(마) : 비천곤궁, 인간고독

萬(만) : 성취불능, 분열실패

滿(만) : 파산곤궁, 구설시비

末(말) : 부부무덕, 신체허약

梅(매) : 이성문란, 고독과부

孟(맹) : 무덕고독 - 맏이용

命(명) : 상시재액, 부부고독

明(명) : 파란곡절, 인간무덕

木(목) : 부부불화, 객사단명

卯(묘) : 구설시비, 분열실패

戊(무) : 곡절다양, 구설시비

物(물) : 객사단명, 수술조난

未(미) : 가족무덕, 분열실패

美(미) : 부부고독, 인간무덕

敏(민) : 불화연속, 파란곡절

法(법) : 분쟁재난, 곤궁천박

丙(병) : 분열실패, 구설시비

寶(보) : 부부불화, 수술조난

福(복) : 무복빈천, 인간무덕

鳳(봉) : 자만실패, 이혼고독

富(부) : 천박빈천, 구설시비

分(분) : 분쟁이별, 인간무덕

紛(분) : 시비다툼, 부부이별

佛(불) : 가족불화, 수술조난

絲(사) : 관재구설, 재물파탄

四(사) : 단명조난, 부부이별

巳(사) : 인생풍파, 구설시비

山(산) : 생애고통, 고독곤궁

三(삼) : 분열실패, 구설시비

上(상) : 가정불화, 천박질병

常(상) : 불운초래, 천박곤궁

霜(상) : 속성속패, 부부불화

生(생) : 파란만장, 성공장애

錫(석) : 부부불운, 재물낭비

石(석) : 재산탕진, 단명좌절

仙(선) : 가정불화, 재물파탄,

先(선) : 형제분란 - 맏이용

雪(설) : 속성속패, 일생고독

聖(성) : 교통사고, 질병재난

星(성) : 사고질병, 고독단명

盛(성) : 쇠퇴연발, 말년실의

昭(소) : 가정불화, 이혼질병

笑(소) : 뜻밖재난, 만사불성

巽(손) : 분열실패, 구설시비

松(송) : 고독실패, 금전손실

獸(수) : 객사단명, 수술조난

洙(수) : 좌절실패, 신체허약

壽(수) : 질병파재, 부부이별

淑(숙) : 질병고생, 애정번민

順(순) : 눈물인생, 가족분산

戌(술) : 분열실패, 구설시비

勝(승) : 가족무덕 - 승부용

昇(승) : 실패퇴보, 고독이별

時(시) : 고독재액, 배신불행

植(식) : 가족무덕, 신체허약

神(신) : 객사단명, 수술조난

辛(신) : 구설시비, 분열실패

伸(신) : 노력허사, 무덕고독

信(신) : 무덕배신, 건강애로

申(신) : 분열실패, 구설시비

新(신) : 유시무종 - 맏이용

實(실) : 관재구설, 이성문제

心(심) : 신체허약, 재물파산

牙(아) : 기구운명, 고독이별

亞(아) : 인생풍파, 재물불길

兒(아) : 재물파탄, 관재시비

岳(악) : 부부무정, 변란형액

安(안) : 근심번민, 부부이별

岩(암) : 평생불운, 고난고통

愛(애) : 인간무덕, 가족불화

羊(양) : 이성문제, 재물파산

魚(어) : 수술조난, 평지풍파

億(억) : 쇠퇴패망, 인간무덕

廉(염) : 객사단명, 파란곡절

榮(영) : 과욕실패, 재난연발

泳(영) : 고난좌절, 무덕자녀

英(영) : 처세미숙, 부부갈등

午(오) : 분란파재, 이별단명

五(오) : 패배고독, 수술병약

玉(옥) : 가정불화, 산재쇠패

沃(옥) : 신체허약, 재물손실

翁(옹) : 병약단명, 유명무실

完(완) : 형제분란, 평지풍파

王(왕) : 구설모함, 쇠패산재

外(외) : 재물낭비, 객사단명

用(용) : 단명불운, 재물분산

隅(우) : 부부불화, 고독재난

雨(우) : 시비구설, 관재고난

雲(운) : 형제불화, 색정횡액

雄(웅) : 곤궁재액, 불운연속

遠(원) : 가족무덕, 파산곡절

元(원) : 인간무덕 - 맏이용

月(월) : 재산탕진, 관재구설

酉(유) : 파재단명, 가족이별

銀(은) : 가정불화, 고독파란

殷(은) : 곤궁재액, 불운연속

乙(을) : 분열실패 - 둘째용

義(의) : 만사장애, 인간무덕

伊(이) : 고독병약, 초혼실패

貳(이) : 소득반감 - 둘째용

二(이) : 재산약탈 - 둘째용

寅(인) : 과격고독, 병고파재

仁(인) : 시련풍파 - 맏이용

一(일) : 관재구설 - 맏이용

日(일) : 만사장애 - 맏이용

任(임) : 신체허약, 부부불길

壬(임) : 실패분열, 구설시비

子(자) : 곤궁재액, 파란만장

長(장) : 인간무덕 - 맏이용

財(재) : 부부불화, 객사단명

栽(재) : 고통극심, 파란만장

在(재) : 구설관재, 신체허약

哉(재) : 신체허약, 발전곤란

裁(재) : 인간무덕, 시비충돌

宰(재) : 파란곡절, 부상질병

載(재) : 만사불성, 신체허약

占(점) : 가정불화, 재난다발

點(점) : 재난관재, 건강불량

晶(정) : 관재구설, 부부불화

靜(정) : 발전장애, 역경곤궁

丁(정) : 분열실패, 구설시비

貞(정) : 인간무덕, 고난연속

政(정) : 재앙다발, 가정불화

帝(제) : 평생고독, 재액고통

悌(제) : 객사단명, 수술조난

鳥(조) : 부부불화, 파란곡절

照(조) : 재앙초래, 평생고독

宗(종) : 실패반복 - 맏이용

珠(주) : 적막가정, 애정고민

竹(죽) : 실패좌절, 일생고독

重(중) : 부부이별, 사고질병

仲(중) : 실패연속, 관재횡액

中(중) : 중도좌절, 시비구설

枝(지) : 가정불화, 고독단명

地(지) : 매사재액, 풍파연발

智(지) : 객사단명, 수술조난

辰(진) : 분열실패, 구설시비

眞(진) : 이성고난, 매사허망

進(진) : 독수공방, 배신패망

鎭(진) : 인간무덕, 중년재난

珍(진) : 중도좌절, 고독과부

震(진) : 파산곤궁, 분열실패

昌(창) : 가정불화, 질병고생

昶(창) : 질병허약, 재난초래

天(천) : 고독불행 - 맏이용

千(천) : 인간무덕, 보증손실

川(천) : 주색망신, 관재구설

鐵(철) : 빈천곤궁, 부부이별

淸(청) : 재앙연발, 인간무덕

初(초) : 관재구설, 이성문제

草(초) : 배신패망, 재난초래

秋(추) : 고독삭막, 부부무정

丑(축) : 가정불화, 관재구설

春(춘) : 파산곤궁 - 맏이용

出(출) : 부부무덕, 파란곡절

忠(충) : 매사장애, 생사극단

蟲(충) : 객사단명, 수술조난

翠(취) : 부부이별, 분열실패

治(치) : 발전불능, 구설시비

恥(치) : 객사단명, 수술조난

七(칠) : 매사좌절, 재물풍파

泰(태) : 형제분란 - 맏이용

兌(태) : 분열실패, 구설시비

平(평) : 중도좌절, 인간무덕

風(풍) : 재물파산, 곡절분분

豊(풍) : 파산곤궁, 분열실패

夏(하) : 재산탕진, 운전사고

鶴(학) : 질병병약, 재물탕진

亥(해) : 가정불화, 매사곤액

海(해) : 풍파연발, 인간무덕

幸(행) : 관재구설, 조난단명

香(향) : 곤궁빈천, 부부무덕

玄(현) : 발전불능, 인생풍파

好(호) : 실패다발, 색난망신

虎(호) : 파산빈천, 병약단명

鎬(호) : 파재천박, 인간무덕

紅(홍) : 부부무덕, 병약단명

華(화) : 부부이별, 화류종사

花(화) : 재물파산, 고독이별

凰(황) : 파재곤궁, 관재구설

孝(효) : 가정적막, 파란곡절

輝(휘) : 만사실수, 평생고독

姬(희) : 가족무덕, 일생곤궁

僖(희) : 관재구설, 부부무덕

熙(희) : 인간무덕 - 남자용

嬉(희) : 부부불화, 관재시비

喜(희) : 파재빈천, 관재구설

저/자/소/개

범전 김춘기 (凡田 金春基)

사단법인 한국역리학회 중앙학술위원
역곡 김사주 철학원 운영(부천)

저서
- 『그림으로 배우는 사주원리』(백산출판사)
- 『신살·격국 총정리』(백산출판사)
- 『궁합과 성클리닉』(백산출판사)
- 『사주통변실례 ①』(백산출판사)
- 『사주통변실례 ②』(백산출판사)
- 『사주통변실례 ③』(백산출판사)
- 『개와 늑대의 속궁합』(경덕출판사)
- 『골프황제의 19홀』(경덕출판사)
- 『신세대 궁합코드』(경덕출판사)
- 『명당인가 퐁당인가』(경덕출판사)

전화 : 010-4645-4984
블로그 : http://blog.naver.com/kimsaju4984

좋은 이름 작명 사전 8142

2015년 10월 15일 초판 1쇄 발행
2018년 11월 10일 초판 3쇄 발행

지은이 김춘기
펴낸이 진욱상
펴낸곳 백산출판사
교 정 편집부
본문디자인 박채린
표지디자인 오정은

저자와의
합의하에
인지첩부
생략

등 록 1974년 1월 9일 제406-1974-000001호
주 소 경기도 파주시 회동길 370(백산빌딩 3층)
전 화 02-914-1621(代)
팩 스 031-955-9911
이메일 edit@ibaeksan.kr
홈페이지 www.ibaeksan.kr

ISBN 979-11-5763-108-7   03180
값 25,000원